JN124015

法人税

別表四、五(一)の申告調整の実務

第4集

合 併

(附 解散・清算)

税理士

野原 武夫 著

一般財団法人 大蔵財務協会

はしがき

　別表四及び五（一）における申告調整は、企業会計の処理と、法人税の処理の相違を明らかにするとともに、所得金額、利益積立金額を計算するもので、申告書別表作成の要となるものです。

　特に、別表五（一）における各事業年度の利益積立金額の計算は、翌期以降の所有株式の譲渡損益、みなし配当、源泉所得税の計算等にも影響を及ぼし、ひいては法人の解散・清算における株主への分配の基礎ともなるものです。

　申告調整の実務は、各事業年度における租税公課の処理から、会社再編時における取扱いまで多岐に亘るものでありますが、中小法人から海外展開をする大法人まで、実務家の皆様から様々なお問い合わせをいただいてきたところです。そこで、益々複雑となる税務への負担を少しでも和らげることに繋げていただければと考え、「法人税　別表四、五（一）の申告調整の実務」シリーズとして刊行することといたしました。

　このように本書の目的は、この申告調整の実務をわかりやすく解説することにあります。そのため以下のような点に重きをおいて記述しています。
① 設例と解説を簡潔に記載
② 会社処理、税務処理、修正処理を明確に区分するとともに根拠法令を明示
③ 会社処理と修正処理を別表四、五（一）に→で図示
④ 原則として消費税と源泉所得税は省略
⑤ 別表四、五（一）の検算を図示
⑥ 巻末に関係法令を掲載

　また、第4集では合併について、合併法人、被合併法人、株主の3者間における課税関係を整理しています。完全支配関係、無対価の合併など広範囲にわたって解説し、この3者間の取引全体像が理解できるように各設例の最後にまとめの図解を示してあります。さらに適格合併の被合併法人からの引継額は法令上非常に複雑で計算が条文化されていますので、算式を示して計算できるよう可視化してあります。

　適格合併における被合併法人の利益積立金額及び資本金等の額の引継ぎの計算については、その利益積立金額とは具体的には合併直前の別表五（一）「31」欄④の額となります。また、資本金等の額は別表五（一）「36」④の額となります。この額が合併法人に引継ぎがなされることになります。

　また、被合併法人の最後事業年度の申告にもお役立ていただけるよう、解散・清算時の申告の要点を、第2章に掲載しております。

　本書が税務に携わる方々のお役に立てば幸いです。また、本書における個人的見解による解説等については読者の皆様の判断でご活用いただきますようよろしくお願いいたします。出版にあたり、一般財団法人大蔵財務協会の方々からご協力いただいたことに対し深く感謝いたします。

令和6年1月

税理士　野原　武夫

〔凡　例〕

① 本書の解説中、仕訳処理の科目は以下のように使い分けています。

（会社処理）‥‥‥会社が実際に行っている会社処理です。

（税務処理）‥‥‥その事業年度における税務上の益金、損金、資産、負債の計上時期に係る会計処理です。

（修正処理）‥‥‥（会社処理）と（税務処理）の差異です。

② 本書で使用する主な用語の定義等は、以下のとおりです。

・（B/S）‥‥‥‥‥‥‥‥‥‥貸借対照表（Balance Sheet）

・（P/L）‥‥‥‥‥‥‥‥‥‥損益計算書（Profit Loss Account）

③ 本書で使用する主な法令等の略称は、以下のとおりです。

法法‥‥‥‥‥‥法人税法

法令‥‥‥‥‥‥法人税法施行令

措法‥‥‥‥‥‥租税特別措置法

措令‥‥‥‥‥‥租税特別措置法施行令

会法‥‥‥‥‥‥会社法

法基通‥‥‥‥‥‥法人税基本通達

本書は令和5年12月1日現在の法令等に基づいて解説しています。

目　次

第2章　解散・清算時の留意点と別表記載例

第3章　参考資料

はじめに

申告調整を
正しく理解するために

1 本書の活用に当たっての注意事項

① 本書の目的が申告調整の仕方の理解にあるため、できる限り複雑にならない設例を採用しています。

② 別表四の「当期利益又は当期欠損の額」は、損益計算書の「当期純利益（税引後利益）」を記載しています。

③ 別表四は原則として当期純利益が0円からスタートして申告調整しています。

④ 源泉所得税及び消費税は、申告調整の理解を目的としているため原則として省略しています。

⑤ 別表四及び別表五（一）等への表示方法は、矢印 ➡ で記載箇所を示すことにより理解できるようにしています。

1. 申告書の別表四と別表五（一）の機能と申告調整

企業会計上の所得計算と税務上の所得計算とは必ずしも一致するものではありません。法人税の所得計算は、企業会計上の当期利益（税引後利益）を基礎として法人税所定の事項を加算・減算して課税標準である所得金額を算出することになっています。

加算・減算するために使用する申告書別表は、①別表四（所得の金額の計算に関する明細書）と②別表五（一）（利益積立金額及び資本金等の額の計算に関する明細書）です。

この加算・減算のことを申告調整といいます。

2. 別表四の作成目的

別表四は、企業会計上の損益計算書（P/L）に相当するものです。これは企業会計上の当期純利益（税引後利益）を基礎として、税法所定の事項について申告調整を行って課税標準である「所得金額」を計算するために作成します。

> ─ ポイント ─
> ① 会社が損益計算書（P/L）で使用している科目で表示します。
> ② 同一科目で項目が幾つもある場合は合計額で記載し、内訳は別葉で保管します。

3. 別表五（一）の作成目的

　別表五（一）は、企業会計上の貸借対照表（B/S）に相当するものです。これは①「Ⅰ　利益積立金額の計算に関する明細書」と②「Ⅱ　資本金等の額の計算に関する明細書」とに分かれており、期中の変動状況を明らかにして期末の利益積立金額及び資本金等の額を計算するために作成します。この期末の利益積立金額等の累積額が法人の解散・清算時において、たとえば株主においてみなし配当又は所有株式の譲渡損益の基礎データとなりますので、非常に重要な別表となります。

┌─── **ポイント** ──────────────────────────────┐
　①　会社が貸借対照表（B/S）で使用している科目で表示します。
　②　同一科目で項目が幾つもある場合は合計額で記載し、内訳は別葉で保管します。
└──┘

2　申告調整の仕方

　申告調整は、会社の経済取引について行った（会社処理）を基礎にして、（税務処理）では会社処理と同じであるのか異なるのかを明らかにし、会社処理と税務処理との差異を（修正処理）で表示します。したがって、この修正処理を別表四及び別表五（一）に反映させる技術的作業が申告調整です。

1.　第一ステップ（会計処理との差異）の処理

　この処理は、会計上の「損益処理」、「計上時期」及び「金額」が税務と一致しているかどうかを明らかにし、差異を求めるものです。

① 　（会社処理）は、会社が実際に行っている会計処理です。

② 　（税務処理）は、その年度において税務上の益金であるのか？ 損金であるのか？ 又は、資産であるのか？ 負債等であるのか？ を明らかにし、計上すべき金額を適正額で表示します。その際、仕訳の横に法令根拠条文を明示してありますので確認していただきたいところです。法人税法上の損益は益金又は損金で認識しますが、本書ではわかりやすくするため会社処理で使用している会計科目を使用します。

③ 　（修正処理）は、単純に（会社処理）と（税務処理）の差異です。会社処理、税務処理、修正処理は、それぞれ科目に（B/S）、（P/L）と表示してありますが、貸借科目（B/S）は別表五（一）、損益科目（P/L）は別表四とそれぞれに該当するということを意味していますので意識して処理してください。

2.　第二ステップ（別段の定め）の処理

　この処理は、法人税法上の固有の調整、たとえば、役員給与の損金不算入のように「別段の定め」が多々あります。そのため別途、加算又は減算するものですが、ほとんどは別表四において流出処理が多いです。中には租税公課の処理のように留保処理し、別表五（一）に反映させるものがあります。

　次ページは申告調整の仕方について、**Q** を使ってイメージ図で解説しています。この要領でおおむね本書ができていますので、しっかり理解を深めていただければと思います。

当期の決算締後に売上の計上もれ 300,000（原価は既に計上済）があった場合は、次のように別表四、別表五（一）に反映させます。

（会社処理）	なし				
（税務処理）	売掛金（B/S）	300,000	売上（P/L）	300,000	
（修正処理）	売掛金（B/S）	300,000	売上（P/L）	300,000	

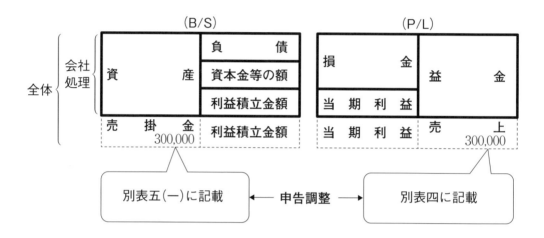

3. 別表四と別表五（一）との検算の重要性

　別表四の所得金額の計算及び別表五（一）の期末残高の計上が適正に行われているかどうかは、この検算式により確認できます。別表五（一）の「利益積立金額」及び「資本金等の額」の期末残高は、翌期へ的確に引き継がなければならない重要な作業となります。また、別表五（一）の期末残高は、①みなし配当、②寄附金等の損金算入限度額、③地方税の均等割、④清算分配等の計算基礎になりますので大変重要な作業となります。

《別表四と別表五（一）との検算》

（算式）

別表四　　　　別表五（一）　　　　　　　中間分、確定分法人税、
留保総計　＋　期首現在利益積立金額合計　＋　県市民税の合計額
「52」②　　　「31」①　　　　　　　　　　（注）

　　＝　別表五（一）差引翌期首現在利益積立金額合計「31」④

(注)　中間分、確定分法人税、県市民税の合計額は、別表五（一）では予め△表示されていますので、そのままマイナスとして計算します。また、**Q**における申告調整の検算において、租税公課に影響がないところは省略して表示しています。

Q

売上計上もれ（売掛金）

　設立事業年度の財務状況は、次のとおりでした。決算期末において、売上 300,000 の計上もれ（原価は既に計上済）がありました。申告調整は、次のように行います。

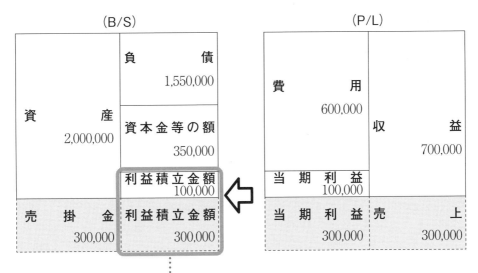

　※　税務上の利益積立金額は400,000 となります。

会社処理、税務処理、修正処理で説明します。

（会社処理）

費用（P/L）	600,000	収益（P/L）	700,000
利益積立金額(B/S)	100,000		

（税務処理）

費用（P/L）	600,000	収益（P/L）	700,000
利益積立金額(B/S)	100,000		
売掛金（B/S）	300,000	売上（P/L）	300,000

（修正処理）

売掛金（B/S）	300,000	売上（P/L）	300,000

（会社処理）
費用（P/L）　　　600,000┐収益（P/L）　700,000┐
利益積立金額（B/S）　100,000

（修正処理）
売掛金（B/S）┌300,000　売上（P/L）　300,000┐

別表四　所得の金額の計算に関する明細書

区　　　分		総　　額	処		分	
			留　保	社	外　流　出	
		①	②		③	
当期利益又は当期欠損の額	1	100,000	100,000	配　当		
				その他		
加算	売 上 計 上 も れ	300,000	300,000			
所得金額又は欠損金額	52	400,000	400,000	外　※		

別表五（一）　Ⅰ　利益積立金額の計算に関する明細書

区　　　分		期首現在利益積立金額	当　期　の　増　減		差引翌期首現在利益積立金額 ① − ② + ③
			減	増	
		①	②	③	④
利　益　準　備　金	1				
売　　掛　　金				300,000	300,000
繰 越 損 益 金（損 は 赤）	25			100,000	100,000
差　引　合　計　額	31	0	0	400,000	400,000

《別表四と別表五（一）との検算》
（算式）

別表四
留保総計「52」②
（400,000）
＋
別表五（一）
期首現在
利益積立金額合計「31」①
（0）
＝
別表五（一）
差引翌期首現在
利益積立金額合計「31」④
（400,000）
… 検算一致

※　税務上の利益積立金額が 400,000（前ページ図）となることに注目。

3　資本等取引がある場合の申告調整の仕方（難解）

　　合併、分割、現物出資等の組織再編が行われた場合、また、みなし配当事由である資本の払戻し、自己株式の取得等が行われた場合には、「資本金等の額」及び「利益積立金額」の異動が生じます。この異動は「資本等取引」といわれ、複雑な申告調整作業を余儀なくされ決して避けることはできません。

　　資本等取引が係わる申告調整には、2つの方法があるかと思われます。これを「第1法」（著作者方式）及び「第2法」と称して解説します。どちらの方法で申告調整するかは各法人の選択によります。

○　第1法は損益取引である「利益積立金額」を通じての処理です。従前の別表五（一）の調整方法を踏襲したもので、本書はこの方法を使用しています。

○　第2法は資本等取引である「資本金等の額」を通じての処理です。この方法は、類書の解説で採用しています。

　　自己株式の取得があった場合、「みなし配当」として減算（留保）、同額を加算（流出）という申告調整が必要となります。何故そのようにしなければならないかを理解していただければと思います。

　　自己株式の取得時の（B/S）のイメージ図

会計上は現金資産が減少し、自己株式資産に振り替わります。

（公表決算書のB/S）

資産	負債
	資本金等の額
	利益積立金額
自己株式 △表示	

税務上は現金資産が減少し、資本金等の額と利益積立金額が減少します。

（別表五（一））

資産	負債
	資本金等の額
	利益積立金額

利益剰余金による支出は費用認容しなければならない

　まずは、自己株式の取得における申告調整の考え方の理解として、「修繕費」を利益剰余金で処理した場合を事例として解説します。

　現状の貸借対照表（B/S）と損益計算書（P/L）は次のとおりです。利益が100であったとして、これに修繕費100の支出があると利益は0となります。2つのケースで比較検証します。

　ケース1　修繕費を損金経理で処理した場合
　ケース2　修繕費を利益剰余金で処理した場合

〈前提〉

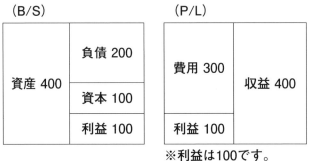

ケース1　修繕費を損金経理で処理した場合

（会社処理）

修繕費（P/L）　　　100　　　現金（B/S）　　　　100

（イメージ図）

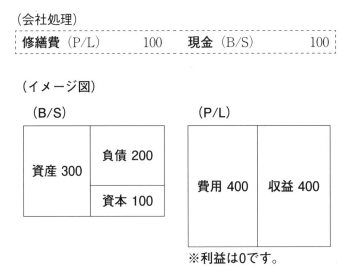

　その結果、利益は0（収益400－費用400）となり利益積立金額は0となります。

ケース2　修繕費を利益剰余金で処理した場合

（会社処理）

利益剰余金（B/S）　100　現金（B/S）　100

（イメージ図）

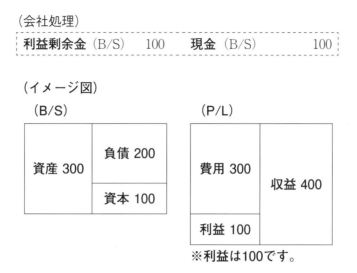

（B/S）
- 資産 300
- 負債 200
- 資本 100

（P/L）
- 費用 300
- 収益 400
- 利益 100

※利益は100です。

　その結果、利益は100のままで利益積立金額0となります。ケース1と比較すると利益（所得）100に差が生じています。したがって、次のとおり申告調整しなければなりません。

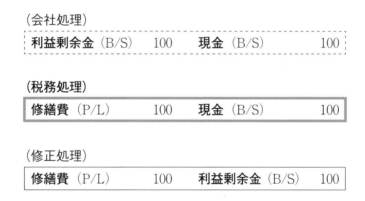

（会社処理）

利益剰余金（B/S）　100　現金（B/S）　100

（税務処理）

修繕費（P/L）　100　現金（B/S）　100

（修正処理）

修繕費（P/L）　100　利益剰余金（B/S）　100

（修正処理）を別表四及び別表五（一）に反映させます。

①　別表四は「修繕費計上もれ」として100減算（留保）します。

②　別表五（一）は資産、負債がありませんので申告調整不要となります。

　自己株式の取得があった場合、このように利益剰余金による支出があり「みなし配当」として処理することになります。したがって税務上、一旦費用認容（減算・留保）したうえで申告調整することになります。

修繕費を利益剰余金で処理した場合の申告調整

（会社処理）

利益剰余金（B/S）100	現金（B/S）　　　100

（修正処理）

修繕費（P/L）　　　100	利益剰余金（B/S）100

別表四　所得の金額の計算に関する明細書

区　　　　分		総　　額	処　　　　　　分			
			留　保	社 外 流 出		
		①	②	③		
当期利益又は当期欠損の額	1	100	100	配　　当		
				そ の 他		
減算 修 繕 費 認 容		100	100			
所 得 金 額 又 は 欠 損 金 額	52	0	0	外　※		

別表五（一）　I　利益積立金額の計算に関する明細書

区　　　　分		期 首 現 在 利益積立金額	当 期 の 増 減		差引翌期首現在 利益積立金額 ① － ② + ③
			減	増	
		①	②	③	④
利 益 準 備 金	1			△ 100	△ 100
資 本 金 等 の 額					
繰 越 損 益 金（損 は 赤）	25			100	100
差 引 合 計 額	31	0	0	0	0

《別表四と別表五（一）との検算》

（算式）

別表四 留保総計「52」② (0)	＋	別表五（一） 期首現在 利益積立金額合計「31」① (0)	＝	別表五（一） 差引翌期首現在 利益積立金額合計「31」④ (0)	… 検算一致

自己株式の取得に係る「みなし配当」を別表四で減算（留保）、加算（流出）することの理由（みなし配当を費用として認識する）

　自己株式の取得があると利益積立金額と現金の減少が生じます。

　利益積立金額による現金支出は、「みなし配当」として一旦「損益取引」（費用）と認識し、それを別段の定めで損金不算入とすることを意味します。これが別表四における「みなし配当」の減算（留保）、加算（流出）の申告調整です。したがって、利益積立金額取崩しによる「みなし配当」は、費用認容（別表四減算・留保）し、別段の定め（法法22⑤）により損金不算入（別表四減算・流出）する申告調整を行うことになります。損金経理による現金支出も利益積立金額取崩しによる現金支出も結果は同じとなります。

　平成13年の税制改正前の旧法人税法第35条《役員賞与等の損金不算入》及び第37条《寄附金の損金不算入》においては、利益処分による支出を損金不算入としていました。これは「別段の定め」の規定を置くことにより損金不算入としていたものです。別段の定めがなければ損金算入となります。このことから、たとえば株主総会の決議等によりその額が具体的に確定した事業年度において、役員退職積立金を取り崩して現金支出があった場合は、損金算入することになります。

─**（参考）**─

平成13年度税制改正前の旧法人税法

（役員賞与等の損金不算入）

第35条

3　内国法人が、各事業年度においてその使用人に対し賞与を支給する場合において、その賞与の額につきその確定した決算において利益又は剰余金の処分による経理（利益積立金額をその支給する賞与に充てる経理を含む。）をしたときは、その経理をした金額は、その内国法人の各事業年度の所得の金額の計算上、損金の額に算入しない。

法人税法

（各事業年度の所得の金額の計算）

第22条

5　第2項又は第3項に規定する資本等取引とは、法人の資本金等の額の増加又は減少を生ずる取引並びに法人が行う利益又は剰余金の分配（資産の流動化に関する法律第115条第1項（中間配当）に規定する金銭の分配を含む。）及び残余財産の分配又は引渡しをいう。

4　相対取引による自己株式の取得の申告調整、第1法と第2法

1.　第1法の処理について

 Q

　発行法人は株主から相対取引により発行法人の株式（自己株式）を200で取得しました。会社処理は次のとおりです。申告調整は、次のように行います。

（会社処理）

自己株式（B/S）	200	現金（B/S）	200

（税務処理）

　自己株式の取得は、税務上、利益積立金額の減少（みなし配当）と資本金等の額の減少（自己株式の譲渡対価）となります（みなし配当の額は150と仮定します）（法法24①五、法令8①二十、9①十四）。

　みなし配当の額は、費用として損金算入します（以下同様）。

（税務処理）

みなし配当（P/L）	150	現金（B/S）	200
資本金等の額（B/S）	50		

（修正処理）

　会社処理と税務処理とを比較しますと、処理に差異が生じていますので修正処理する必要があります。

> （修正処理）
>
> | みなし配当（P/L） | 150 | 自己株式（B/S） | 200 |
> |---|---|---|---|
> | 資本金等の額（B/S） | 50 | | |

「第１法」の利益積立金額を通じて処理するため次のとおり分解します。

分解

> （修正処理）
>
> | みなし配当（P/L） | 150 | 自己株式（B/S） | 150 |
> |---|---|---|---|
> | 利益積立金額（B/S） | 50 | 自己株式（B/S） | 50 |
> | 資本金等の額（B/S） | 50 | 利益積立金額（B/S） | 50 |

⑴　**第一ステップ（会計処理との差異）の処理**

　①　別表四は「みなし配当」として150減算（留保）します。

　②　別表五（一）は翌期以後の貸借対照表（自己株式、利益積立金額、資本金等の額）の消去処理のため、「自己株式」として200減算します。

　　　調整項目として、利益積立金額の計算明細は「資本金等の額」として50加算、資本金等の額の計算明細は「利益積立金額」として50減算します。この加減算は現在の企業会計処理上、解散清算するまで消去できません。

⑵　**第二ステップ（別段の定め）の処理**

　①　利益又は剰余金の分配は、資本等取引とされています（法法22⑤）。

　②　資本等取引に係るものは、損金不算入となっています（法法22③三）。

　　　したがって、別表四は「みなし配当」として150加算（流出）します。

（会社処理）

自己株式（B/S）　200　**現金**（B/S）　　　　200

（修正処理）

みなし配当（P/L）150　　**自己株式**（B/S）　　150
利益積立金額（B/S）50　　**自己株式**（B/S）　　50
資本金等の額（B/S）50　　**利益積立金額**（B/S）　50

別表四　所得の金額の計算に関する明細書

区　　　分	総　額	処　　　分		
		留　保	社　外　流　出	
	①	②	③	
当期利益又は当期欠損の額　1	0	0	配　　当	
			そ　の　他	
加算　み　な　し　配　当	150		配　　当	150
減算　み　な　し　配　当	150	150		
所　得　金　額　又　は　欠　損　金　額　52	0	△ 150	外　※	150

別表五（一）　Ⅰ　利益積立金額の計算に関する明細書

区　　　分	期首現在利益積立金額	当　期　の　増　減		差引翌期首現在利益積立金額 ① － ② ＋ ③
		減	増	
	①	②	③	④
利　益　準　備　金　1				
自　己　株　式			△ 200	△ 200
資本金等の額（自己株式）			50	50
繰越損益金（損は赤）　25			0	0
差　引　合　計　額　31	0	0	△ 150	△ 150

Ⅱ　資本金等の額の計算に関する明細書

区　　　分	期首現在資本金等の額	当　期　の　増　減		差引翌期首現在資本金等の額 ① － ② ＋ ③
		減	増	
	①	②	③	④
資　本　金　又　は　出　資　金　32				
資　本　準　備　金　33				
利益積立金額（自己株式）			△ 50	△ 50
差　引　合　計　額　36	0	0	△ 50	△ 50

《別表四と別表五（一）との検算》
（算式）

別表四
留保総計「52」②
（△ 150）
＋
別表五（一）
期首現在
利益積立金額合計「31」①
（0）
＝
別表五（一）
差引翌期首現在
利益積立金額合計「31」④
（△ 150）
… 検算一致

※　自己株式の取得は、有価証券に該当しないこととされ「資本金等の額」と「利益積立金額」の減少となる。

○　「第1法」（翌期）

前期取得の自己株式を第三者に300で譲渡しました。

（会社処理）

| 現金（B/S） | 300 | 自己株式（B/S） | 200 |
| | | その他資本剰余金（B/S） | 100 |

（税務処理）（法令8①一）

| 現金（B/S） | 300 | 資本金等の額（B/S） | 300 |

（修正処理）

| 自己株式（B/S） | 200 | 資本金等の額（B/S） | 200 |

分解

（修正処理）

| 自己株式（B/S） | 200 | 利益積立金額（B/S） | 200 |
| 利益積立金額（B/S） | 200 | 資本金等の額（B/S） | 200 |

①　別表四の申告調整は不要です。

②　別表五（一）は翌期以後の貸借対照表（自己株式、利益積立金額、資本金等の額）の消去処理のため、「自己株式」として200加算します。

　　調整項目として、利益積立金額の計算明細は「資本金等の額」として200減算、資本金等の額の計算明細は「利益積立金額」として200加算します。この加減算は現在の企業会計処理上、解散清算するまで消去できません。

（会社処理）

		（修正処理）	
現金（B/S）　　300	自己株式（B/S）　200	自己株式（B/S）　200	利益積立金額（B/S）200
	その他資本剰余金（B/S）100	利益積立金額（B/S）200	資本金等の額（B/S）200

別表五（一）　I　利益積立金額の計算に関する明細書

区　　　分		期首現在利益積立金額	当　期　の　増　減		差引翌期首現在利益積立金額 ① － ② + ③
			減	増	
		①	②	③	④
利　益　準　備　金	1				
自　　己　　株　　式		△200	△200		0
資本金等の額（自己株式）		50	200		△150
繰越損益金（損は赤）	25			0	0
差　引　合　計　額	31	△150	0	0	△150

II　資本金等の額の計算に関する明細書

区　　　分		期首現在資本金等の額	当　期　の　増　減		差引翌期首現在資本金等の額 ① － ② + ③
			減	増	
		①	②	③	④
資本金又は出資金	32				
その他資本剰余金				100	100
利益積立金額（自己株式）		△50	△200		150
差　引　合　計　額	36	△50	△200	100	250

《別表四と別表五（一）との検算》
（算式）

別表四
留保総計「52」② ＋
(0)

別表五（一）
期首現在
利益積立金額合計「31」①
(△150)

＝

別表五（一）
差引翌期首現在
利益積立金額合計「31」④
(△150)

… 検算一致

※　自己株式の譲渡は、「資本金等の額」の増加となります（法令8①一）。

別表五（一）から自己株式が消去されて「利益積立金額」と「資本金等の額」の調整部分のみが残ります。これは会計処理で受入処理しない限り解散清算時まで残ります。

2. 第2法の処理について（お勧めできない）

　（会社処理）、（税務処理）は「第1法」と同じです。（修正処理）が「第1法」とは異なり、分解していない処理です。

（会社処理）

自己株式（B/S）	200	現金（B/S）	200

（税務処理）

みなし配当（P/L）	150	現金（B/S）	200
資本金等の額（B/S）	50		

（修正処理）

みなし配当（P/L）	150	自己株式（B/S）	200
資本金等の額（B/S）	50		

⑴　第一ステップ（会計処理との差異）の処理

①　別表四は「みなし配当」として150減算（留保）します。

②　別表五（一）は翌期以後の貸借対照表（自己株式）の消去処理のため、利益積立金額の計算明細は「自己株式」として150減算します。資本金等の額の計算明細は「自己株式」として50減算します。

⑵　第二ステップ（別段の定め）の処理

①　利益又は剰余金の分配は、資本等取引とされています（法法22⑤）。

②　資本等取引に係るものは、損金不算入となっています（法法22③三）。

　したがって、別表四は「みなし配当」として150加算（流出）します。

（会社処理）

> 自己株式（B/S）　200　現金（B/S）　　　　200

（修正処理）

> みなし配当（P/L）150　　自己株式（B/S）　200
> 資本金等の額（B/S）　50

別表四　所得の金額の計算に関する明細書

区　　　分		総　　額	処　　　　　分		
			留　保	社　外　流　出	
		①	②	③	
当期利益又は当期欠損の額	1	0	0	配　　　当	
				そ　の　他	
加算 みなし配当		150		配　　　当	150
減算 みなし配当		150	150		
所得金額又は欠損金額	52	0	△ 150	外　※	150

別表五（一）　Ｉ　利益積立金額の計算に関する明細書

区　　　分		期首現在利益積立金額	当　期　の　増　減		差引翌期首現在利益積立金額 ① － ② ＋ ③
			減	増	
		①	②	③	④
利　益　準　備　金	1				
自　己　株　式				△ 150	△ 150
繰越損益金（損は赤）	25			0	0
差　引　合　計　額	31	0	0	△ 150	△ 150

Ⅱ　資本金等の額の計算に関する明細書

区　　　分		期首現在資本金等の額	当　期　の　増　減		差引翌期首現在資本金等の額 ① － ② ＋ ③
			減	増	
		①	②	③	④
資本金又は出資金	32				
資　本　準　備　金	33				
自　己　株　式				△ 50	△ 50
差　引　合　計　額	36	0	0	△ 50	△ 50

《別表四と別表五（一）との検算》

（算式）

別表四　　　　　　　　別表五（一）　　　　　　　別表五（一）
留保総計「52」②　＋　期首現在　　　　　　　＝　差引翌期首現在　　　　… 検算一致
（△ 150）　　　　　　利益積立金額合計「31」①　　利益積立金額合計「31」④
　　　　　　　　　　　（0）　　　　　　　　　　　（△ 150）

※　自己株式の取得により「有価証券」に該当しないこととされ「資本金等の額」と「利益積立
　金額」の減少となる。

○「第2法」（翌期）

（会社処理）

現金（B/S）	300	自己株式（B/S）	200
		その他資本剰余金（B/S）	100

（税務処理）（法令8①一）

現金（B/S）	300	資本金等の額（B/S）	300

（修正処理）

自己株式（B/S）	200	資本金等の額（B/S）	200

（会社処理）

現金（B/S）	300	自己株式（B/S）	200
		その他資本剰余金（B/S）	100

（修正処理）

自己株式（B/S）	200	資本金等の額（B/S）	200

別表五（一）　I　利益積立金額の計算に関する明細書

区　　　分		期首現在利益積立金額 ①	当期の増減 減 ②	当期の増減 増 ③	差引翌期首現在利益積立金額 ①－②＋③ ④
利　益　準　備　金	1				
自　己　株　式			△150		△150
繰越損益金（損は赤）	25		0	0	0
差　引　合　計　額	31		△150	0	0	△150

II　資本金等の額の計算に関する明細書

区　　　分		期首現在資本金等の額 ①	当期の増減 減 ②	当期の増減 増 ③	差引翌期首現在資本金等の額 ①－②＋③ ④
資本金又は出資金	32				
資　本　準　備　金	33			100	100
自　己　株　式			△50	△200	150
差　引　合　計　額	36		△50	△200	100	250

《別表四と別表五（一）との検算》

（算式）

別表四 留保総計「52」② (0) ＋ 別表五（一）期首現在利益積立金額合計「31」① (△150) ＝ 別表五（一）差引翌期首現在利益積立金額合計「31」④ (△150) … 検算一致

利益積立金額及び資本金等の額の残額は、「第1法」と同じになりますが、区分欄の「自己株式」の表示が残ります。結果として、貸借対照表には自己株式の表示がないにもかかわらず、別表五（一）にはそのまま残ってしまいますので、将来禍根を残しかねない場合があります。

第1章

合併

1-1　適格合併（基本）

Q

　合併法人Ａ社は被合併法人Ｂ社を吸収合併しました（適格合併）。合併状況は次のとおりです。Ａ社の申告調整、Ｂ社及び株主Ｃ社の処理は、どのようになりますか。

（条件）

・Ａ社はＢ社の資産1,500（時価2,000）、負債500（時価500）を時価で受け入れました。

・Ａ社は資本金を1,500増加しました。

・Ｂ社の株主に対してＡ社の株式を交付しました。

・株主Ｃ社が所有するＢ社株式の合併直前の帳簿価額は500です。

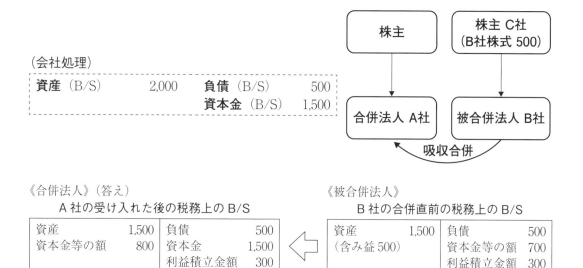

（会社処理）

資産（B/S）	2,000	負債（B/S）	500
		資本金（B/S）	1,500

《合併法人》（答え）

Ａ社の受け入れた後の税務上のB/S

資産	1,500	負債	500
資本金等の額	800	資本金	1,500
		利益積立金額	300

《被合併法人》

Ｂ社の合併直前の税務上のB/S

資産	1,500	負債	500
（含み益500）		資本金等の額	700
		利益積立金額	300

解説

1. 税務処理について

(1) 資産負債の取得価額

　適格合併の場合、合併法人Ａ社は被合併法人Ｂ社から受ける資産等を帳簿価額により引継ぎを受けることとされています（法法62の2④、法令123の3③）。したがって、適格合併による譲渡損益は生じません。

資産負債の移転の取扱い	
原　則	特　例
【被合併法人】 ・資産負債の時価譲渡（法法62） 【合併法人】 ・資産負債の時価取得（法法22）	【被合併法人】 ・資産負債の簿価引継ぎ（法法62の2） 【合併法人】 ・資産負債の簿価引継ぎ（法令123の3③）

（合併）

(2)　資本金等の額の増加額

　適格合併の場合、A社の増加する資本金等の額は次の算式により計算することとされています（法令8①五ハ）。

（算式）（法令8①五ハ）

$$\underset{700}{\text{被合併法人の資本金等の額}} - \left(\underset{1,500}{\text{増加資本金の額}} + \underset{0}{\text{抱合株式の帳簿価額}} \right) = \triangle 800$$

※　増加資本金の額は登記簿上の金額

---

(3)　利益積立金額の増加額

　適格合併の場合、A社の増加する利益積立金額は次の算式により計算することとされています（法令9①二）。

（算式）（法令9①二）

$$\underset{1,500}{\text{移転資産帳簿価額}} - \left(\underset{500}{\text{移転負債帳簿価額}} + \underset{\underset{※1 \quad ※2}{700(1,500-800)}}{\text{増加資本金等の額}} + \underset{0}{\text{抱合株式の帳簿価額}} \right)$$

$$= 300$$

※1　1,500 …… 会計上の増加した「資本金の額」（登記簿上の金額）

　2　　800 …… 前記(2)に掲げる「資本金等の額」

　したがって、A社の税務処理は次のとおりです。

（税務処理）

法令8①五ハ→

資産　(B/S)	1,500	負債　(B/S)	500	←法令123の3③
資本金等の額　(B/S)	800	資本金　(B/S)	1,500	
		利益積立金額　(B/S)	300	←法令9①二

2. 修正処理について

　会社処理と税務処理とを比較すると、処理に差異が生じていますので修正処理する必要があります。

（修正処理）

資本金等の額（B/S）	800	資産（B/S）	500
		利益積立金額（B/S）	300

分解

（修正処理）

利益積立金額（B/S）	800	資産（B/S）	500
		利益積立金額（B/S）	300
資本金等の額（B/S）	800	利益積立金額（B/S）	800

①　別表四の申告調整は、不要です。

②　別表五（一）は翌期以後の貸借対照表（資産、利益積立金額、資本金等の額）の消去処理のため、「資産」として500減算します。調整項目として、利益積立金額の計算明細は「資本金等の額」とし800加算、資本金等の額の計算明細は「利益積立金額」として800減算します。そして、この調整項目は現在の企業会計処理上、解散清算するまで消去できません。

3. 別表の調理について

（会社処理）

資産（B/S）	2,000	負債（B/S）	500
		資本金（B/S）	1,500

（修正処理）

利益積立金額（B/S） 800	資産（B/S）	500
	利益積立金額（B/S）	300
資本金等の額（B/S） 800	利益積立金額（B/S）	800

別表五（一）　Ⅰ　利益積立金額の計算に関する明細書

区　　　分	期首現在利益積立金額	当期の増減		差引翌期首現在利益積立金額 ① － ② ＋ ③
		減	増	
	①	②	③	④
利　益　準　備　金	1			
資　　　　　　　　産			※△ 500	△ 500
資　本　金　等　の　額			※　800	800
繰　越　損　益　金	25			
差　引　合　計　額	31	0	0	※ 300	300

Ⅱ　資本金等の額の計算に関する明細書

区　　　分	期首現在資本金等の額	当期の増減		差引翌期首現在資本金等の額 ① － ② ＋ ③
		減	増	
	①	②	③	④
資　本　金　又　は　出　資　金	32		※ 1,500	1,500
資　本　準　備　金	33			
利　益　積　立　金　額			※△ 800	△ 800
差　引　合　計　額	36	0	0	※ 700	700

《別表四と別表五（一）との検算》
（算式）

別表四　　　別表五（一）　　別表五（一）
「52」② ＋ 「31」① ＝ 「31」④ 　… 不一致額 300 は被合併法人分の利益積立金額
（0）　　　（0）　　　　（0）

（注）　※印は、組織再編により引き継いだ利益積立金額、資本金等の額であることを表示。

4. 被合併法人 B 社の処理

　適格合併の場合、B 社の所得の金額は移転した資産等を最後事業年度終了時の帳簿価額により引継ぎをしたものとして計算することとされています（法法 62 の 2 ①）。したがって、譲渡損益は生じません。

5. 株主 C 社の処理

　株主 C 社は、被合併法人 B 社の株式が消滅し、合併法人 A 社の株式の交付を受けることとなります。B 社株式の譲渡損益及びみなし配当の処理は次のとおりです。

	株式の譲渡損益の取扱い		みなし配当の取扱い	
	原　則	特　例	原　則	特　例
合併	あり （法法 61 の 2 ①） ※　合併法人の株式のみ交付を受ける場合はなし	なし （法法 61 の 2 ①②、法令 119 ①五）	あり （法法 24 ①一、法令 23 ①一） ※　交付金銭等 − 被合併法人の資本金等の額	なし （法法 24 ①一）

① **みなし配当**

　適格合併の場合、みなし配当は生じないこととされています（法法 24 ①一）。

② **有価証券の譲渡損益**

　金銭等不交付合併で合併法人の株式のみ交付を受けた場合の譲渡損益は、次の算式により計算することとされています（法法 61 の 2 ②）。したがって、譲渡損益は生じません。

```
（算式）（法法 61 の 2 ②）金銭等不交付合併
　合併直前の被合併法人の　　　合併直前の被合併法人の
　　旧株式の帳簿価額　　 −　　　旧株式の帳簿価額　　 = 　譲渡損益
　　　　　500　　　　　　　　　　　500　　　　　　　　　 0
```

③ **有価証券の取得価額**

　金銭等不交付合併で合併法人の株式のみ交付を受けた場合は、次の算式により計算することとされています（法令 119 ①五）。

```
（算式）（法令 119 ①五）金銭等不交付合併
　合併直前の被合併法人の　　　　　　　　　　　　　交付を受けるために
　　旧株式の帳簿価額　 + 　みなし配当の額　 + 　　要した費用の額　 = 　取得価額
　　　　500　　　　　　　　　　 0　　　　　　　　　　　0　　　　　　　　 500
```

　したがって、株主の税務処理は、次のとおりです。

（株主の処理）

A 社株式（B/S）	500	B 社株式（B/S）	500

6.　課税関係のまとめ

《合併法人》（答え）
A 社の受け入れた後の税務上の B/S

資産	1,500	負債	500
資本金等の額	800	資本金	1,500
		利益積立金額	300

《被合併法人》
B 社の合併直前の税務上の B/S

資産	1,500	負債	500
（含み益 500）		資本金等の額	700
		利益積立金額	300

（移転時）

資産	1,500	負債	500
		資本金等の額	700
		利益積立金額	300

○増加する利益積立金額（法令 9 ①二）
　移転資産帳簿価額 1,500
－（移転負債帳簿価額 500
＋増加資本金等の額 700（1,500－800）
＋抱合株式の帳簿価額 0）＝300

○増加する資本金等の額（法令 8 ①五ハ）
※増加資本金の額は登記簿上の金額
　被合併法人の資本金等の額 700
－（増加資本金の額 1,500
＋抱合株式の帳簿価額 0）＝△800

（移転時）

負債	500	資産	1,500
利益積立金額	300		
A 社株式	700		

○移転する利益積立金額（法令 9 ①二）
　被合併法人の最後事業年度の
利益積立金額　300

○A 社株式の取得価額（法法 62 の 2 ①）
　移転簿価純資産価額　1,000
－利益積立金額　300＝700

（株主への株式交付時）

| 資本金等の額 | 700 | A 社株式 | 700 |

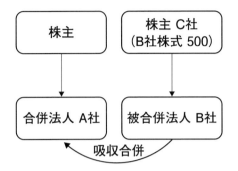

(株主Ｃ社)（Ｂ社の株式帳簿価額　500)
　Ａ社株式　500　　Ｂ社株式　500
○みなし配当（法法24①)
　適格合併を除くと規定されているため発生しない。
○旧株式の譲渡損益（法法61の2②)
　金銭等不交付合併にあっては旧株式の譲渡損益は発生しない。

1-2　適格合併で抱合株式がある場合

　合併法人A社は被合併法人B社を吸収合併しました（適格合併）。合併状況は次のとおりです。A社の申告調整、B社及び株主C社の処理は、どのようになりますか。

（条件）

・A社はB社の資産1,000（時価2,000）、負債500（時価500）を帳簿価額で受け入れました。

・A社は資本金を500増加しました。

・A社はB社株式の発行済株式総数100株のうち抱合株式40株（帳簿価額400）を所有しています。

　※　抱合株式とは合併法人が所有している被合併法人の株式をいいます。

・A社の抱合株式40株に対して交付はなく、消滅損を計上しました。

・B社の株主C社に対して、A社株式（時価1株16）60株（960）を割り当てました。

・株主C社が所有するB社株式の合併直前の帳簿価額は600です。

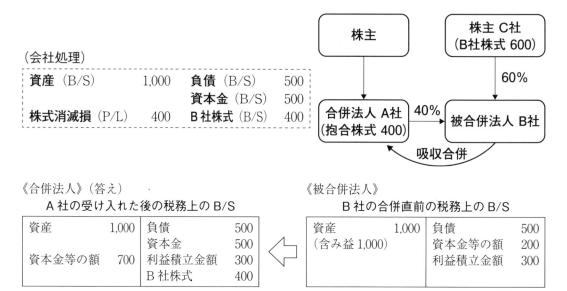

1.　税務処理について

⑴　資産負債の取得価額

　適格合併の場合、合併法人A社は被合併法人B社から受ける資産等を帳簿価額により引

継ぎを受けることとされています（法法62の2④、法令123の3③）。したがって、適格合併による譲渡損益は生じません。

(2)　抱合株式の譲渡損益

　金銭等不交付合併で抱合株式に係る譲渡損益は、次の算式により計算することとされています（法法61の2③）。したがって、譲渡損益は生じません。

（算式）（法法61の2③）（抱合株式）

$$\underset{400}{\text{合併直前の被合併法人の}\atop\text{旧株式の帳簿価額}} - \underset{400}{\text{合併直前の被合併法人の}\atop\text{旧株式の帳簿価額}} = \underset{0}{\text{譲渡損益}}$$

---

(3)　抱合株式の消滅損の処理

　抱合株式の消滅損は、資本金等の額の減算として処理することとされています（法令8①五ハ）。

(4)　資本金等の額の増加額

　適格合併の場合、A社の増加する資本金等の額は次の算式により計算することとされています（法令8①五ハ）。

（算式）（法令8①五ハ）

$$\underset{200}{\text{被合併法人の資本金等の額}} - \left(\underset{500}{\text{増加資本金の額}} + \underset{400}{\text{抱合株式の帳簿価額}}\right) = \triangle 700$$

※　増加資本金の額は登記簿上の金額

---

(5)　利益積立金額の増加額

　適格合併の場合、A社の増加する利益積立金額は次の算式により計算することとされています（法令9①二）。

（算式）（法令9①二）

$$\underset{1,000}{\text{移転資産}\atop\text{帳簿価額}} - \left(\underset{500}{\text{移転負債}\atop\text{帳簿価額}} + \underset{\substack{※1}}{\text{増加資本金等の額}\atop\triangle 200 (500} \underset{\substack{※2}}{- 700)} + \underset{400}{\text{抱合株式の帳簿価額}}\right) = 300$$

※1　500 ……　会計上の増加した「資本金の額」

　2　700 ……　前記(4)に掲げる「資本金等の額」

　したがって、A社の税務処理は、次のとおりです。

（税務処理）

資産（B/S）	1,000	負債（B/S）	500	←法令123の3③
		資本金（B/S）	500	
法令8①五ハ→ 資本金等の額（B/S）	700	利益積立金額（B/S）	300	←法令9①二
		B社株式（B/S）	400	

2.　修正処理について

　会社処理と税務処理とを比較すると、処理に差異が生じていますので修正処理する必要が
あります。

（修正処理）

| 資本金等の額（B/S） | 700 | 株式消滅損（P/L） | 400 |
| | | 利益積立金額（B/S） | 300 |

分解

（修正処理）

利益積立金額（B/S）	700	株式消滅損（P/L）	400
		利益積立金額（B/S）	300
資本金等の額（B/S）	700	利益積立金額（B/S）	700

① 　別表四は「株式消滅損否認」として400を加算（留保）します。

② 　別表五（一）は翌期以後の貸借対照表（利益積立金額、資本金等の額）の消去処理の
ため、調整項目として、利益積立金額の計算明細は「資本金等の額」として700加算し、
資本金等の額の計算明細は「利益積立金額」として700減算します。そして、この調整
項目は現在の企業会計処理上、解散清算するまで消去できません。

3. 別表の調理について

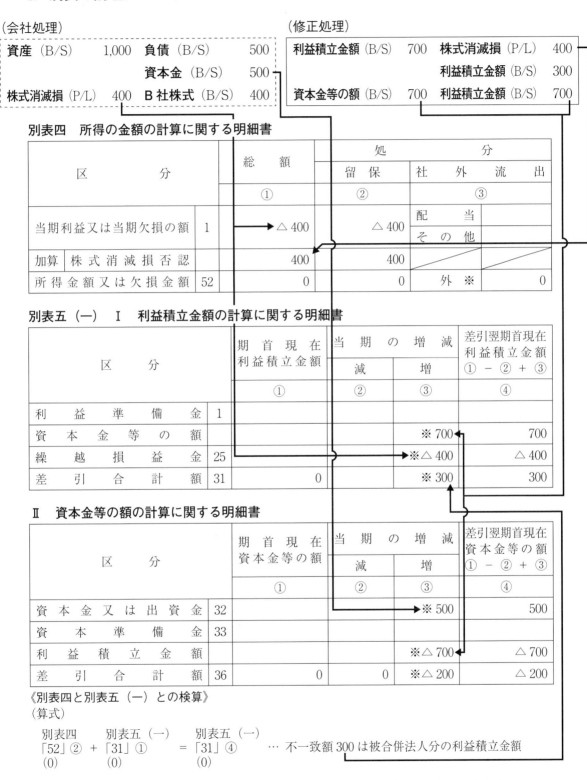

（会社処理）

資産（B/S）	1,000	負債（B/S）	500
		資本金（B/S）	500
株式消滅損（P/L）	400	B社株式（B/S）	400

（修正処理）

利益積立金額（B/S）	700	株式消滅損（P/L）	400
		利益積立金額（B/S）	300
資本金等の額（B/S）	700	利益積立金額（B/S）	700

別表四　所得の金額の計算に関する明細書

区　　　　　分		総　　額	処　　　　　分		
			留　保	社　外　流　出	
		①	②	③	
当期利益又は当期欠損の額	1	△400	△400	配　当	
				その他	
加算	株式消滅損否認		400	400		
所得金額又は欠損金額	52	0	0	外　※	0

別表五（一）　Ⅰ　利益積立金額の計算に関する明細書

区　　　分		期首現在利益積立金額	当期の増減		差引翌期首現在利益積立金額 ①－②＋③
			減	増	
		①	②	③	④
利　益　準　備　金	1				
資　本　金　等　の　額				※700	700
繰　越　損　益　金	25			※△400	△400
差　引　合　計　額	31	0		※300	300

Ⅱ　資本金等の額の計算に関する明細書

区　　　分		期首現在資本金等の額	当期の増減		差引翌期首現在資本金等の額 ①－②＋③
			減	増	
		①	②	③	④
資　本　金　又　は　出　資　金	32			※500	500
資　本　準　備　金	33				
利　益　積　立　金　額				※△700	△700
差　引　合　計　額	36	0	0	※△200	△200

《別表四と別表五（一）との検算》
（算式）

別表四「52」②　＋　別表五（一）「31」①　＝　別表五（一）「31」④　…　不一致額300は被合併法人分の利益積立金額
　（0）　　　　　　　（0）　　　　　　　　　（0）

（注）　※印は、組織再編により引き継いだ利益積立金額、資本金等の額であることを表示。

4.　被合併法人 B 社の処理

　適格合併の場合、B 社の所得の金額は移転した資産等を最後事業年度終了時の帳簿価額により引継ぎをしたものとして計算することとされています（法法62の2①）。したがって、譲渡損益は生じません。

5.　株主 C 社の処理

　株主 C 社は、被合併法人 B 社の株式が消滅し、合併法人 A 社の株式の交付を受けたものとみなして処理することとなります。B 社株式の譲渡損益及びみなし配当の処理は次のとおりです。

	株式の譲渡損益の取扱い		みなし配当の取扱い	
	原　則	特　例	原　則	特　例
合併	時価譲渡 （法法61の2①）	旧株式の簿価付替 （法法61の2①②③、法令119①五）	あり （法法24①一、法令23①一） ※　交付金銭等－被合併法人の資本金等の額	なし （法法24①一）

(1)　みなし配当

　適格合併の場合、みなし配当は生じないこととされています（法法24①一）。

(2)　有価証券の譲渡損益

　金銭等不交付合併の場合、次の算式により計算することとされています（法法61の2②）。したがって、譲渡損益は生じません。

> （算式）（法法61の2②）（金銭等不交付合併）
>
> 合併直前の被合併法人の旧株式の帳簿価額 600 － 合併直前の被合併法人の旧株式の帳簿価額 600 ＝ 譲渡損益 0

(3)　有価証券の取得価額

　金銭等不交付合併で合併法人の株式のみ交付を受けた場合の取得価額は、次の算式により計算することとされています（法令119①五）。

> （算式）（法令119①五）（金銭等不交付合併）
>
> 合併直前の被合併法人の旧株式の帳簿価額 600 ＋ みなし配当の額 0 ＋ 交付を受けるために要した費用の額 0 ＝ 取得価額 600

したがって、C 社の税務処理は次のとおりです。

（税務処理）

法令 119 ①五→

A 社株式（B/S）	600	B 社株式（B/S）	600

6.　課税関係のまとめ

《合併法人》（答え）　　　　　　　　　　　《被合併法人》
　　A社の受け入れた税務上のB/S　　　　　B社の合併直前の税務上のB/S

資産	1,000	負債	500
資本金等の額	700	資本金	500
		利益積立金額	300
		B社株式	400

資産	1,000	負債	500
（含み益	1,000）	資本金等の額	200
		利益積立金額	300

（移転時）

資産	1,000	負債	500
		資本金	500
資本金等の額	700	利益積立金額	300
		B社株式	400

○増加する利益積立金額（法令9①二）
　移転資産帳簿価額1,000
－（移転負債帳簿価額500
＋増加資本金等の額△200（500－700）
＋抱合株式の帳簿価額400）＝300

○増加する資本金等の額（法令8①五ハ）
※増加資本金の額は登記簿上の金額
　被合併法人の資本金等の額200
－（増加資本金の額500
＋抱合株式の帳簿価額400）＝△700

（移転時）

負債	500	資産	1,000
利益積立金額	300		
A社株式	200		

○移転する利益積立金額（法令9①二）
　被合併法人の最後事業年度の利益積
立金額　300

○A社株式の取得価額（法法62の2①）
　移転簿価純資産価額500
－利益積立金額300＝200

（株主への株式交付時）

資本金等の額	200	A社株式	200

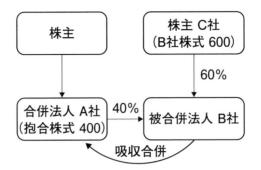

（株主 C 社）（B 社の株式帳簿価額　600）
　A 社株式　600　　B 社株式　600
○みなし配当（法法 24 ①）
　適格合併を除くと規定されているため発生しない。
○旧株式の譲渡損益（法法 61 の 2 ②）
　金銭不交付合併にあっては B 社株式の譲渡損益は発生しない。

1-3　適格合併で負ののれんを計上した場合
（簿価受入れ）

Q

　合併法人Ａ社は、被合併法人Ｂ社を令和××年××月××日に吸収合併しました（適格合併）。合併状況は次のとおりです。Ａ社の申告調整関係は、どのようになりますか。

（条件）

・Ａ社はＢ社の資産1,800（時価1,900）、負債1,200（時価1,200）を簿価で受け入れました。

・Ａ社は資本金を500増加し、簿価純資産額600（1,800－1,200）に対する差額100につき負ののれん100を計上しました。

・Ｂ社の株主Ｃ社に対してＡ社の株式を交付しました。

・株主Ｃ社が所有するＢ社株式の合併直前の帳簿価額は600です。

（会社処理）

資産（B/S）	1,800	負債（B/S）	1,200
		資本金（B/S）	500
		負ののれん（B/S）	100

《合併法人》（答え）
Ａ社の受け入れた後の税務上のB/S

資産	1,800	負債	1,200
		資本金	500
		資本金等の額	100

《被合併法人》
Ｂ社の合併直前の税務上のB/S

資産	1,800	負債	1,200
（含み益100）		資本金等の額	600

解説

1. 税務処理について

(1)　資産負債の取得価額

　適格合併の場合、合併法人Ａ社は被合併法人Ｂ社から受ける資産等を帳簿価額により引継ぎを受けることとされています（法法62の2④、法令123の3③）。したがって、適格合併による譲渡損益は生じません。

資産負債の移転の取扱い	
原　則	特　例
【被合併法人】 　資産負債の時価譲渡（法法62） 【合併法人】 　資産負債の時価取得（法法22）	【被合併法人】 　資産負債の簿価引継ぎ（法法62の2） 【合併法人】 　資産負債の簿価引継ぎ（法令123の3③）

(左欄に「合併」)

(2)　資本金等の額の増加額

　適格合併の場合、A社の増加する資本金等の額は次の算式により計算することとされています（法令8①五ハ）。

> （算式）（法令8①五ハ）
>
> $$\underset{600}{\text{被合併法人の資本金等の額}} - \left(\underset{500}{\text{増加資本金の額}} + \underset{0}{\text{抱合株式の帳簿価額}} \right) = 100$$
>
> ※　増加資本金の額は登記簿上の金額

(3)　利益積立金額の増加額

　適格合併の場合、A社の増加する利益積立金額は次の算式により計算することとされています（法令9①二）。

> （算式）（法令9①二）
>
> $$\underset{1,800}{\text{移転資産帳簿価額}} - \left(\underset{1,200}{\text{移転負債帳簿価額}} + \underset{\text{※1 ※2}}{\underset{600(500+100)}{\text{増加資本金等の額}}} + \underset{0}{\text{抱合株式の帳簿価額}} \right) = 0$$
>
> ※1　500 …… 会計上の増加した「資本金の額」
> 　2　100 …… 前記(2)に掲げる「資本金等の額」

　したがって、A社の税務処理は次のとおりです。

（税務処理）

資産（B/S）	1,800	負債（B/S）	1,200	←法令123の3③
		資本金（B/S）	500	
		資本金等の額（B/S）	100	←法令8①五ハ

2. 修正処理について

　会社処理と税務処理とを比較すると、処理に差異が生じていますので修正処理する必要があります。

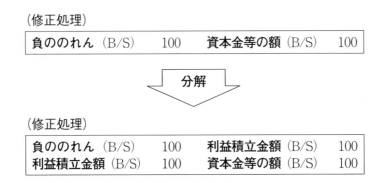

（修正処理）

| 負ののれん（B/S） | 100 | 資本金等の額（B/S） | 100 |

分解

（修正処理）

| 負ののれん（B/S） | 100 | 利益積立金額（B/S） | 100 |
| 利益積立金額（B/S） | 100 | 資本金等の額（B/S） | 100 |

① 別表四は申告調整不要です。

② 別表五（一）は貸借対照表（負ののれん、利益積立金額、資本金等の額）の消去処理のため、「負ののれん」として100加算します。調整項目として、利益積立金額の計算明細は「資本金等の額」として100減算、資本金等の額の計算明細は「利益積立金額」として100加算します。そして、この調整項目は現在の企業会計処理上、解散清算するまで消去できません。

3.　別表調理について

（会社処理）

資産（B/S）	1,800	負債（B/S）	1,200
		資本金（B/S）	500
		負ののれん（B/S）	100

（修正処理）

負ののれん（B/S）	100	利益積立金額（B/S）	100
利益積立金額（B/S）	100	資本金等の額（B/S）	100

別表五（一）　I　利益積立金額の計算に関する明細書

区　　　分	期首現在利益積立金額 ①	当期の増減 減 ②	当期の増減 増 ③	差引翌期首現在利益積立金額 ① － ② ＋ ③ ④
利　益　準　備　金	1			0
負　の　の　れ　ん			※100	100
資　本　金　等　の　額			※△100	△100
繰　越　損　益　金	25		0	0
差　引　合　計　額	31	0	0	※0	0

II　資本金等の額の計算に関する明細書

区　　　分	期首現在資本金等の額 ①	当期の増減 減 ②	当期の増減 増 ③	差引翌期首現在資本金等の額 ① － ② ＋ ③ ④
資本金又は出資金	32		※500	500
資　本　準　備　金				
利　益　積　立　金　額			※100	100
差　引　合　計　額	36	0	0	※600	600

《別表四と別表五（一）との検算》

（算式）

別表四　　　別表五（一）　　別表五（一）
「52」②　＋　「31」①　　＝「31」④　　… 検算一致
（0）　　　　（0）　　　　　（0）

（注）　※印は、組織再編により引き継いだ利益積立金額、資本金等の額であることを表示。

1-4　決算期末時に負ののれんを特別利益に振り替えた場合（簿価受入れ）

合併法人Ａ社は、被合併法人Ｂ社を令和××年××月××日に吸収合併しました（適格合併）。期中合併時の会社処理は、次のとおりです。

（会社処理）

資産（B/S）	1,800	負債（B/S）	1,200
		資本金（B/S）	500
		負ののれん（B/S）	100

決算期末（令和××年××月××日）において、「負ののれん」を特別利益に振り替えました。Ａ社の申告調整関係は、どのようになりますか。

（会社処理）

負ののれん（B/S）	100	特別利益（P/L）	100

解説

1. 税務処理について

適格合併の場合、合併法人Ａ社は被合併法人Ｂ社から受ける資産等を帳簿価額により引継ぎを受けることとされています（法法62の2④、法令123の3③）。したがって、合併時以後において損益を生じさせても税務上、その損益は生じないものとして処理されます。

資産負債の移転の取扱い		
原　　則		特　　例
合併	【被合併法人】 　資産負債の時価譲渡（法法62） 【合併法人】 　資産負債の時価取得（法法22）	【被合併法人】 　資産負債の簿価引継ぎ（法法62の2） 【合併法人】 　資産負債の簿価引継ぎ（法令123の3③）

したがって、A社の税務処理は次のとおりです。

（税務処理）

なし

2. 修正処理について

　会社処理と税務処理とを比較すると、処理に差異が生じていますので修正処理する必要があります。

（修正処理）

特別利益（P/L）	100	**負ののれん**（B/S）	100

①　別表四は「特別利益過大」として100を減算（留保）します。

②　別表五（一）は翌期以後の貸借対照表（負ののれん）の消去処理のため、「負ののれん」として100減算します。

3. 別表調理について

（会社処理）

負ののれん（B/S）　100　特別利益（P/L）　100

（修正処理）

特別利益（P/L）　100　負ののれん（B/S）　100

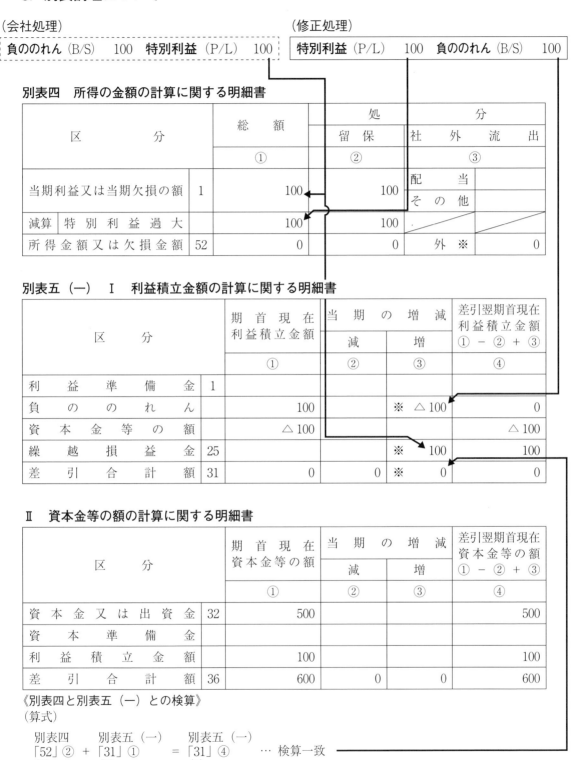

別表四　所得の金額の計算に関する明細書

区　　　　　分		総　　額	処	分	
			留　保	社　外　流　出	
		①	②	③	
当期利益又は当期欠損の額	1	100	100	配　　当	
				その他	
減算	特　別　利　益　過　大	100	100		
所得金額又は欠損金額	52	0	0	外　※	0

別表五（一）　I　利益積立金額の計算に関する明細書

区　　　　　分		期首現在利益積立金額	当　期　の　増　減		差引翌期首現在利益積立金額 ①－②＋③
			減	増	
		①	②	③	④
利　益　準　備　金	1				
負　の　の　れ　ん			100	※　△100	0
資　本　金　等　の　額			△100		△100
繰　越　損　益　金	25			※　100	100
差　引　合　計　額	31	0	0	※　0	0

II　資本金等の額の計算に関する明細書

区　　　　　分		期首現在資本金等の額	当　期　の　増　減		差引翌期首現在資本金等の額 ①－②＋③
			減	増	
		①	②	③	④
資　本　金　又　は　出　資　金	32	500			500
資　本　準　備　金					
利　益　積　立　金　額		100			100
差　引　合　計　額	36	600	0	0	600

《別表四と別表五（一）との検算》
（算式）

別表四　　　別表五（一）　　　別表五（一）
「52」②　＋　「31」①　　　＝　「31」④　　　… 検算一致
(0)　　　　　　(0)　　　　　　(0)

（注）　※印は、組織再編により引き継いだ利益積立金額、資本金等の額であることを表示。

4.　課税関係のまとめ

《合併法人》（答え）
A社の受け入れた税務上のB/S

資産	1,800	負債	1,200
		資本金	500
		資本金等の額	100

《被合併法人》
B社の合併直前の税務上のB/S

資産　1,800	負債	1,200
（含み益100）	資本金等の額	600

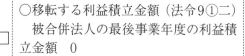

(移転時)
資産　1,800　　負債　　　　　1,200
　　　　　　　　資本金　　　　　500
　　　　　　　　資本金等の額　　100

○増加する利益積立金額（法令9①二）
　移転資産帳簿価額 1,800
－（移転負債帳簿価額 1,200
＋増加資本金等の額 600（500＋100）
＋抱合株式の帳簿価額 0）＝0

○増加する資本金等の額（法令8①五ハ）
※増加資本金の額は登記簿上の金額
　被合併法人の資本金等の額 600
－（増加資本金の額 500
＋抱合株式の帳簿価額 0）＝100

(移転時)
　負債　　　　1,200　　資産　　　1,800
　A社株式　　 600
○移転する利益積立金額（法令9①二）
　被合併法人の最後事業年度の利益積
立金額　0

○A社株式の取得価額（法法62の2①）
　移転簿価純資産価額 600
－利益積立金額 0＝600

(株主への株式交付時)
資本金等の額　600　　A社株式　600

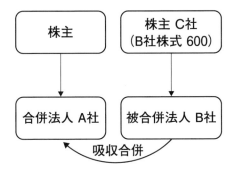

（株主Ｃ社）（Ｂ社の株式帳簿価額　600）
　Ａ社株式　600　　Ｂ社株式　600
○みなし配当（法法24①）
　適格合併を除くと規定されているため発生しない。
○旧株式の譲渡損益（法法61の2②）
　金銭不交付合併にあってはＢ社株式の譲渡損益は発生しない。

1-5　適格合併で負ののれんを計上した場合（時価受入れ）

Q

　合併法人A社は、被合併法人B社を令和××年××月××日に吸収合併しました（適格合併）。合併状況は次のとおりです。A社の申告調整関係は、どのようになりますか。

（条件）

・A社はB社の資産1,800（時価1,900）、負債1,200（時価1,200）を時価で受け入れました。

・A社は資本金を600増加し、時価純資産額700（1,900－1,200）に対する差額100につき負ののれん100を計上しました。

・B社の株主C社に対してA社の株式を交付しました。

・株主C社が所有するB社株式の合併直前の帳簿価額は600です。

（会社処理）

資産（B/S）	1,900	負債（B/S）	1,200
		資本金（B/S）	600
		負ののれん（B/S）	100

《合併法人》（答え）
A社の受け入れた後の税務上のB/S

資産	1,800	負債	1,200
		資本金	600

《被合併法人》
B社の合併直前の税務上のB/S

資産 （含み益100）	1,800	負債	1,200
		資本金等の額	600

解説

1.　税務処理について

⑴　資産負債の取得価額

　適格合併の場合、合併法人A社は被合併法人B社から受ける資産等を帳簿価額により引継ぎを受けることとされています（法法62の2④、法令123の3③）。したがって、適格合併による譲渡損益は生じません。

資産負債の移転の取扱い	
原　則	特　例
合併　【被合併法人】 　　資産負債の時価譲渡（法法62） 　【合併法人】 　　資産負債の時価取得（法法22）	【被合併法人】 　資産負債の簿価引継ぎ（法法62の2） 【合併法人】 　資産負債の簿価引継ぎ（法令123の3③）

(2)　資本金等の額の増加額

　適格合併の場合、A社の増加する資本金等の額は次の算式により計算することとされています（法令8①五ハ）。

> （算式）（法令8①五ハ）
>
> $$\underset{600}{\text{被合併法人の資本金等の額}} - \left(\underset{600}{\text{増加資本金の額}} + \underset{0}{\text{抱合株式の帳簿価額}} \right) = 0$$
>
> ※　増加資本金の額は登記簿上の金額

(3)　利益積立金額の増加額

　適格合併の場合、A社の増加する利益積立金額は次の算式により計算することとされています（法令9①二）。

> （算式）（法令9①二）
>
> $$\underset{1,800}{\substack{\text{移転資産}\\\text{帳簿価額}}} - \left(\underset{1,200}{\substack{\text{移転負債}\\\text{帳簿価額}}} + \underset{\underset{※1}{600}\ \underset{※2}{(600-0)}}{\text{増加資本金等の額}} + \underset{0}{\text{抱合株式の帳簿価額}} \right) = 0$$
>
> ※1　600 …… 会計上の増加した「資本金の額」
> 　2　　0 …… 前記(2)に掲げる「資本金等の額」

　したがって、A社の税務処理は次のとおりです。

（税務処理）

資産（B/S）	1,800	負債（B/S）	1,200
		資本金（B/S）	600

←法令123の3③

2.　修正処理について

　会社処理と税務処理とを比較すると、処理に差異が生じていますので修正処理する必要があります。

（修正処理）

| 負ののれん（B/S） | 100 | 資産（B/S） | 100 |

① 別表四は申告調整不要です。

② 別表五（一）は貸借対照表（負ののれん、資産）の消去処理のため、「負ののれん」として100加算し、「資産」として100減算します。

3. 別表調理について

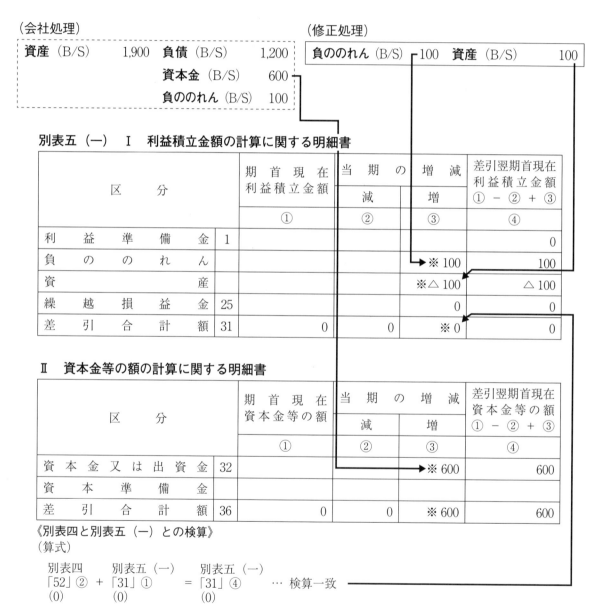

（会社処理）

資産（B/S）	1,900	負債（B/S）	1,200
		資本金（B/S）	600
		負ののれん（B/S）	100

（修正処理）

| 負ののれん（B/S） | 100 | 資産（B/S） | 100 |

別表五（一）　Ⅰ　利益積立金額の計算に関する明細書

区　　分		期首現在利益積立金額 ①	当期の増減 減 ②	当期の増減 増 ③	差引翌期首現在利益積立金額 ① − ② + ③ ④
利　益　準　備　金	1				0
負　の　の　れ　ん				※100	100
資　　　　　　産				※△100	△100
繰　越　損　益　金	25			0	0
差　引　合　計　額	31	0	0	※0	0

Ⅱ　資本金等の額の計算に関する明細書

区　　分		期首現在資本金等の額 ①	当期の増減 減 ②	当期の増減 増 ③	差引翌期首現在資本金等の額 ① − ② + ③ ④
資　本　金　又　は　出　資　金	32			※600	600
資　本　準　備　金					
差　引　合　計　額	36	0	0	※600	600

《別表四と別表五（一）との検算》

（算式）

別表四　　　　別表五（一）　　別表五（一）
「52」②　＋　「31」①　　＝　「31」④　　… 検算一致
(0)　　　　　(0)　　　　　(0)

（注）　※印は、組織再編により引き継いだ利益積立金額、資本金等の額であることを表示。

1-6 決算期末時に負ののれんを特別利益に振り替えた場合（時価受入れ）

合併法人Ａ社は、被合併法人Ｂ社を令和××年××月××日に吸収合併しました（適格合併）。期中合併時の会社処理は、次のとおりです。

（会社処理）

資産（B/S）	1,900	負債（B/S）	1,200
		資本金（B/S）	600
		負ののれん（B/S）	100

決算期末時（令和××年××月××日）において、「負ののれん」を特別利益に振り替えました。Ａ社の申告調整関係は、どのようになりますか。

（会社処理）

負ののれん（B/S）	100	特別利益（P/L）	100

解説

1. 税務処理について

適格合併の場合、合併法人Ａ社は被合併法人Ｂ社から受ける資産等を帳簿価額により引継ぎを受けることとされています（法法62の2④、法令123の3③）。したがって、合併時以後において損益を生じさせても税務上、その損益は生じないものとして処理されます。

資産負債の移転の取扱い			
	原　則		特　例
合併	【被合併法人】 　資産負債の時価譲渡（法法62） 【合併法人】 　資産負債の時価取得（法法22）		【被合併法人】 　資産負債の簿価引継ぎ（法法62の2） 【合併法人】 　資産負債の簿価引継ぎ（法令123の3③）

したがって、Ａ社の税務処理は次のとおりです。

（税務処理）

なし

2.　修正処理について

　会社処理と税務処理とを比較すると、処理に差異が生じていますので修正処理する必要があります。

（修正処理）

特別利益（P/L）	100	**負ののれん**（B/S）	100

① 　別表四は「特別利益過大」として 100 を減算（留保）します。

② 　別表五（一）は翌期以後の貸借対照表（負ののれん）の消去処理のため、「負ののれん」として 100 減算します。

3. 別表調理について

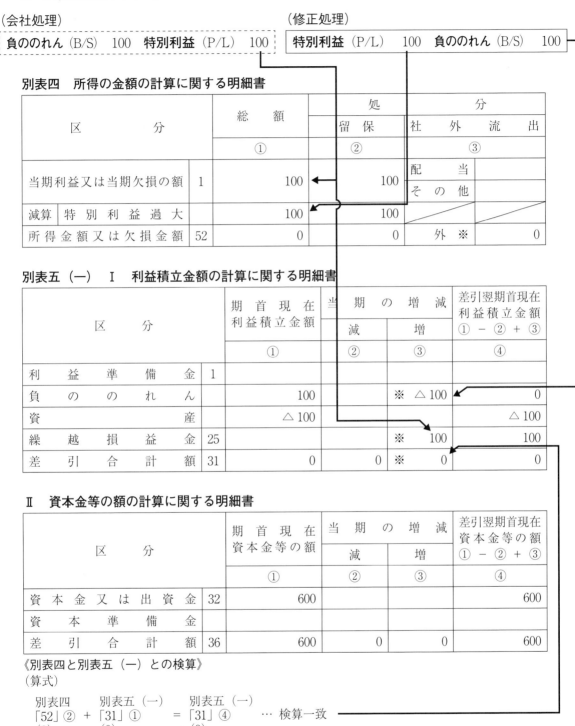

（会社処理）

負ののれん（B/S）　100　特別利益（P/L）　100

（修正処理）

特別利益（P/L）　100　負ののれん（B/S）　100

別表四　所得の金額の計算に関する明細書

区　　　分		総　　額	処	分	
			留　保	社　外　流　出	
		①	②	③	
当期利益又は当期欠損の額	1	100	100	配　　当	
				その他	
減算	特　別　利　益　過　大	100	100		
所　得　金　額　又　は　欠　損　金　額	52	0	0	外　※	0

別表五（一）　I　利益積立金額の計算に関する明細書

区　　　分		期首現在利益積立金額	当期の増減		差引翌期首現在利益積立金額 ① － ② + ③
			減	増	
		①	②	③	④
利　益　準　備　金	1				
負　の　の　れ　ん			100	※　△100	0
資　　　　　　　産			△100		△100
繰　越　損　益　金	25			※　100	100
差　引　合　計　額	31	0	0	※　0	0

II　資本金等の額の計算に関する明細書

区　　　分		期首現在資本金等の額	当期の増減		差引翌期首現在資本金等の額 ① － ② + ③
			減	増	
		①	②	③	④
資　本　金　又　は　出　資　金	32	600			600
資　本　準　備　金					
差　引　合　計　額	36	600	0	0	600

《別表四と別表五（一）との検算》

（算式）

別表四　　　別表五（一）　　別表五（一）
「52」②　＋　「31」①　　＝　「31」④　　… 検算一致
（0）　　　　（0）　　　　　（0）

（注）　※印は、組織再編により引き継いだ利益積立金額、資本金等の額であることを表示。

1-7　非適格合併で金銭等不交付合併の場合

　合併法人Ａ社は被合併法人Ｂ社を吸収合併しました。金銭交付のない非適格合併です。合併状況は次のとおりです。Ａ社の申告調整、被合併法人Ｂ社及び株主Ｃ社の処理は、どのようになりますか。

（条件）

・Ａ社はＢ社の資産1,500（時価2,100）、負債500（時価500）を帳簿価額で受け入れました。

・Ａ社は資本金を1,000増加しました。

・Ｂ社の株主Ｃ社に対してＡ社の株式（時価1,600）を交付しました。

・株主Ｃ社が所有するＢ社株式の帳簿価額は500です。

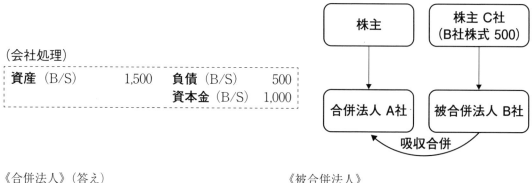

（会社処理）

| 資産（B/S） | 1,500 | 負債（B/S） | 500 |
| | | 資本金（B/S） | 1,000 |

《合併法人》（答え）
Ａ社の受け入れた税務上のB/S

資産	2,100	負債	500
		資本金	1,000
		資本金等の額	600

《被合併法人》
Ｂ社の合併直前の税務上のB/S

資産 （含み益600）	1,500	負債	500
		資本金等の額	700
		利益積立金額	300

解説

1. 税務処理について

(1) 資産負債の取得価額

　非適格合併の場合、合併法人Ａ社は被合併法人Ｂ社から受ける資産等を時価により受入れすることとされています（法法22、62）。

資産負債の移転の取扱い			
	原　則		特　例
合併	【被合併法人】 　資産負債の時価譲渡（法法62） 【合併法人】 　資産負債の時価取得（法法22）		【被合併法人】 　資産負債の簿価引継ぎ（法法62の2） 【合併法人】 　資産負債の簿価引継ぎ（法令123の3③）

(2) 資本金等の額の増加額

非適格合併である場合、資本金等の額の増加額は次の算式により計算することとされています（法令8①五イ）。

（算式）（法令8①五イ）

移転時価純資産価額 1,600 −（増加資本金の額 1,000 ＋ 交付金銭等の額 0 ＋ 抱合株式の帳簿価額 0 ＋ 抱合株式に係るみなし配当の額 0）＝ 600

※ 増加資本金の額は登記簿上の金額

(3) 利益積立金額の増加額

非適格合併の場合、利益積立金額の引継ぎはありません。

したがって、A社の税務処理は次のとおりです。

（税務処理）

法令62→

資産（B/S）	2,100	負債（B/S）	500
		資本金（B/S）	1,000
		資本金等の額（B/S）	600 |←法令8①五イ

2. 修正処理について

会社処理と税務処理とを比較すると、処理に差異が生じていますので修正処理する必要があります。

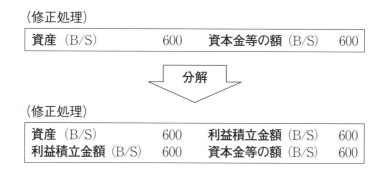

（修正処理）

資産（B/S）	600	資本金等の額（B/S）	600

分解

（修正処理）

資産（B/S）	600	利益積立金額（B/S）	600
利益積立金額（B/S）	600	資本金等の額（B/S）	600

① 別表四の申告調整は不要です。

② 別表五（一）は翌期以後の貸借対照表（資産、利益積立金額、資本金等の額）の消去処理のため、「資産」として600加算します。調整項目として、利益積立金額の計算明細は「資本金等の額」として600減算、資本金等の額の計算明細は「利益積立金額」として600加算します。そして、この調整項目は現在の企業会計処理上、解散清算するまで消去できません。

3. 別表の調理について

（会社処理）

資産（B/S）	1,500	負債（B/S）	500
		資本金（B/S）	1,000

（修正処理）

資産（B/S）	600	利益積立金額（B/S）	600
利益積立金額（B/S）	600	資本金等の額（B/S）	600

別表五（一）　Ⅰ　利益積立金額の計算に関する明細書

区　　　分	期首現在利益積立金額 ①	当期の増減		差引翌期首現在利益積立金額 ① − ② + ③ ④
		減 ②	増 ③	
利　益　準　備　金	1			
資　　　　　　　産			600	600
資　本　金　等　の　額			△600	△600
繰　越　損　益　金	25			
差　引　合　計　額	31	0	0	0

Ⅱ　資本金等の額の計算に関する明細書

区　　　分	期首現在資本金等の額 ①	当期の増減		差引翌期首現在資本金等の額 ① − ② + ③ ④
		減 ②	増 ③	
資　本　金　又　は　出　資　金	32		1,000	1,000
資　本　準　備　金	33			
利　益　積　立　金　額			600	600
差　引　合　計　額	36	0	1,600	1,600

《別表四と別表五（一）との検算》
（算式）

別表四　　別表五（一）　　別表五（一）
「52」② ＋ 「31」① ＝ 「31」④ 　… 検算一致
（0）　　　　（0）　　　　　（0）

4. 被合併法人 B 社の処理

　非適格合併の場合、B 社の所得の金額は移転した資産等を最後事業年度終了時の時価により譲渡したものとして計算することとされています（法法62）。

5. 株主 C 社の処理

　株主 C 社は、被合併法人 B 社の株式が消滅し、合併法人 A 社の株式の交付を受けることとなります。本件は金銭等不交付の非適格合併であるため B 社株式の譲渡損益は生じませんが、みなし配当は生じます。

	株式の譲渡損益の取扱い		みなし配当の取扱い	
	原　則	特　例	原　則	特　例
合併	あり（法法61の2①）※　合併法人の株式のみ交付を受ける場合はなし	なし（法法61の2①②、法令119①五）	あり（法法24①一、法令23①一）※　交付金銭等－被合併法人の資本金等の額	なし（法法24①一）

⑴　みなし配当

　非適格合併の場合、合併により株主が受けた交付金銭等の額が被合併法人の合併直前の資本金等の額のうち、交付の基因となった株式に対応する部分の金額を超えるとき、その超える部分がみなし配当として課税されることとなっています（法法24①一）。

（算式）（法法24①）

交付金銭等の額　－　株式に対応する部分の金額　＝　みなし配当の額
　　1,600　　　　　　　　　　700　　　　　　　　　　　900

※　交付金銭等の額は本件では交付した A 社株式の時価

〈株式に対応する部分の金額〉

（算式）（法法24①一、法令23①一）

$$\frac{合併事業年度末の資本金等の額\ 700}{発行済株式等の発行済株式総数（自己株式を除く）XX} \times 合併直前の所有被合併法人株式数 XX ＝ XX$$

---

(2)　有価証券の譲渡損益

　金銭等不交付合併で合併法人の株式のみ交付を受けた場合、交付を受ける合併法人株式の譲渡対価の額は、合併直前の被合併法人の旧株式の帳簿価額に相当する金額として計算することとされています（法法61の2②）。したがって、譲渡損益は生じません。

（**算式**）（法法61の2②）

合併直前の被合併法人の
　旧株式の帳簿価額　　　－　　　合併直前の被合併法人の　　　＝　0
　　　　500　　　　　　　　　　　旧株式の帳簿価額
　　　　　　　　　　　　　　　　　　　500

⑶　有価証券の取得価額

　金銭等不交付合併で合併法人の株式のみ交付を受けた場合は、次の算式により計算することとされています（法令119①五）。

```
（算式）（法令119①五）（金銭等不交付合併）
合併直前の被合併法人の          みなし配当の額        交付を受けるために
　　旧株式の帳簿価額      ＋         900        ＋     要した費用の額     ＝ 1,400
　　　　500                                           0
```

　したがって、株主の税務処理は次のとおりです。

　　　　　　　　　　　　（株主の処理）

	株主の旧株式の帳簿価額は500です。		
法令119①五→	A社株式（B/S）　1,400	B社株式（B/S）	500
		みなし配当（P/L）	900 ←法法24①一

6. 課税関係のまとめ

《合併法人》（答え）
　　　Ａ社の受け入れた税務上の B/S

資産	2,100	負債	500
		資本金	1,000
		資本金等の額	600

《被合併法人》
　　　Ｂ社の合併直前の税務上の B/S

資産	1,500	負債	500
（含み益 600）		資本金等の額	700
		利益積立金額	300

（移転時）

資産	2,100	負債	500
		資本金	1,000
		資本金等の額	600

○増加する利益積立金額

　非適格合併の場合、利益積立金額の引継ぎはありません。

○増加する資本金等の額（法令8①五イ）
※増加資本金の額は登記簿上の金額
　移転時価純資産価額 1,600
－（増加資本金の額 1,000
＋交付金銭等の額 0
＋抱合株式の帳簿価額 0
＋抱合株式に係るみなし配当の額 0）＝600

（移転時）

| 負債 | 500 | 資産 | 1,500 |
| Ａ社株式 | 1,600 | 譲渡益 | 600…課税 |

○移転資産等の譲渡損益（法法62）
　移転時価純資産価額 1,600
－移転簿価純資産価額 1,000＝600

○Ａ社株式の取得価額　（法法62①）
　移転時価純資産価額 1,600

（株主への株式交付時）
資本金等の額 700　　Ａ社株式 1,600
利益積立金額 900

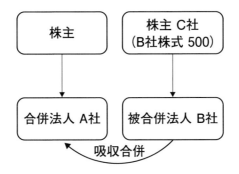

(株主Ｃ社)（Ｂ社の株式帳簿価額　500）
　Ａ社株式　1,400　　　Ｂ社株式　　500
　　　　　　　　　　　みなし配当　900

○みなし配当（法法24①、法令23①）
　交付金銭等の額 1,600－資本金等の額　700＝900…みなし配当

○旧株式の譲渡損益（法法61の2②）
　金銭不交付合併にあってはＢ社株式の譲渡損益は発生しない。

1-8　非適格合併で金銭等の交付がある場合

　合併法人Ａ社は被合併法人Ｂ社を吸収合併しました。金銭交付のある非適格合併です。合併状況は次のとおりです。Ａ社の申告調整、被合併法人Ｂ社及び株主Ｃ社の処理は、どのようになりますか。

（条件）

・Ａ社はＢ社の資産 1,500（時価 2,100）、負債 500（時価 500）を帳簿価額で受け入れました。

・Ａ社は資本金を 900 増加しました。

・Ｂ社の株主Ｃ社に対してＡ社の株式（時価 1,500）と現金 100 を交付しました（合計 1,600）。

・株主Ｃ社が所有するＢ社株式の帳簿価額は 500 です。

（会社処理）

資産（B/S）	1,500	負債（B/S）	500
		資本金（B/S）	900
		現金（B/S）	100

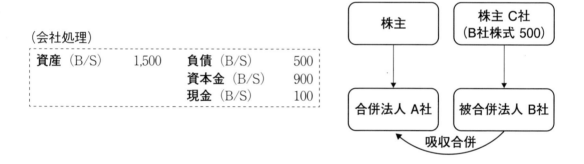

《合併法人》（答え）
Ａ社の受け入れた後の税務上のB/S

資産	2,100	負債	500
		資本金	900
		資本金等の額	600
		現金	100

《被合併法人》
Ｂ社の合併直前の税務上のB/S

資産	1,500	負債	500
（含み益 600）		資本金等の額	700
		利益積立金額	300

解説

1. 税務処理について

(1) 資産負債の取得価額

　非適格合併の場合、合併法人A社は被合併法人B社から受ける資産等を時価により受入れすることとされています（法法22、62）。

資産負債の移転の取扱い	
原　　則	特　　例
合併　【被合併法人】 　　資産負債の時価譲渡（法法62） 【合併法人】 　　資産負債の時価取得（法法22）	【被合併法人】 　　資産負債の簿価引継ぎ（法法62の2） 【合併法人】 　　資産負債の簿価引継ぎ（法令123の3③）

(2) 資本金等の額の増加額

　非適格合併である場合、A社の増加する資本金等の額は次の算式により計算することとされています（法令8①五イ）。

（算式）（法令8①五イ）

$$
\underset{1,600}{\substack{\text{移転時価}\\\text{純資産価額}}} - \left(\underset{900}{\substack{\text{増加資本金}\\\text{の額}}} + \underset{100}{\substack{\text{交付金銭等}\\\text{の額}}} + \underset{0}{\substack{\text{抱合株式の}\\\text{帳簿価額}}} + \underset{0}{\substack{\text{抱合株式に係る}\\\text{みなし配当の額}}}\right) = 600
$$

※　増加資本金の額は登記簿上の金額

(3) 利益積立金額の増加額

　非適格合併の場合、利益積立金額の引継ぎはありません。

　したがって、A社の税務処理は次のとおりです。

（税務処理）

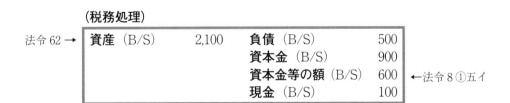

法令62 →　資産（B/S）　2,100　　負債（B/S）　500
　　　　　　　　　　　　　　　　　資本金（B/S）　900
　　　　　　　　　　　　　　　　　資本金等の額（B/S）　600　←法令8①五イ
　　　　　　　　　　　　　　　　　現金（B/S）　100

2.　修正処理について

　会社処理と税務処理とを比較すると、処理に差異が生じていますので修正処理する必要があります。

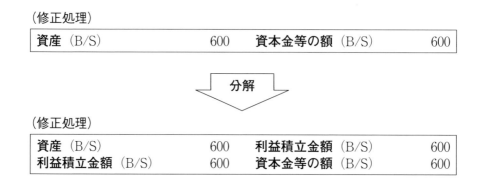

（修正処理）

| 資産（B/S） | 600 | 資本金等の額（B/S） | 600 |

↓ 分解

（修正処理）

| 資産（B/S） | 600 | 利益積立金額（B/S） | 600 |
| 利益積立金額（B/S） | 600 | 資本金等の額（B/S） | 600 |

①　別表四の申告調整は不要です。

②　別表五（一）は翌期以後の貸借対照表（資産、利益積立金額、資本金等の額）の消去処理のため、「資産」として600加算します。調整項目として、利益積立金額の計算明細は「資本金等の額」として600減算、資本金等の額の計算明細は「利益積立金額」として600加算します。そして、この調整項目は現在の企業会計処理上、解散清算するまで消去できません。

3. 別表の調理について

（会社処理）

資産（B/S）	1,500	負債（B/S）	500
		資本金（B/S）	900
		現金（B/S）	100

（修正処理）

資産（B/S）	600	利益積立金額（B/S）	600
利益積立金額（B/S）	600	資本金等の額（B/S）	600

別表五（一）　Ⅰ　利益積立金額の計算に関する明細書

区　　　分		期首現在利益積立金額	当期の増減		差引翌期首現在利益積立金額①－②+③
			減	増	
		①	②	③	④
利　益　準　備　金	1				
資　　　　　　　　産				600	600
資　本　金　等　の　額				△600	△600
繰　越　損　益　金	25				
差　引　合　計　額	31		0	0	0

Ⅱ　資本金等の額の計算に関する明細書

区　　　分		期首現在資本金等の額	当期の増減		差引翌期首現在資本金等の額①－②+③
			減	増	
		①	②	③	④
資　本　金　又　は　出　資　金	32			900	900
資　本　準　備　金	33				
利　益　積　立　金　額				600	600
差　引　合　計　額	36		0	1,500	1,500

《別表四と別表五（一）との検算》

（算式）

別表四　　　別表五（一）　　別表五（一）
「52」②　+　「31」①　　=　「31」④　　…　検算一致
（0）　　　　（0）　　　　　（0）

4.　被合併法人 B 社の処理

　非適格合併の場合、B 社の所得の金額は移転した資産等を最後事業年度終了時の時価により譲渡したものとして計算することとされています（法法 62）。

5.　株主 C 社の処理

　株主 C 社は、被合併法人 B 社の株式が消滅し、合併法人 A 社の株式の交付を受けることとなります。B 社株式の譲渡損益及びみなし配当の処理は次のとおりです。

		株式の譲渡損益の取扱い		みなし配当の取扱い	
	原　則	特　例	原　則	特　例
合併	あり （法法 61 の 2 ①） ※　合併法人の株式のみ交付を受ける場合はなし	なし （法法 61 の 2 ① ②、法 令 119 ①五）	あり （法法 24 ①一、法令 23 ①一） ※　交付金銭等 − 被合併法人の資本金等の額	なし （法法 24 ①一）

⑴　みなし配当

　非適格合併の場合、合併により株主が受けた交付金銭等の額が被合併法人の合併直前の資本金等の額のうち、交付の基因となった株式に対応する部分の金額を超えるとき、その超える部分がみなし配当として課税されることとなっています（法法 24 ①一）。

> （算式）（法法 24 ①）
>
> $$\underset{1,600}{交付金銭等の額} - \underset{700}{株式に対応する部分の金額} = \underset{900}{みなし配当の額}$$

〈株式に対応する部分の金額〉

> （算式）（法法 24 ①一、法令 23 ①一）
>
> $$\frac{\underset{700}{合併事業年度末の資本金等の額}}{\underset{（自己株式を除く）XX}{発行済株式等の発行済株式総数}} \times \underset{XX}{合併直前の所有被合併法人株式数} = XX$$

(2) 有価証券の譲渡損益

金銭交付の合併の場合、次の算式により計算することとされています（法法61の2①）。したがって、譲渡損益は生じます。

（算式）（法法61の2①）

$$\left(\underset{1{,}600}{\underset{\text{交付金銭等の額}}{}} - \underset{900}{\underset{\text{みなし配当の額}}{}}\right) - \underset{500}{\underset{\text{譲渡原価の額（株式の帳簿価額）}}{}} = \underset{200}{\underset{\text{譲渡損益}}{}}$$

（上段に「譲渡対価の額」）

(3) 有価証券の取得価額

金銭交付の合併の場合、次の算式により計算することとされています（法令119①二十七）。

（算式）（法令119①二十七）

取得のために通常要する価額（時価） 1,500 ＝ 1,500

したがって、株主の税務処理は次のとおりです。

（株主の処理）

法令119①二十七→

株主の旧株式の帳簿価額は、500です。		
A社株式（B/S） 1,500	B社株式（B/S） 500	
現金（B/S） 100	みなし配当（P/L） 900	←法法24①一
	株式譲渡益（P/L） 200	←法法61の2①

6.　課税関係のまとめ

《合併法人》（答え）
A社の受け入れた税務上のB/S

資産	2,100	負債	500
		資本金	900
		資本金等の額	600
		現金	100

《被合併法人》
B社の合併直前の税務上のB/S

資産	1,500	負債	500
（含み益600）		資本金等の額	700
		利益積立金額	300

（移転時）

資産	2,100	負債	500
		資本金	900
		資本金等の額	600
		現金	100

○増加する利益積立金額

　非適格合併の場合、利益積立金額の引継ぎはありません。

○増加する資本金等の額（法令8①五イ）
※増加資本金の額は登記簿上の金額
　移転時価純資産価額1,600
－（増加資本金の額900
＋交付金銭等100
＋抱合株式の帳簿価額0
＋抱合株式に係るみなし配当の額0）＝600

（移転時）

負債	500	資産	1,500
A社株式	1,500	譲渡益	600…課税
現金	100		

○移転資産等の譲渡損益（法法62）
　移転時価純資産価額1,600
－移転簿価純資産価額1,000＝600

○A社株式の取得価額（法法62①）
　交付金銭等1,600－交付金銭100
＝1,500

（株主への株式交付時）

| 資本金等の額 | 700 | A社株式 | 1,500 |
| 利益積立金額 | 900 | 現金 | 100 |

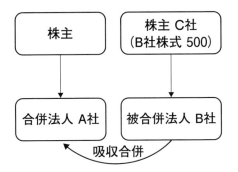

(株主 C 社)（B 社の株式帳簿価額　500）

A 社株式　1,500　　B 社株式　　500
現金　　　　100　　みなし配当　900
　　　　　　　　　　譲渡益　　　200

○みなし配当（法法 24 ①、法令 23 ①)
　交付金銭等　1,600 - 資本金等の額　700 = 900…みなし配当

○旧株式の譲渡損益（法法 61 の 2 ①)
　交付金銭等の額　1,600 - みなし配当　900 = 700…譲渡対価
　譲渡対価 700 - B 社株式 500 = 200…譲渡益

1-9　非適格合併で抱合株式がある場合 （金銭等不交付合併）

Q

　合併法人A社は被合併法人B社を吸収合併しました。金銭交付のない非適格合併です。合併状況は次のとおりです。A社の申告調整、被合併法人B社及び株主C社の処理は、どのようになりますか。

（条件）

・A社はB社の資産1,000（時価2,100）、負債500（時価500）を帳簿価額で受け入れました。

・A社は資本金を500増加しました。

・A社はB社株式の発行済株式総数100株のうち抱合株式40株（帳簿価額400）を所有しています。

　※抱合株式とは合併法人が所有している被合併法人の株式をいいます。

・A社の抱合株式40株に対して交付はなく、消滅損を計上しました。

・B社の株主C社に対して、A社株式（時価1株16）60株（960）を割り当てました。

・株主C社が所有するB社株式の帳簿価額は600です。

（会社処理）

資産（B/S）	1,000	負債（B/S）	500
		資本金（B/S）	500
株式消滅損（P/L）	400	B社株式（B/S）	400

株主 → 合併法人A社（抱合株式400） 40%

株主C社（B社株式600） 60% → 被合併法人B社

吸収合併

《合併法人》（答え）
　　A社の受け入れた後の税務上のB/S

資産	2,100	負債	500
		資本金	500
		資本金等の額	140
		B社株式	400
		みなし配当	560

《被合併法人》
　　B社の合併直前の税務上のB/S

資産	1,000	負債	500
（含み益1,100）		資本金等の額	200
		利益積立金額	300

1.　税務処理について

(1)　資産負債の取得価額

　非適格合併の場合、合併法人Ａ社は被合併法人Ｂ社から受ける資産等を時価により受入れすることとされています（法法22、62）。

資産負債の移転の取扱い	
原　則	特　例
【被合併法人】 　資産負債の時価譲渡（法法62） 【合併法人】 　資産負債の時価取得（法法22）	【被合併法人】 　資産負債の簿価引継ぎ（法法62の2） 【合併法人】 　資産負債の簿価引継ぎ（法令123の3③）

（合併）

(2)　抱合株式のみなし配当

　抱合株式に対し合併による株式の割当てをしなかった場合においても、株式等の割当てを受けたものとみなして計算することとされています（法法24②）。したがって、合併法人Ａ社は被合併法人Ｂ社の株式が消滅し、合併法人Ａ社の株式の交付を受けることとなります。Ａ社株式1株の時価は16であり、40株割り当てられたとみなされますので時価640となります。本件は金銭等不交付の非適格合併であるためＢ社株式の譲渡損益は生じませんが、みなし配当は生じます。

株式の譲渡損益の取扱い		みなし配当の取扱い	
原　則	特　例	原　則	特　例
あり （法法61の2①） ※　合併法人の株式のみ交付を受ける場合はなし	なし （法法61の2①②、法令119①五）	あり （法法24①一、法令23①一） ※　交付金銭等－被合併法人の資本金等の額	なし （法法24①一）

（合併）

　非適格合併の場合、合併により株主が受けた交付金銭等の額が被合併法人の合併直前の資本金等の額のうち、交付の基因となった株式に対応する部分の金額を超えるとき、その超える部分がみなし配当として課税されることとなっています（法法24①一）。

（算式）（法法24①）

交付金銭等の額　－　株式に対応する部分の金額　＝　みなし配当の額
　　640　　　　　　　　　　80　　　　　　　　　　　560

※　交付金銭等の額は本件では割り当てたＡ社株式の時価（@16×40株式）

〈株式に対応する部分の金額〉

（算式）（法法24①一、法令23①一）

$$\frac{\substack{\text{合併事業年度末の資本金等の額}\\200}}{\substack{\text{発行済株式等の発行済株式総数}\\（自己株式を除く）100}} \times \substack{\text{合併直前の所有被合併法人株式数}\\40} = 80$$

⑶　抱合株式の譲渡損益

抱合株式に係る譲渡損益は生じないこととされています（法法61の2③）。

（算式）（法法61の2③）

$$\substack{\text{合併直前の被合併法人の}\\\text{旧株式の帳簿価額}\\400} - \substack{\text{合併直前の被合併法人の}\\\text{旧株式の帳簿価額}\\400} = 0$$

⑷　資本金等の額の増加額

非適格合併である場合、A社の増加する資本金等の額は次の算式により計算することとされています（法令8①五イ）。

（算式）（法令8①五イ）

$$\substack{\text{移転時価}\\\text{純資産価額}\\1,600} - \left(\substack{\text{増加資本金}\\\text{の額}\\500} + \substack{\text{交付金銭等}\\\text{の額}\\0} + \boxed{\substack{\text{抱合株式の}\\\text{帳簿価額}\\400} + \substack{\text{抱合株式に係る}\\\text{みなし配当の額}\\560}}\right) = 140$$

※　増加資本金の額は登記簿上の金額

抱合株式に割り当てされたA社株式

⑸　利益積立金額の増加額

非適格合併の場合、利益積立金額の引継ぎはありません。

したがって、A社の税務処理は次のとおりです。

（税務処理）

資産（B/S）	2,100	負債（B/S）	500
		資本金（B/S）	500
		資本金等の額（B/S）	140 ←法令8①五イ
		B社株式（B/S）	400
		みなし配当（P/L）	560 ←法法24①一

2.　修正処理について

会社処理と税務処理とを比較すると、処理に差異が生じていますので修正処理する必要があります。

（修正処理）

資産（B/S）	1,100	株式消滅損（P/L）	400
		みなし配当（P/L）	560
		資本金等の額（B/S）	140

分解

（修正処理）

資産（B/S）	1,100	株式消滅損（P/L）	400
		みなし配当（P/L）	560
		利益積立金額（B/S）	140
利益積立金額（B/S）	140	資本金等の額（B/S）	140

① 別表四は「株式消滅損否認」として400を加算（留保）、「みなし配当計上もれ」として560を加算（留保）します。

② 別表五（一）は翌期以後の貸借対照表（資産、利益積立金額、資本金等の額）の消去処理のため、「資産」として1,100加算します。調整項目として、利益積立金額の計算明細は「資本金等の額」として140減算、資本金等の額の計算明細は「利益積立金額」として140加算します。そして、この調整項目は現在の企業会計処理上、解散清算するまで消去できません。

3.　別表の調理について

（会社処理）

資産（B/S）	1,000	負債（B/S）	500
		資本金（B/S）	500
株式消滅損（P/L）	400	B社株式（B/S）	400

（修正処理）

資産（B/S）	1,100	株式消滅損（P/L）	400
		みなし配当（P/L）	560
		利益積立金額（B/S）	140
利益積立金額（B/S）	140	資本金等の額（B/S）	140

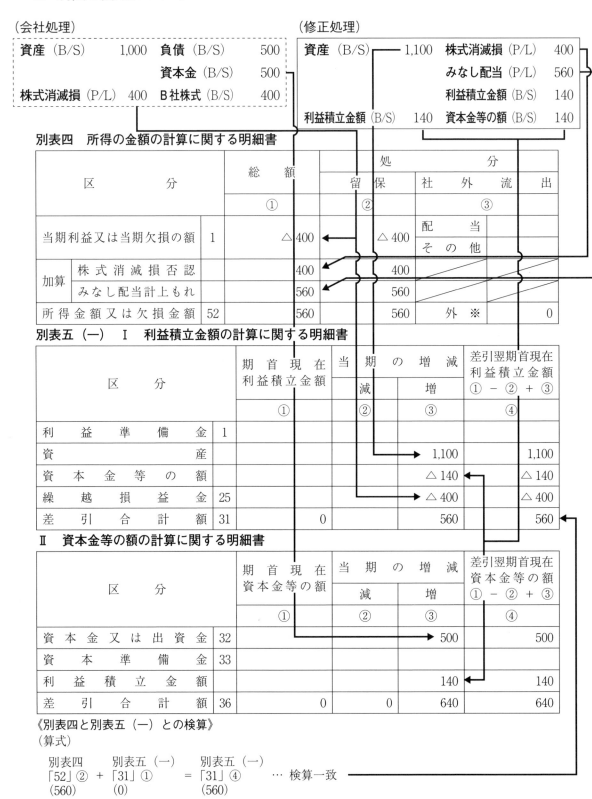

別表四　所得の金額の計算に関する明細書

区　　　分		総　額	処　　　　分		
			留　保	社　外　流　出	
		①	②	③	
当期利益又は当期欠損の額	1	△400	△400	配　　当	
				そ　の　他	
加算	株式消滅損否認	400	400		
	みなし配当計上もれ	560	560		
所得金額又は欠損金額	52	560	560	外　※	0

別表五（一）　Ⅰ　利益積立金額の計算に関する明細書

区　　　分		期首現在利益積立金額	当　期　の　増　減		差引翌期首現在利益積立金額 ①－②＋③
			減	増	
		①	②	③	④
利　益　準　備　金	1				
資　　　　　　　産				1,100	1,100
資　本　金　等　の　額				△140	△140
繰　越　損　益　金	25			△400	△400
差　引　合　計　額	31	0		560	560

Ⅱ　資本金等の額の計算に関する明細書

区　　　分		期首現在資本金等の額	当　期　の　増　減		差引翌期首現在資本金等の額 ①－②＋③
			減	増	
		①	②	③	④
資　本　金　又　は　出　資　金	32			500	500
資　本　準　備　金	33				
利　益　積　立　金　額				140	140
差　引　合　計　額	36	0	0	640	640

《別表四と別表五（一）との検算》

（算式）

```
別表四        別表五（一）   別表五（一）
「52」②  ＋  「31」①    ＝ 「31」④   … 検算一致
(560)       (0)          (560)
```

4.　被合併法人 B 社の処理

　非適格合併の場合、B 社の所得の金額は移転した資産等を最後事業年度終了時の時価により譲渡したものとして計算することとされています（法法 62）。

5.　株主 C 社の処理

　株主 C 社は、被合併法人 B 社の株式が消滅し、合併法人 A 社の株式の交付を受けることとなります。本件は金銭等不交付の非適格合併であるため B 社株式の譲渡損益は生じませんが、みなし配当は生じます。

	株式の譲渡損益の取扱い		みなし配当の取扱い	
	原　則	特　例	原　則	特　例
合併	あり （法法 61 の 2 ①） ※　合併法人の株式のみ交付を受ける場合はなし	なし （法法 61 の 2 ①②、法令 119 ①五）	あり （法法 24 ①一、法令 23 ①一） ※　交付金銭等－被合併法人の資本金等の額	なし （法法 24 ①一）

⑴　みなし配当

　非適格合併の場合、合併により株主が受けた交付金銭等の額が被合併法人の合併直前の資本金等の額のうち、交付の基因となった株式に対応する部分の金額を超えるとき、その超える部分がみなし配当として課税されることとなっています（法法 24 ①一）。

> （算式）（法法 24 ①一）
>
> $$\underset{960}{\text{交付金銭等の額}} \; - \; \underset{120}{\text{株式に対応する部分の金額}} \; = \; \underset{840}{\text{みなし配当の額}}$$

〈株式に対応する部分の金額〉

> （算式）（法法 24 ①一、法令 23 ①一）
>
> $$\dfrac{\underset{200}{\text{合併事業年度末の資本金等の額}}}{\underset{100}{\substack{\text{発行済株式等の発行済株式総数}\\ \text{（自己株式を除く）}}}} \times \underset{60}{\text{合併直前の所有被合併法人株式数}} = 120$$

(2)　有価証券の譲渡損益

　金銭等不交付合併の場合、次の算式により計算することとされています（法法61の2②）。したがって、譲渡損益は生じません。

（算式）（法法61の2②）

$$\underset{600}{\substack{\text{合併直前の被合併法人の}\\\text{旧株式の帳簿価額}}} - \underset{600}{\substack{\text{合併直前の被合併法人の}\\\text{旧株式の帳簿価額}}} = 0$$

---

(3)　有価証券の取得価額

　金銭等不交付合併の場合、次の算式により計算することとされています（法令119①五）。

（算式）（法令119①五）（金銭等不交付合併）

$$\underset{600}{\substack{\text{合併直前の被合併法人の}\\\text{旧株式の帳簿価額}}} + \underset{840}{\substack{\text{みなし配当の額}}} + \underset{0}{\substack{\text{交付を受けるために}\\\text{要した費用の額}}} = 1{,}440$$

したがって、株主の税務処理は次のとおりです。

（株主の処理）

法令119①五→

株主の旧株式の帳簿価額は600です。			
A社株式（B/S）	1,440	B社株式（B/S）	600
		みなし配当（P/L）	840

←法法24①一

6. 課税関係のまとめ

《合併法人》（答え）

A社の受け入れた税務上のB/S

資産	2,100	負債	500
		資本金	500
		資本金等の額	140
		B社株式	400
		みなし配当	560

《被合併法人》

B社の合併直前の税務上のB/S

資産	1,000	負債	500
（含み益 1,100）		資本金等の額	200
		利益積立金額	300

(移転時)

資産	2,100	負債	500
		資本金	500
		資本金等の額	140
		B社株式	400
		みなし配当の額	560

○増加する利益積立金額
　非適格合併の場合、利益積立金額の引継ぎはありません。

○増加する資本金等の額（法令8①五イ）
※増加資本金の額は登記簿上の金額
　移転時価純資産価額 1,600
－（増加資本金の額 500
＋交付金銭等の額 0
＋抱合株式の帳簿価額 400
＋抱合株式に係るみなし配当の額 560）＝140

(株主A社)
　（B社の株式帳簿価額　400、抱合株式に割り当て）
○みなし配当（法法24②、法令23⑤）
　交付金銭等 640－資本金等の額 80
＝560…みなし配当
○旧株式の譲渡損益（法法61の2③）
　金銭不交付合併にあってはB社株式の譲渡損益は発生しない。

(移転時)

負債	500	資産	1,000
A社株式	1,600	譲渡益	1,100…課税

○移転資産等の譲渡損益（法法62）
　移転時価純資産価額 1,600
－移転簿価純資産価額 500＝1,100

○A社株式の取得価額（法法62①）
　交付金銭等 1,600－交付金銭 0
＝1,600

(株主への株式交付時)

資本金等の額	200	A社株式	1,600
利益積立金額	1,400		

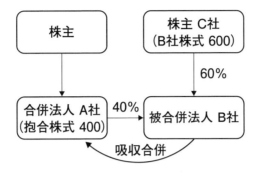

(株主 C 社)（B 社の株式帳簿価額　600）
A 社株式　1,440　　B 社株式　　600
　　　　　　　　みなし配当　840

○みなし配当（法法 24 ①、法令 23 ①）
　交付金銭等 960 − 資本金等の額 120 = 840…みなし配当

○旧株式の譲渡損益（法法 61 の 2 ②）
　金銭不交付合併にあっては B 社株式の譲渡損益は発生しない。

1-10　完全支配関係の非適格合併で抱合株式がある場合

合併法人A社は被合併法人B社を吸収合併しました。金銭交付のある非適格合併です。合併状況は次のとおりです。A社の申告調整、被合併法人B社及び株主C社の処理は、どのようになりますか。

（条件）

・A社はB社の資産1,000（時価2,000）、負債700（時価700）を時価で受け入れました。

・A社は資本金を940増加しました。

・A社はB社株式の発行済株式総数100株のうち抱合株式20株（帳簿価額120）を所有しています。

　※抱合株式とは合併法人が所有している被合併法人の株式をいいます。

・株主C社が所有するB社株式の帳簿価額は300です。

・B社の株主に対して交付した金銭等は次のとおりです。

　　交付金銭等の内訳（合計1,300）

　　　B社株式の1株に対してA社株式1株を割当（時価1株10）

　　　B社株式の1株に対して金銭3を割当

　　①A社株式の交付

　　　　A社…20％→B社株式20株所有…A社株式交付しない（時価200）

　　　　C社…80％→B社株式80株所有…A社株式交付する（時価800）

　　②現金の交付

　　　　A社…20％→B社株式20株所有…現金交付しない（60）

　　　　C社…80％→B社株式80株所有…現金交付する（240）

（会社処理）

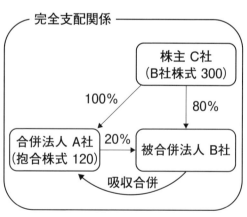

《合併法人》（答え）
　　Ａ社の受け入れた後の税務上のB/S

資産	2,000	負債	700
資本金等の額	220	現金	240
		資本金	940
		Ｂ社株式	120
		みなし配当	220

《被合併法人》
　　Ｂ社の合併直前の税務上のB/S

資産	1,000	負債	700
（含み益1,000）		資本金等の額	200
		利益積立金額	100

1. 税務処理について

(1) 資産負債の取得価額

　非適格合併の場合、合併法人Ａ社は被合併法人Ｂ社から受ける資産等を時価により受入れることとされています（法法22、62）。

資産負債の移転の取扱い		
	原　　則	特　　例
合併	【被合併法人】 　資産負債の時価譲渡（法法62） 【合併法人】 　資産負債の時価取得（法法22）	【被合併法人】 　資産負債の簿価引継ぎ（法法62の2） 【合併法人】 　資産負債の簿価引継ぎ（法令123の3③）

(2) 抱合株式のみなし配当

　抱合株式に対し合併による株式の割当てをしなかった場合においても、株式等の割当てを受けたものとみなして計算することとされています（法法24②）。したがって、合併法人Ａ社は被合併法人Ｂ社の株式が消滅し、合併法人Ａ社の株式の交付を受けることとなります。Ａ社株式1株の時価は10であり20株割り当てられたとみなされますので時価200となります。本件は金銭等不交付の非適格合併であるためＢ社株式の譲渡損益は生じませんが、みなし配当は生じます。

株式の譲渡損益の取扱い		みなし配当の取扱い		
	原　則	特　例	原　則	特　例
合併	あり （法法61の2①） ※　合併法人の株式のみ交付を受ける場合はなし	なし （法法61の2①②、法令119①五）	あり （法法24①一、法令23①一） ※　交付金銭等－被合併法人の資本金等の額	なし （法法24①一）

　非適格合併の場合、合併により株主が受けた交付金銭等の額が被合併法人の合併直前の資本金等の額のうち、交付の基因となった株式に対応する部分の金額を超えるとき、その超える部分がみなし配当として課税されることとなっています（法法24①一）。

（算式）（法法24①）

$$\underset{\text{（A 社株式 200 ＋ 金銭 60）}}{\underset{\text{交付金銭等の額 260}}{}} \ - \ \underset{40}{\text{株式に対応する部分の金額}} \ = \ \underset{220}{\text{みなし配当の額}}$$

〈株式に対応する部分の金額〉

（算式）（法法24①一、法令23①一）

$$\frac{\text{合併事業年度末の資本金等の額}\ 200}{\underset{\text{（自己株式を除く）100}}{\text{発行済株式等の発行済株式総数}}} \times \underset{20}{\text{合併直前の所有被合併法人株式数}} = 40$$

---

(3)　抱合株式の譲渡損益

　抱合株式に係る譲渡損益は生じないこととされています（法法61の2③）。

（算式）（法法61の2③）

$$\underset{120}{\underset{\text{旧株式の帳簿価額}}{\text{合併直前の被合併法人の}}} \ - \ \underset{120}{\underset{\text{旧株式の帳簿価額}}{\text{合併直前の被合併法人の}}} \ = \ 0$$

---

(4)　資本金等の額の増加額

　A 社の増加する資本金等の額は、次の算式により計算することとされています（法令8①五イ）。

（算式）（法令8①五イ）

$$\underset{1,300}{\underset{\text{純資産価額}}{\text{移転時価}}} - \left(\underset{940}{\underset{\text{の額}}{\text{増加資本金}}} + \underset{240}{\underset{\text{の額}}{\text{交付金銭等}}} + \boxed{\underset{120}{\underset{\text{帳簿価額}}{\text{抱合株式の}}} + \underset{220}{\underset{\text{みなし配当の額}}{\text{抱合株式に係る}}}}\right) = \triangle\, 220$$

　※　増加資本金の額は登記簿上の金額

抱合株式に割り当てされた A 社株式

---

(5)　利益積立金額の増加額

非適格合併の場合、利益積立金額の引継ぎはありません。

したがって、A社の税務処理は次のとおりです。

（税務処理）

法令8①五イ→

資産（B/S）	2,000	負債（B/S）	700
資本金等の額（B/S）	220	現金（B/S）	240
		資本金（B/S）	940
		B社株式（B/S）	120
		みなし配当（P/L）	220

←法法24①一

2.　修正処理について

会社処理と税務処理とを比較すると、処理に差異が生じていますので修正処理する必要があります。

（修正処理）

| 資本金等の額（B/S） | 220 | みなし配当（P/L） | 220 |

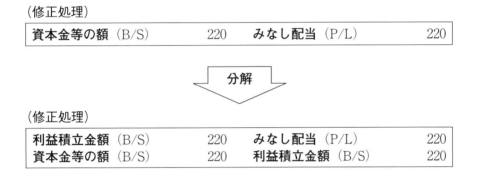

分解

（修正処理）

| 利益積立金額（B/S） | 220 | みなし配当（P/L） | 220 |
| 資本金等の額（B/S） | 220 | 利益積立金額（B/S） | 220 |

① 　別表四は「みなし配当計上もれ」として220を加算（留保）します。

② 　別表五（一）は翌期以後の貸借対照表（利益積立金額、資本金等の額）の消去処理のため、調整項目として、利益積立金額の計算明細は「資本金等の額」として220加算、資本金等の額の計算明細は「利益積立金額」として220減算します。そして、この調整項目は現在の企業会計処理上、解散清算するまで消去できません。

3．別表の調理について

（会社処理）

資産（B/S）	2,000	負債（B/S）	700
		現金（B/S）	240
		資本金（B/S）	940
		B社株式（B/S）	120

（修正処理）

利益積立金額（B/S）	220	みなし配当（P/L）	220
資本金等の額（B/S）	220	利益積立金額（B/S）	220

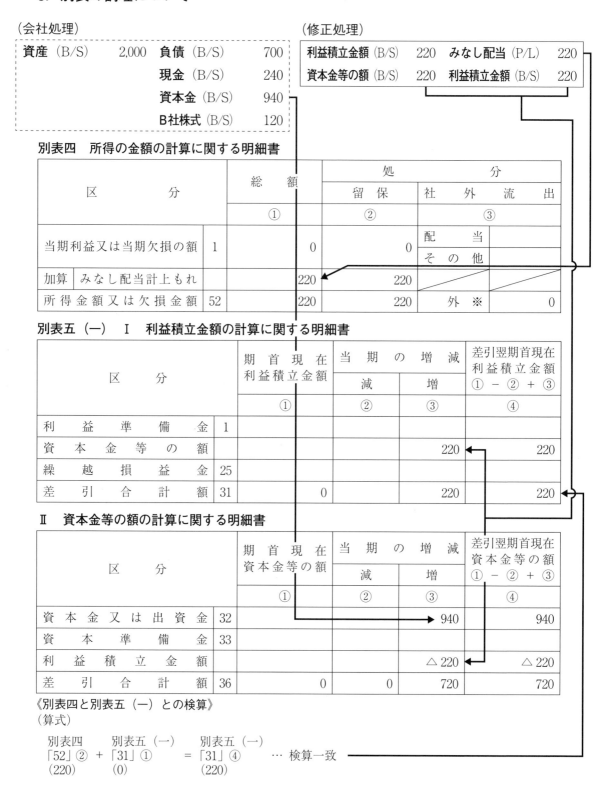

別表四　所得の金額の計算に関する明細書

区　　　分		総　額	処　　　　　分		
			留　保	社　外　流　出	
		①	②	③	
当期利益又は当期欠損の額	1		0	配　　当	0
				そ　の　他	
加算 みなし配当計上もれ			220	220	
所得金額又は欠損金額	52		220	220	外　※ 0

別表五（一）　Ⅰ　利益積立金額の計算に関する明細書

区　　　分		期首現在利益積立金額	当期の増減		差引翌期首現在利益積立金額 ① － ② ＋ ③
			減	増	
		①	②	③	④
利　益　準　備　金	1				
資　本　金　等　の　額				220	220
繰　越　損　益　金	25				
差　引　合　計　額	31	0		220	220

Ⅱ　資本金等の額の計算に関する明細書

区　　　分		期首現在資本金等の額	当期の増減		差引翌期首現在資本金等の額 ① － ② ＋ ③
			減	増	
		①	②	③	④
資　本　金　又　は　出　資　金	32			940	940
資　本　準　備　金	33				
利　益　積　立　金　額				△ 220	△ 220
差　引　合　計　額	36	0	0	720	720

《別表四と別表五（一）との検算》

（算式）

別表四　　　別表五（一）　　別表五（一）
「52」②　＋　「31」①　　＝　「31」④　　… 検算一致
（220）　　　（0）　　　　　（220）

4.　被合併法人 B 社の処理

　非適格合併の場合、B 社の所得の金額は移転した資産等を最後事業年度終了時の時価により譲渡したものとして計算することとされています（法法62）。

5.　株主 C 社の処理

　株主 C 社は、被合併法人 B 社の株式が消滅し、合併法人 A 社の株式の交付を受けることとなります。B 社株式の譲渡損益及びみなし配当の処理は次のとおりです。

		株式の譲渡損益の取扱い		みなし配当の取扱い	
		原　則	特　例	原　則	特　例
合併	あり （法法61の2①） ※　合併法人の株式のみ交付を受ける場合はなし		なし （法法61の2①②、法令119①五）	あり （法法24①一、法令23①一） ※　交付金銭等－被合併法人の資本金等の額	なし （法法24①一）

(1)　みなし配当

　非適格合併の場合、合併により株主が受けた交付金銭等の額が被合併法人の合併直前の資本金等の額のうち、交付の基因となった株式に対応する部分の金額を超えるとき、その超える部分がみなし配当として課税されることとなっています（法法24①一）。

> （算式）（法法24①一）
>
> 交付金銭等の額　ー　株式に対応する部分の金額　＝　みなし配当の額
> 　　1,040　　　　　　　　　160　　　　　　　　　　880
>
> ※　交付金銭等の額は本件では交付した A 社株式の時価800と現金240の合計額

〈株式に対応する部分の金額〉

> （算式）（法法24①一、法令23①一）
>
> $$\frac{\text{合併事業年度末の資本金等の額} \quad 200}{\substack{\text{発行済株式等の発行済株式総数} \\ \text{（自己株式を除く）} \quad 100}} \times \substack{\text{合併直前の所有被合併法人株式数} \\ 80} = 160$$

(2)　有価証券の譲渡損益

　金銭交付の合併の場合、次の算式により計算することとされています（法法 61 の 2 ①）。したがって、譲渡損益は生じます。

（算式）（法法 61 の 2 ①）

$$
\left(\underset{\substack{1,040 \\ (800\ +\ 240)}}{\text{交付金銭等の額}} - \underset{880}{\text{みなし配当の額}}\right) - \underset{300}{\text{譲渡原価の額（株式の帳簿価額）}} = \underset{\triangle\,140}{\text{譲渡損益}}
$$

（上段中央：譲渡対価の額）

---

(3)　有価証券の取得価額

　金銭交付の合併の場合、次の算式により計算することとされています（法令 119 ①二十七）。

（算式）（法令 119 ①二十七）

取得のために通常要する価額（時価）　　800　＝　800

　したがって、株主の税務処理は次のとおりです。

(株主の処理)

法令119①二十七→

法法61の2①→

株主の旧株式の帳簿価額は、300 です。			
A 社株式（B/S）	800	**B 社株式**（B/S）	300
現金（B/S）	240	**みなし配当**（P/L）	880
株式譲渡損（P/L）	140		

←法法24①一

6.　課税関係のまとめ

《合併法人》（答え）
A 社の受け入れた税務上の B/S

資産	2,000	負債	700
資本金等の額	220	現金	240
		資本金	940
		B 社株式	120
		みなし配当	220

《被合併法人》
B 社の合併直前の税務上の B/S

資産	1,000	負債	700
（含み益 1,000）		資本金等の額	200
		利益積立金額	100

(移転時)

資産	2,000	負債	700
資本金等の額	220	現金	240
		資本金	940
		B 社株式	120
		みなし配当	220

○増加する利益積立金額
　非適格合併の場合、利益積立金額の引継ぎはありません。

○増加する資本金等の額（法令 8 ①五イ）
※増加資本金の額は登記簿上の金額
　移転時価純資産価額 1,300
－（増加資本金の額 940
＋交付金銭等の額 240
＋抱合株式の帳簿価額 120
＋抱合株式に係るみなし配当の額 220）
＝△ 220

(株主 A 社)
(B 社の株式帳簿価額　120、抱合株式に割り当て)
○みなし配当（法法 24 ②、法令 23 ⑤）
　交付金銭等 260 －資本金等の額 40
＝220…みなし配当
○旧株式の譲渡損益（法法 61 の 2 ③）
　金銭不交付合併にあっては B 社株式の譲渡損益は発生しない。

(移転時)

負債	700	資産	1,000
A 社株式	1,060	譲渡益	1,000…課税
現金	240		

○移転資産等の譲渡損益（法法 62）
　移転時価純資産価額 1,300
－移転簿価純資産価額 300 ＝1,000

○A 社株式の取得価額（法法 62 ①）
　交付金銭等 1,300 －交付金銭 240
＝1,060

(株主への株式交付時)

資本金等の額	200	A 社株式	1,060
利益積立金額	1,100	現金	240

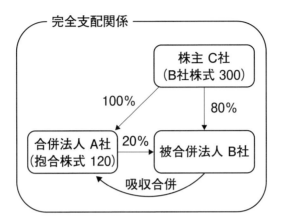

(株主 C 社)（B 社の株式帳簿価額　300)

A 社株式　800　　B 社株式　　300
現金　　　240　　みなし配当　880
譲渡損　　140

○みなし配当（法法 24 ①、法令 23 ①)
　　交付金銭等 1,040 − 資本金等の額 160 ＝ 880…みなし配当

○旧株式の譲渡損益（法法 61 の 2 ①)
　　交付金銭等の額 1,040 − みなし配当 880 ＝ 160…譲渡対価
　　譲渡対価 160 − B 社株式 300 ＝ △ 140…譲渡損

1-11　完全支配関係の非適格合併で 自己株式（譲渡損益調整資産）取得がある場合

Q

合併法人A社は被合併法人B社を吸収合併しました。金銭交付のない非適格合併です。合併状況は次のとおりです。A社の申告調整、B社及び株主C社の処理は、どのようになりますか。

（条件）

・被合併法人B社が所有する合併法人のA社株式（譲渡損益調整資産）100（時価200）とそれ以外資産500（時価600）、負債300（時価300）を簿価で受け入れました。

・A社は資本金を300増加しました。

・合併により合併法人A社は自己株式を取得することになります。

・B社の株主C社に対してA社株式（時価500）を交付しました。

・株主C社が所有するB社株式の帳簿価額は200です。

（会社処理）

| その他資産（B/S） | 500 | 負債（B/S） | 300 |
| A社株式（B/S） | 100 | 資本金（B/S） | 300 |

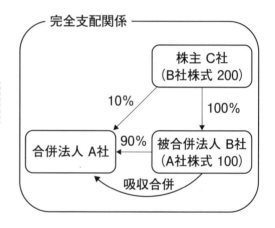

完全支配関係

株主 C社（B社株式 200）　10%　100%

合併法人 A社　90%　被合併法人 B社（A社株式 100）

吸収合併

《合併法人》（答え）
A社の受け入れた後の税務上のB/S

その他資産	600	負債	300
資本金等の額	100	資本金	300
		資本金等の額	100

《被合併法人》
B社の合併直前の税務上のB/S

その他資産	500	負債	300
（含み益100）		資本金等の額	200
A社株式	100	利益積立金額	100
（含み益100）			

解説

1. 税務処理について

完全支配関係がある内国法人間で一定の資産（譲渡損益調整資産）の移転を行ったことに

より生じる譲渡損益は認識しないこととされています（法法61の11①）。

(1) 資産負債の取得価額

　非適格合併の場合、合併法人Ａ社は被合併法人Ｂ社から受ける資産等を時価により受入れすることとされています（法法22、62）。

資産負債の移転の取扱い	
原　　則	特　　例
合併 【被合併法人】 　　資産負債の時価譲渡（法法62） 【合併法人】 　　資産負債の時価取得（法法22）	【被合併法人】 　　資産負債の簿価引継ぎ（法法62の2） 【合併法人】 　　資産負債の簿価引継ぎ（法令123の3③）

(2) 譲渡損益調整資産の取得価額

　非適格合併により合併法人へ資産等を移転したときは、時価で譲渡したものとして処理することとされています（法法22②）。

　完全支配関係にある被合併法人が譲渡した譲渡損益調整資産に係る譲渡損益は認識せず、また、合併法人が取得した資産についてはその資産に係る譲渡損益額は取得価額に算入しないこととされています（法法61の11①⑦）。本件は、合併法人Ａ社が被合併法人Ｂ社からＡ社株式（譲渡損益調整資産）を時価200で取得しますが、グループ間取引であるため帳簿価額100での移転となります。

(3) 資本金等の額の増加額

　非適格合併である場合、Ａ社の増加する資本金等の額は次の算式により計算されます（法令8①五イ）。

> （算式）（法令8①五イ）
>
> $$\underset{\substack{\text{移転時価純資産価額}\\\text{（Ａ社株式500 − Ａ社株式100}）}}{400} - \underset{\substack{\text{増加資本金の額}}}{300} + \underset{\substack{\text{交付金銭の額}}}{0} = 100$$
>
> ※　増加資本金の額は登記簿上の金額

(4) 自己株式取得のみなし配当

　合併による自己株式の取得は、みなし配当事由から除かれています（法法24①五、法令23③五）。

(5) 有価証券の取得価額

　非適格合併で完全支配関係がある法人間の取引により移転を受けた自己株式で譲渡損益

調整資産である場合は、次の算式により計算することとされています（法令119①二十六））。

（算式）（法令119①二十六）

取得のために通常要する価額（時価） － 譲渡利益額 ＝ 取得価額
　　　　　　　200　　　　　　　　　　100　　　　　100

---

(6)　資本金等の額の減少額

　非適格合併による自己株式の取得による資本金等の額の減少額は、次の算式により計算されます（法令8①二十一）。

（算式）（法令8①二十一）

対価の額に相当する額

〈譲渡損益調整資産〉（グループ内取引）（法令119①二十六）

自己株式時価 － 譲渡損益額 ＝ 100
　　200　　　　　100

---

(7)　利益積立金額の減算

　合併法人が取得した資産について、その資産に係る譲渡損益額は取得価額に算入しないこととされています。そのためその譲渡損益額は利益積立金額の減算項目とされています（法令9①一タ）。本件は、自己株式100の取得であり税務上、有価証券に該当せず資本金等の額の減少100となりますので利益積立金額の減算はありません。

　したがって、A社の税務処理は次のとおりです。

（税務処理）

法令8①二十一→

その他資産（B/S）	600	負債（B/S）	300
資本金等の額（B/S）	100	資本金（B/S）	300
		資本金等の額（B/S）	100

2.　修正処理について

　会社処理と税務処理とを比較すると、処理に差異が生じていますので修正処理する必要があります。

（修正処理）

| その他資産（B/S） | 100 | A社株式（B/S） | 100 |

① 　別表四は申告調整不要です。

② 別表五（一）は翌期以後の貸借対照表（その他資産、A社株式）の消去処理のため、「その他資産」として100加算、「A社株式」として100減算します。

3. 別表の調理について

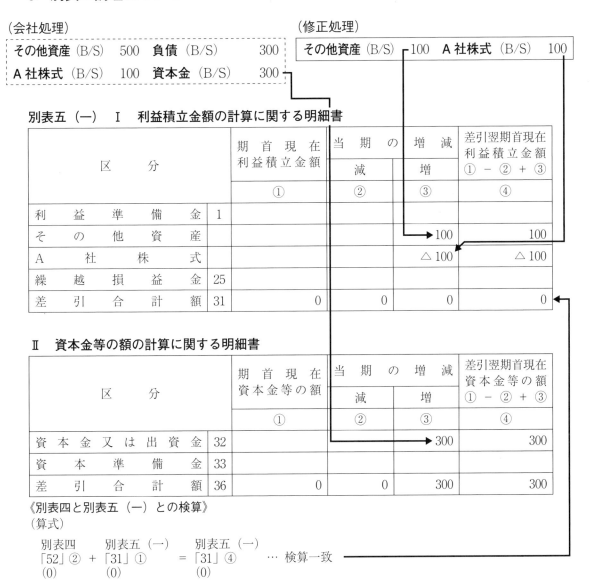

（会社処理）

| その他資産（B/S） | 500 | 負債（B/S） | 300 |
| A社株式（B/S） | 100 | 資本金（B/S） | 300 |

（修正処理）

| その他資産（B/S） | 100 | A社株式（B/S） | 100 |

別表五（一）　I　利益積立金額の計算に関する明細書

区　　分	期首現在利益積立金額 ①	当期の増減 減 ②	当期の増減 増 ③	差引翌期首現在利益積立金額 ① － ② + ③ ④
利　益　準　備　金	1			
そ　の　他　資　産			100	100
A　社　株　式			△100	△100
繰　越　損　益　金	25			
差　引　合　計　額	31	0	0	0

Ⅱ　資本金等の額の計算に関する明細書

区　　分	期首現在資本金等の額 ①	当期の増減 減 ②	当期の増減 増 ③	差引翌期首現在資本金等の額 ① － ② + ③ ④
資本金又は出資金	32		300	300
資　本　準　備　金	33			
差　引　合　計　額	36	0	0	300	300

《別表四と別表五（一）との検算》
（算式）

別表四　　　別表五（一）　　別表五（一）
「52」②　+　「31」①　　=　「31」④　　… 検算一致
(0)　　　　(0)　　　　　(0)

4.　被合併法人 B 社の処理

　非適格合併の場合、B 社の所得の金額は移転した資産等を最後事業年度終了時の時価により譲渡したものとして計算することとされています（法法 62）。

5.　株主 C 社の処理

　株主 C 社は、被合併法人 B 社の株式が消滅し、合併法人 A 社の株式の交付を受けることとなります。本件は金銭等不交付の非適格合併であるため B 社株式の譲渡損益は生じませんが、みなし配当は生じます。

	株式の譲渡損益の取扱い		みなし配当の取扱い	
	原　則	特　例	原　則	特　例
合併	あり （法法 61 の 2 ①） ※　合併法人の株式のみ交付を受ける場合はなし	なし （法法 61 の 2 ①②、法令 119 ①五）	あり （法法 24 ①一、法令 23 ①一） ※　交付金銭等－被合併法人の資本金等の額	なし （法法 24 ①一）

⑴　みなし配当

　非適格合併の場合、合併により株主が受けた交付金銭等の額が被合併法人の合併直前の資本金等の額のうち、交付の基因となった株式に対応する部分の金額を超えるとき、その超える部分がみなし配当として課税されることとなっています（法法 24 ①一）。

（算式）（法法 24 ①）

$$\underset{400}{\text{交付金銭等の額}} - \underset{300}{\text{株式に対応する部分の金額}} = \underset{100}{\text{みなし配当の額}}$$

※　交付金銭等の額は本件では交付した A 社株式の時価（A 社株式 500－A 社株式 100）

〈株式に対応する部分の金額〉

（算式）（法法 24 ①一、法令 23 ①一）

$$\dfrac{\underset{300}{\text{合併事業年度末の資本金等の額}}}{\underset{\text{（自己株式を除く）XX}}{\text{発行済株式等の発行済株式総数}}} \times \dfrac{\text{合併直前の所有被合併法人株式数}}{\text{XX}} = \text{XX}$$

⑵　有価証券の譲渡損益

　金銭等不交付合併の場合、次の算式により計算することとされています（法法 61 の 2 ②）。したがって、譲渡損益は生じません。

> （算式）（法法61の2②）
>
> $$\underset{200}{\substack{\text{合併直前の被合併法人の}\\\text{旧株式の帳簿価額}}} - \underset{200}{\substack{\text{合併直前の被合併法人の}\\\text{旧株式の帳簿価額}}} = 0$$

(3)　有価証券の取得価額

　金銭等不交付合併の場合、次の算式により計算することとされています（法令119①五）。

> （算式）（法令119①五）（金銭等不交付合併）
>
> $$\underset{200}{\substack{\text{合併直前の被合併法人の}\\\text{旧株式の帳簿価額}}} + \underset{100}{\substack{\text{みなし配当の額}}} + \underset{0}{\substack{\text{交付を受けるために}\\\text{要した費用の額}}} = 300$$

　したがって、株主の税務処理は次のとおりです。

（株主の処理）

法令119①五→

	株主の旧株式の帳簿価額は200です。		
	A社株式（B/S） 300	B社株式（B/S）	200
		みなし配当（P/L）	100

←法法24①一

6. 課税関係のまとめ

《合併法人》（答え）
A社の受け入れた税務上のB/S

その他資産	600	負債	300
資本金等の額	100	資本金	300
		資本金等の額	100

《被合併法人》
B社の合併直前の税務上のB/S

その他資産 500 （含み益100）		負債	300
		資本金等の額	200
A社株式　100 （含み益100）		利益積立金額	100

(移転時)

その他資産	600	負債	300
		資本金	300
資本金等の額	100	資本金等の額	100

○増加する資本金等の額（法令8①五イ）
※増加資本金の額は登記簿上の金額
　移転時価純資産価額 400（500
　－A社株式 100）－増加資本金の額 300
　＋交付金銭の額 0＝100

○減少する資本金等の額（法令8①二十一）
　自己株式時価 200－譲渡損益額 100
　＝100

(移転時)

負債	300	その他資産	500
A社株式	500	A社株式	100
		譲渡益	200
譲渡損益調整資産繰入 100		譲渡損益調整資産 100 （A社株式）	

○移転資産等の譲渡損益（法法62）
　移転時価純資産価額 500
　－移転簿価純資産価額 300＝200
　譲渡益 200
　－譲渡損益調整資産繰入 100＝100

○A社株式の取得価額（法法62①）
　交付金銭等 400（A社株式 500
　－A社株式 100）－交付金銭 0＝400

(株主への株式交付時)

資本金等の額	300	A社株式	400
利益積立金額	100		

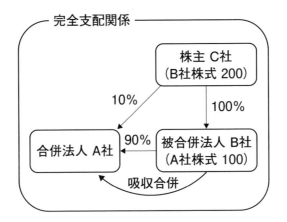

(株主 C 社)（B 社の株式帳簿価額　200）
A 社株式　300　　B 社株式　　200
　　　　　　　　みなし配当　100

○みなし配当（法法 24 ①、法令 23 ①）
　交付金銭等　400 − 資本金等の額　300 ＝ 100…みなし配当

○B 社株式の譲渡損益（法法 61 の 2 ②）
　金銭等不交付合併にあっては旧株式の譲渡損益は発生しない。

1-12　非適格合併で正ののれん
（独立した営業権がない）を計上した場合

合併法人A社は被合併法人B社を期首に吸収合併しました（非適格合併）。合併状況は次のとおりです。A社の申告調整関係は、どのようになりますか。

（条件）

・A社はB社の資産1,000（時価1,000）、負債500（時価500）を時価で受け入れました。

・A社は資本金を1,000増加しました。

・資産の正ののれんは、独立した営業権ではありません。

・B社の株主に対しては、A社の株式（時価1,000）を交付しました。

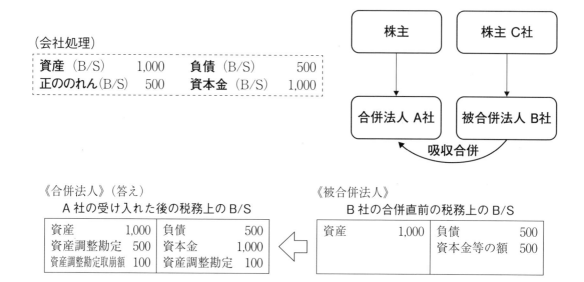

（会社処理）

| 資産 (B/S) | 1,000 | 負債 (B/S) | 500 |
| 正ののれん(B/S) | 500 | 資本金 (B/S) | 1,000 |

《合併法人》（答え）
A社の受け入れた後の税務上のB/S

資産	1,000	負債	500
資産調整勘定	500	資本金	1,000
資産調整勘定取崩額	100	資産調整勘定	100

《被合併法人》
B社の合併直前の税務上のB/S

| 資産 | 1,000 | 負債 | 500 |
| | | 資本金等の額 | 500 |

解説

1. 税務処理について

非適格合併の場合、合併法人A社は被合併法人B社から受ける資産等を時価により受入れすることとされています（法法22、62）。

資産負債の移転の取扱い		
	原　則	特　例
合併	【被合併法人】 　資産負債の時価譲渡（法法62） 【合併法人】 　資産負債の時価取得（法法22）	【被合併法人】 　資産負債の簿価引継ぎ（法法62の2） 【合併法人】 　資産負債の簿価引継ぎ（法令123の3③）

受け入れた資産の「正ののれん」は独立した営業権でないため、交付株式の時価1,000に対して個別の資産等の時価純資産500（資産1,000－負債500）を超える500は、資産調整勘定として処理することとされています（法法62の8①）。

資産調整勘定は強制減額により損金算入することとされています（法法62の8④）。本件は、期首の合併ですので損金算入額は100となります。

$$資産調整勘定 500 \times 12/60 = 100$$

(1)　資本金等の額の増加額

非適格合併である場合、資本金等の額の増加額は次の算式により計算されます（法令8①五イ）。

（算式）（法令8①五イ）

$$移転時価純資産価額\,1,000 - \left(増加資本金の額\,1,000 + 抱合株式の帳簿価額\,0 + 抱合株式に係るみなし配当の額\,0\right) = 0$$

※　増加資本金の額は登記簿上の金額

(2)　利益積立金額の増加額

非適格合併である場合、利益積立金額の引継額はありません。

したがって、A社の税務処理は次のとおりです。

（税務処理）

	資産（B/S）	1,000	負債（B/S）	500
法令62の8①→	資産調整勘定（B/S）	500	資本金（B/S）	1,000
法令62の8④→	資産調整勘定取崩額（P/L）	100	資産調整勘定（B/S）	100

2．修正処理について

　会社処理と税務処理とを比較すると、処理に差異が生じていますので修正処理する必要があります。

（修正処理）

資産調整勘定 （B/S）	500	**正ののれん** （B/S）	500
資産調整勘定取崩額 （P/L）	100	**資産調整勘定** （B/S）	100

① 　別表四は「資産調整勘定取崩額」として 100 減算します。

② 　別表五（一）は翌期以後の貸借対照表（資産調整勘定、正ののれん）の消去処理のため、「資産調整勘定」として 500 加算、「正ののれん」として 500 減算、「資産調整勘定」として 100 減算します。

3. 別表の調理について

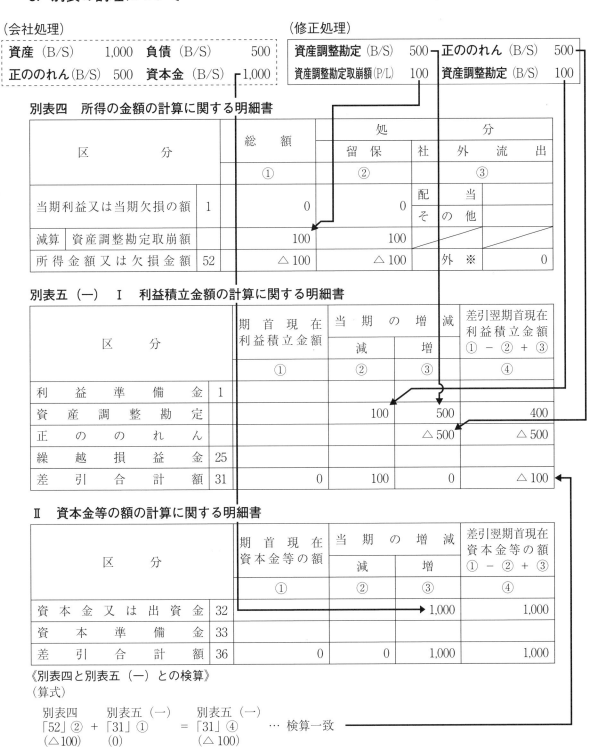

（会社処理）

| 資産（B/S） | 1,000 | 負債（B/S） | 500 |
| 正ののれん（B/S） | 500 | 資本金（B/S） | 1,000 |

（修正処理）

| 資産調整勘定（B/S） | 500 | 正ののれん（B/S） | 500 |
| 資産調整勘定取崩額(P/L) | 100 | 資産調整勘定（B/S） | 100 |

別表四　所得の金額の計算に関する明細書

区　　　分		総　額	処		分		
			留　保	社	外　流　出		
		①	②		③		
当期利益又は当期欠損の額	1	0	0	配　　当			
				その他			
減算	資産調整勘定取崩額		100	100			
所得金額又は欠損金額	52	△100	△100	外　※			0

別表五（一）　I　利益積立金額の計算に関する明細書

区　　　分		期首現在利益積立金額	当　期　の　増　減		差引翌期首現在利益積立金額 ①－②＋③
			減	増	
		①	②	③	④
利　益　準　備　金	1				
資　産　調　整　勘　定			100	500	400
正　の　の　れ　ん				△500	△500
繰　越　損　益　金	25				
差　引　合　計　額	31	0	100	0	△100

II　資本金等の額の計算に関する明細書

区　　　分		期首現在資本金等の額	当　期　の　増　減		差引翌期首現在資本金等の額 ①－②＋③
			減	増	
		①	②	③	④
資　本　金　又　は　出　資　金	32			1,000	1,000
資　本　準　備　金	33				
差　引　合　計　額	36	0	0	1,000	1,000

《別表四と別表五（一）との検算》

（算式）

別表四　　別表五（一）　別表五（一）
「52」②　＋　「31」①　＝「31」④　　… 検算一致
（△100）　　（0）　　　　（△100）

1-13　完全支配関係の適格合併により土地 （譲渡損益調整資産）の引継ぎを受けた場合

Q

　合併法人A社は被合併法人B社を吸収合併しました（適格合併）。合併状況は次のとおりです。A社の申告調整関係は、どのようになりますか。

（条件）

・被合併法人B社が所有する土地はグループ内の甲社から譲り受けたものです。

・A社は、B社の土地120（時価140）を時価で受け入れました。

・A社は、資本金を140増加しました。

・甲社において、土地の譲渡利益額20は繰り延べており別表五（一）に「譲渡損益調整資産（土地）20」が計上されています。

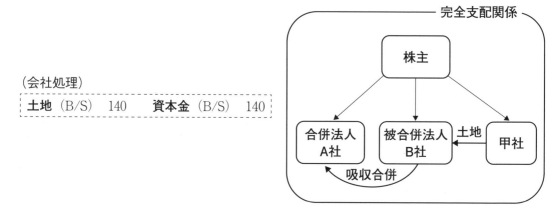

（会社処理）

土地（B/S）　140　　資本金（B/S）　140

《合併法人》（答え）
　　A社の受け入れた後の税務上のB/S

| 土地 | 120 | 資本金 | 140 |
| 資本金等の額 | 20 | | |

《被合併法人》
　　B社の合併直前の税務上のB/S

| 土地 | 120 | 資本金等の額 | 120 |

解説

1. 税務処理について

　完全支配関係がある内国法人間で一定の資産（譲渡損益調整資産）の移転を行ったことにより生じる譲渡損益は認識しないこととされています（法法61の11①）。

(1)　資産負債の取得価額

　適格合併の場合、合併法人Ａ社は被合併法人Ｂ社から受ける資産等を帳簿価額により引継ぎを受けることとされています（法法62の2④、法令123の3③）。したがって、適格合併による譲渡損益は生じません。

資産負債の移転の取扱い	
原　則	特　例
合併 【被合併法人】 　資産負債の時価譲渡（法法62） 【合併法人】 　資産負債の時価取得（法法22）	【被合併法人】 　資産負債の簿価引継ぎ（法法62の2） 【合併法人】 　資産負債の簿価引継ぎ（法令123の3③）

(2)　資本金等の額の増加額

　適格合併の場合、Ａ社の増加する資本金等の額は次の算式により計算することとされています（法令8①五ハ）。

（算式）（法令8①五ハ）

$$\underset{120}{\text{被合併法人の資本金等の額}} - \left(\underset{140}{\text{増加資本金の額}} + \underset{0}{\text{抱合株式の帳簿価額}} \right) = \triangle 20$$

※　増加資本金の額は登記簿上の金額

---

(3)　利益積立金額の増加額

　適格合併の場合、Ａ社の増加する利益積立金額は次の算式により計算することとされています（法令9①二）。

（算式）（法令9①二）

$$\underset{120}{\genfrac{}{}{0pt}{}{\text{移転資産}}{\text{帳簿価額}}} - \left(\underset{0}{\genfrac{}{}{0pt}{}{\text{移転負債}}{\text{帳簿価額}}} + \underset{\underset{※1\ \ ※2}{120\ (140-20)}}{\text{増加資本金等の額}} + \underset{0}{\genfrac{}{}{0pt}{}{\text{抱合株式の}}{\text{帳簿価額}}} \right) = 0$$

※1　　140 ……　会計上の増加した「資本金の額」
　　2　△20 ……　前記(2)に掲げる「資本金等の額」

---

(4)　甲社の土地の譲渡損益

　甲社は譲渡損益調整資産（土地）について、Ｂ社を譲り受け法人として譲渡利益額20を繰り延べています。この場合、適格合併によりその土地をＡ社に移転したときは、甲社はＡ社を土地の譲り受け法人とみなしてこの制度を適用することとされています（法法61の11⑥）。したがって、甲社において譲渡利益額20の戻入れはありません。

したがって、A 社の税務処理は次のとおりです。

（税務処理）

法令 123 の 3③→
法令 8①五ハ→

土地（B/S）	120	**資本金**（B/S）	140
資本金等の額（B/S）	20		

2.　修正処理について

　会社処理と税務処理とを比較すると、処理に差異が生じていますので修正処理する必要があります。

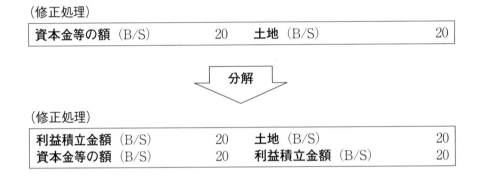

（修正処理）

資本金等の額（B/S）	20	**土地**（B/S）	20

分解

（修正処理）

利益積立金額（B/S）	20	**土地**（B/S）	20
資本金等の額（B/S）	20	**利益積立金額**（B/S）	20

① 　別表四は申告調整不要です。

② 　別表五（一）は翌期以後の貸借対照表（土地、利益積立金額、資本金等の額）の消去処理のため、「土地」として 20 減算します。調整項目として、利益積立金額の計算明細は「資本金等の額」として 20 加算、資本金等の額の計算明細は「利益積立金額」として 20 減算します。そして、この調整項目は現在の企業会計処理上、解散清算するまで消去できません。

3. 別表の調理について

（会社処理）

| 土地（B/S） | 140 | 資本金（B/S） | 140 |

（修正処理）

| 利益積立金額（B/S） | 20 | 土地（B/S） | 20 |
| 資本金等の額（B/S） | 20 | 利益積立金額（B/S） | 20 |

別表五（一）　I　利益積立金額の計算に関する明細書

区　　分		期首現在利益積立金額	当期の増減		差引翌期首現在利益積立金額 ① − ② + ③
			減	増	
		①	②	③	④
利　益　準　備　金	1				
土　　　　　　　地				※△20	△20
資　本　金　等　の　額				※20	20
繰　越　損　益　金	25				
差　引　合　計　額	31	0	0	※0	0

II　資本金等の額の計算に関する明細書

区　　分		期首現在資本金等の額	当期の増減		差引翌期首現在資本金等の額 ① − ② + ③
			減	増	
		①	②	③	④
資　本　金　又　は　出　資　金	32			※140	140
資　本　準　備　金	33				
利　益　積　立　金　額				※△20	△20
差　引　合　計　額	36	0	0	※120	120

《別表四と別表五（一）との検算》

（算式）

別表四 「52」②	別表五（一） ＋ 「31」①	別表五（一） ＝ 「31」④	… 検算一致
(0)	(0)	(0)	

　（注）　※印は、組織再編により引き継いだ利益積立金額、資本金等の額であることを表示。

1-14　完全支配関係の適格合併により別表五（一）の譲渡損益調整資産（土地）の引継ぎを受けた場合

合併法人Ａ社は被合併法人Ｂ社を吸収合併しました（適格合併）。合併状況は次のとおりです。Ａ社の申告調整関係は、どのようになりますか。

（条件）

・合併前にＢ社は所有土地（譲渡損益調整資産）帳簿価額140（時価120）を甲社に譲渡し譲渡損失額20を繰り延べていました。

Ｂ社の別表五（一）の期首の状況
利益積立金額

区　　分	期首現在利益積立金額
譲渡損益調整資産（土地）	20
繰越損益金（損は赤）	0
差引合計額	20

（会社処理）

なし

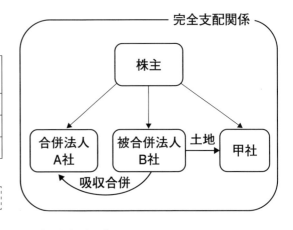

《合併法人》（答え）
Ａ社の受け入れた後の税務上のB/S

譲渡損益調整資産(土地) 20	利益積立金額　　20

《被合併法人》
Ｂ社の合併直前の税務上のB/S

譲渡損益調整資産(土地) 20	利益積立金額　　20

1. 税務処理について

⑴　資産負債の取得価額

適格合併の場合、合併法人Ａ社は被合併法人Ｂ社から受ける資産等を帳簿価額により引継ぎを受けることとされています（法法62の2④、法令123の3③）。したがって、適格合併による譲渡損益は生じません。

資産負債の移転の取扱い	
原 則	特 例
【被合併法人】 　資産負債の時価譲渡（法法62） 【合併法人】 　資産負債の時価取得（法法22）	【被合併法人】 　資産負債の簿価引継ぎ（法法62の2） 【合併法人】 　資産負債の簿価引継ぎ（法令123の3③）

（注）左端に「合併」と縦書き表記

⑵　B社の譲渡損益調整資産（土地）

　B社が適格合併により解散したときは、合併法人A社がその譲渡利益額を繰り延べている法人とみなしてこの制度を適用することとされています（法法61の11⑤）。したがって、A社はB社の地位を引き継ぎA社において譲渡損益の戻入れはありません。

⑶　利益積立金額の増加額

　適格合併の場合、A社の増加する利益積立金額は次の算式により計算することとされています（法令9①二）。

> （算式）（法令9①二）
>
> $$\text{移転資産帳簿価額}_{20} - \left(\text{移転負債帳簿価額}_{0} + \text{増加資本金等の額}_{0} + \text{抱合株式の帳簿価額}_{0} \right) = 20$$

　したがって、B社の税務処理は次のとおりです。

（税務処理）

法令123の3③→　譲渡損益調整資産（土地）（B/S）　20　　利益積立金額（B/S）　20　←法令9①二

2.　修正処理について

　会社処理と税務処理とを比較すると、処理に差異が生じていますので修正処理する必要があります。

（修正処理）

譲渡損益調整資産（土地）（B/S）　20	利益積立金額　（B/S）　　　　20

①　別表四は申告調整不要です。

②　別表五（一）は翌期以後の貸借対照表（譲渡損益調整資産（土地））の消去処理のため、「譲渡損益調整資産（土地）」として20加算します。

3.　別表調理について

（会社処理）	（修正処理）
なし	譲渡損益調整資産（土地）（B/S）　20　利益積立金額（B/S）　20

別表五（一）　I　利益積立金額の計算に関する明細書

区　　　　分		期首現在利益積立金額	当　期　の　増　減		差引翌期首現在利益積立金額 ① − ② + ③
			減	増	
		①	②	③	④
利　益　準　備　金	1				
譲渡損益調整資産（土地）				※20	20
繰越損益金（損は赤）	25				
差　引　合　計　額	31	0	0	※20	20

《別表四と別表五（一）との検算》
（算式）

　　別表四　　　　別表五（一）　　　別表五（一）
　　「52」②　+　「31」①　　=　「31」④　　　… 不一致額20は被合併法人分の利益積立金額
　　(0)　　　　　(0)　　　　　　(0)

　（注）　※印は、組織再編により引き継いだ利益積立金額、資本金等の額であることを表示。

1-15　完全支配関係の非適格合併により 土地（譲渡損益調整資産）を移転した場合

合併法人Ａ社は被合併法人Ｂ社を吸収合併しました。金銭交付のない非適格合併です。合併状況は次のとおりです。Ａ社の申告調整関係は、どのようになりますか。

（条件）

・Ａ社はＢ社の帳簿価額100（時価120）の土地（譲渡損益調整資産）を時価で受け入れました。

・Ａ社は資本金を120増加しました。

・Ｂ社の株主Ｃ社に対してＡ社の株式（時価120）を交付しました。

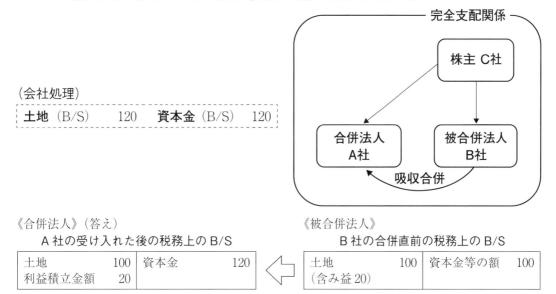

（会社処理）

| 土地 (B/S) | 120 | 資本金 (B/S) | 120 |

《合併法人》（答え）
Ａ社の受け入れた後の税務上のB/S

| 土地 | 100 | 資本金 | 120 |
| 利益積立金額 | 20 | | |

《被合併法人》
Ｂ社の合併直前の税務上のB/S

| 土地 | 100 | 資本金等の額 | 100 |
| （含み益20） | | | |

解説

1. 税務処理について

非適格合併の場合、合併法人Ａ社は被合併法人Ｂ社から受ける資産等を時価により受入れすることとされています（法法22、62）。

資産負債の移転の取扱い			
	原　則		特　例
合併	【被合併法人】 　資産負債の時価譲渡（法法62） 【合併法人】 　資産負債の時価取得（法法22）		【被合併法人】 　資産負債の簿価引継ぎ（法法62の2） 【合併法人】 　資産負債の簿価引継ぎ（法令123の3③）

(1)　譲渡損益調整資産の取得価額

　非適格合併に係る被合併法人Ｂ社が所有する譲渡損益調整資産の移転については、譲渡損益を繰り延べることとされています（法法61の11①⑦）。したがって、譲渡利益額20は損金の額に算入することになります。

　合併法人Ａ社の譲渡損益調整資産の取得価額は、その譲渡損益額は含まないこととされています（法法61の11⑦）。したがって、非適格合併による土地（譲渡損益調整資産）の移転については、帳簿価額での移転になります。

(2)　資本金等の額の増加額

　非適格合併である場合、資本金等の額の増加額は次の算式により計算されます（法令8①五イ）。

$$\frac{移転時価純資産価額}{120} - \left(\frac{増加資本金の額}{120} + \frac{抱合株式の帳簿価額}{0} + \frac{抱合株式に係るみなし配当の額}{0}\right) = 0$$

（算式）（法令8①五イ）

※　増加資本金の額は登記簿上の金額

(3)　利益積立金額の減算

　非適格合併に係る土地（譲渡損益調整資産）の取得価額に算入しない金額は、減算することとされています（法令9①一タ）。したがって、譲渡利益額20は利益積立金額の減算となります。

　したがって、Ｂ社の税務処理は次のとおりです。

(税務処理)

法令9①一タ→

| 土地（B/S） | 100 | 資本金（B/S） | 120 |
| 利益積立金額（B/S） | 20 | | |

2.　修正処理について

　会社処理と税務処理とを比較すると、処理に差異が生じていますので修正処理する必要があります。

(修正処理)

| 利益積立金額（B/S） | 20 | 土地（B/S） | 20 |

① 　別表四は申告調整不要です。
② 　別表五（一）は翌期以後の貸借対照表（土地）の消去処理のため、「土地」として20減算します。

3. 別表調理について

（会社処理）

土地（B/S）	120	資本金（B/S）	120

（修正処理）

利益積立金額（B/S）	20	土地（B/S）	20

別表五（一）　I　利益積立金額の計算に関する明細書

区　　　分		期首現在利益積立金額	当期の増減		差引翌期首現在利益積立金額 ① － ② ＋ ③
			減	増	
		①	②	③	④
利　益　準　備　金	1				0
土　　　　　　　　地				△20	△20
繰越損益金（損は赤）	25			0	0
差　引　合　計　額	31	0	0	△20	△20

II　資本金等の額の計算に関する明細書

区　　　分		期首現在資本金等の額	当期の増減		差引翌期首現在資本金等の額 ① － ② ＋ ③
			減	増	
		①	②	③	④
資本金又は出資金	32			120	120
資　本　準　備　金	33				
差　引　合　計　額	36	0	0	120	120

《別表四と別表五（一）との検算》
（算式）

別表四　　　別表五（一）　　別表五（一）
「52」②　＋　「31」①　＝　「31」④　　…　不一致額△20はグループ税制に係る非適格合併に
（0）　　　　（0）　　　　（0）　　　　　　　より減少した利益積立金額

1-16　完全支配関係の適格合併で抱合株式がある場合（無対価合併）（合併法人が被合併法人の発行済株式等の全部を保有する関係）（法令4の3②ニイ）

Q

　合併法人A社は被合併法人B社を吸収合併しました（適格合併）。合併状況は次のとおりです。A社の申告調整及び被合併法人B社の処理は、どのようになりますか。

（条件）

・A社はB社の資産1,000（時価1,200）、負債700（時価700）を時価で受け入れました。

・A社は、資本金を380増加しました。

・A社が所有するB社株式（抱合株式）の帳簿価額は、120です。

　　※抱合株式とは合併法人が所有している被合併法人の株式をいいます。

・A社は、新株等を発行しませんでした（無対価合併）。

・B社の資産等は、時価により受け入れました。

（会社処理）

資産（B/S）	1,200	負債（B/S）	700
		資本金（B/S）	380
		B社株式（B/S）	120

《合併法人》（答え）

A社の受け入れた後の税務上のB/S

資産	1,000	負債	700
資本金等の額	250	資本金	380
		B社株式	120
		利益積立金額	50

《被合併法人》

B社の合併直前の税務上のB/S

資産	1,000	負債	700
（含み益200）		資本金等の額	250
		利益積立金額	50

解説

1.　税務処理について

(1)　資産負債の取得価額

　　適格合併の場合、合併法人A社は被合併法人B社から資産等を帳簿価額により引継ぎを

受けることとされています（法法62の2④、法令123の3③）。したがって、適格合併による
譲渡損益は生じません。

資産負債の移転の取扱い	
原　則	特　例
【被合併法人】 　資産負債の時価譲渡（法法62） 【合併法人】 　資産負債の時価取得（法法22）	【被合併法人】 　資産負債の簿価引継ぎ（法法62の2） 【合併法人】 　資産負債の簿価引継ぎ（法令123の3③）

（左端に縦書き「合併」）

(2)　資本金等の額の増加額

　適格合併の場合、A社の増加する資本金等の額は次の算式により計算することとされて
います（法令8①五ハ）。

（算式）（法令8①五ハ）

$$\underset{250}{\text{被合併法人の資本金等の額}} - \left(\underset{380}{\text{増加資本金の額}} + \underset{120}{\text{抱合株式の帳簿価額}} \right) = \triangle 250$$

※　増加資本金の額は登記簿上の金額

---

(3)　利益積立金額の増加額

　適格合併の場合、A社の増加する利益積立金額は次の算式により計算することとされて
います（法令9①二）。

（算式）（法令9①二）

$$\underset{1,000}{\substack{\text{移転資産}\\\text{帳簿価額}}} - \left(\underset{700}{\substack{\text{移転負債}\\\text{帳簿価額}}} + \underset{\substack{130\ (380\ -\ 250)\\※1\qquad ※2}}{\text{増加資本金等の額}} + \underset{120}{\text{抱合株式の帳簿価額}} \right) = 50$$

※1　　　380 ……　会計上の増加した「資本金の額」

　2　△250 ……　前記(2)に掲げる「資本金等の額」

---

(4)　抱合株式のみなし配当

適格合併の場合、みなし配当は生じないこととされています（法法24①一）。

	株式の譲渡損益の取扱い		みなし配当の取扱い	
	原　則	特　例	原　則	特　例
合併	あり （法法61の2①） ※　合併法人の株式のみ交付を受ける場合はなし	なし （法法61の2①②、法令119①五）	あり （法法24①一、法令23①一） ※　交付金銭等－被合併法人の資本金等の額	なし （法法24①一）

(5)　抱合株式の譲渡損益

抱合株式に係る譲渡損益は生じないこととされています（法法61の2③）。

（算式）（法法61の2③）

合併直前の被合併法人の旧株式の帳簿価額 120 － 合併直前の被合併法人の旧株式の帳簿価額 120 ＝ 譲渡損益 0

したがって、A社の税務処理は次のとおりです。

（税務処理）

	借方		貸方		
	資産（B/S）	1,000	**負債**（B/S）	700	←法令123の3③
法令8①五ハ→	**資本金等の額**（B/S）	250	**資本金**（B/S）	380	
			B社株式（B/S）	120	
			利益積立金額（B/S）	50	←法令9①二

2. 修正処理について

　会社処理と税務処理とを比較すると、処理に差異が生じていますので修正処理する必要があります。

（修正処理）

| 資本金等の額（B/S） | 250 | 資産（B/S） | 200 |
| | | 利益積立金額（B/S） | 50 |

分解

（修正処理）

| 利益積立金額（B/S） | 200 | 資産（B/S） | 200 |
| 資本金等の額（B/S） | 250 | 利益積立金額（B/S） | 250 |

①　別表四は申告調整不要です。

②　別表五（一）は翌期以後の貸借対照表（資産、利益積立金額、資本金等の額）の消去処理のため、「資産」として200減算します。調整項目として、利益積立金額の計算明細は「資本金等の額」として250加算、資本金等の額の計算明細は「利益積立金額」として250減算します。そして、この調整項目は、現在の企業会計処理上、解散清算するまで消去できません。

3. 申告調整について

（会社処理）

資産（B/S）	1,200	負債（B/S）	700
		資本金（B/S）	380
		B社株式（B/S）	120

（修正処理）

利益積立金額（B/S）	200	資産（B/S）	200
資本金等の額（B/S）	250	利益積立金額（B/S）	250

別表五（一）　Ⅰ　利益積立金額の計算に関する明細書

区　　分		期首現在利益積立金額	当期の増減		差引翌期首現在利益積立金額 ① − ② + ③
			減	増	
		①	②	③	④
利　益　準　備　金	1				
資　　　　　産				※△ 200	△ 200
資　本　金　等　の　額				※ 250	250
繰　越　損　益　金（損は赤）	25			0	0
差　引　合　計　額	31	0	0	※ 50	50

Ⅱ　資本金等の額の計算に関する明細書

区　　分		期首現在資本金等の額	当期の増減		差引翌期首現在資本金等の額 ① − ② + ③
			減	増	
		①	②	③	④
資　本　金　又　は　出　資　金	32			※ 380	380
そ　の　他　資　本　剰　余　金					
利　益　積　立　金　額				※△ 250	△ 250
差　引　合　計　額	36	0	0	※ 130	130

《別表四と別表五（一）との検算》
（算式）

別表四　　　　別表五（一）　　別表五（一）
「52」②　＋　「31」①　　＝　「31」④　　　… 不一致額 50 は被合併法人分の利益積立金額
(0)　　　　　　(0)　　　　　　(0)

（注）　※印は、組織再編により引き継いだ利益積立金額、資本金等の額であることを表示。

4. 被合併法人Ｂ社の処理

適格合併の場合、Ｂ社の所得の金額は移転をした資産等を最後事業年度終了の時の帳簿価額による引継ぎをしたものとして計算することとされています（法法62の2①）。したがって、譲渡損益は生じません。

	資産負債の移転の取扱い	
	原　則	特　例
合併	【被合併法人】 資産負債の時価譲渡（法法62） 【合併法人】 資産負債の時価取得（法法22）	【被合併法人】 資産負債の簿価引継ぎ（法法62の2） 【合併法人】 資産負債の簿価引継ぎ（法令123の3③）

1-17　完全支配関係の適格合併で抱合株式
　　　　（自己否認）があり消滅損で処理した場合

Q

　合併法人A社は被合併法人B社を吸収合併しました（適格合併）。合併状況は次のとおりです。A社の申告調整は、どのようになりますか。

（条件）

・A社はB社の資産1,000（時価1,200）、負債700（時価700）を時価で受け入れました。

・A社は、資本金を500増加しました。

・A社が所有するB社株式（抱合株式）の会計上の帳簿価額は120で別表五（一）に自己否認額180あります。

　※抱合株式とは合併法人が所有している被合併法人の株式をいいます。

　※自己否認額とは、本件では会計上のB社株式は120ですが、税務上のB社株式は300であり、差額180を自ら修正した額のことです。たとえば、B社株式300を評価損180計上したが税務上認められないケースです。

・B社株式は消滅損として損金算入しました。

・A社は、新株等を発行しませんでした（無対価合併）。

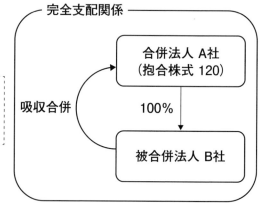

（会社処理）

資産（B/S）	1,200	負債（B/S）	700
		資本金（B/S）	500
B社株式消滅損（P/L）	120	B社株式（B/S）	120

《合併法人》（答え）
　　A社の受け入れた後の税務上のB/S

資産	1,000	負債	700
		資本金	500
		B社株式	300
		利益積立金額	50

《被合併法人》
　　B社の合併直前の税務上のB/S

資産	1,000	負債	700
（含み益200）		資本金等の額	250
		利益積立金額	50

1. 税務処理について

(1) 資産負債の取得価額

　適格合併の場合、合併法人A社は被合併法人B社から資産等を帳簿価額により引継ぎを受けることとされています（法法62の2④、法令123の3③）。したがって、適格合併による譲渡損益は生じません。

資産負債の移転の取扱い	
原　則	特　例
【被合併法人】 　資産負債の時価譲渡（法法62） 【合併法人】 　資産負債の時価取得（法法22）	【被合併法人】 　資産負債の簿価引継ぎ（法法62の2） 【合併法人】 　資産負債の簿価引継ぎ（法令123の3③）

（表の左端に縦書き「合併」）

(2) 資本金等の額の増加額

　適格合併の場合、A社の増加する資本金等の額は次の算式により計算することとされています（法令8①五ハ）。

（算式）（法令8①五ハ）

$$\underset{250}{\text{被合併法人の資本金等の額}} - \left(\underset{500}{\text{増加資本金の額}} + \underset{\substack{300\ (=120+180) \\ ※1\ ※2}}{\text{抱合株式の帳簿価額}}\right) = \triangle 550$$

※　増加資本金の額は登記簿上の金額

※1　120 …… 会計上の帳簿価額
　2　180 …… 税務上の自己否認額

(3) 利益積立金額の増加額

　適格合併の場合、A社の増加する利益積立金額は次の算式により計算することとされています（法令9①二）。

（算式）（法令9①二）

$$\underset{1,000}{\substack{\text{移転資産} \\ \text{帳簿価額}}} - \left(\underset{700}{\substack{\text{移転負債} \\ \text{帳簿価額}}} + \underset{\substack{\triangle 50\ (500-550) \\ ※1\ ※2}}{\text{増加資本金等の額}} + \underset{300}{\text{抱合株式の帳簿価額}}\right) = 50$$

※1　　500 …… 会計上の増加した「資本金の額」
　2　△550 …… 前記(2)に掲げる「資本金等の額」

⑷　抱合株式のみなし配当

適格合併の場合、みなし配当は生じないこととされています（法法24①一）。

		株式の譲渡損益の取扱い		みなし配当の取扱い	
		原　則	特　例	原　則	特　例
合併		あり （法法61の2①） ※　合併法人の株式のみ交付を受ける場合はなし	なし （法法61の2①②、法令119①五）	あり （法法24①一、法令23①一） ※　交付金銭等−被合併法人の資本金等の額	なし （法法24①一）

⑸　抱合株式の譲渡損益

抱合株式に係る譲渡損益は生じないこととされています（法法61の2③）。

（算式）（法法61の2③）

$$\underset{300}{\text{合併直前の被合併法人の旧株式の帳簿価額}} - \underset{\underset{※1 \quad ※2}{300 \,(120 + 180)}}{\text{合併直前の被合併法人の旧株式の帳簿価額}} = \underset{0}{\text{譲渡損益}}$$

※1　120 ……　会計上の帳簿価額

　2　180 ……　税務上の自己否認額

したがって、A社の税務処理は次のとおりです。

（税務処理）

法令8①五ハ→

資産（B/S）	1,000	負債（B/S）	700	←法令123の3③
資本金等の額（B/S）	550	資本金（B/S）	500	
		B社株式（B/S）	300	
		利益積立金額（B/S）	50	←法令9①二

2. 修正処理について

　会社処理と税務処理とを比較すると、処理に差異が生じていますので修正処理する必要があります。

（修正処理）

資本金等の額（B/S）	550	資産（B/S）	200
		利益積立金額（B/S）	50
		B社株式消滅損（P/L）	120
		B社株式（B/S）	180

分解

（修正処理）

利益積立金額（B/S）	550	資産（B/S）	200
		利益積立金額（B/S）	50
		B社株式消滅損（P/L）	120
		B社株式（B/S）	180
資本金等の額（B/S）	550	利益積立金額（B/S）	550

① 　別表四は「B社株式消滅損否認」として 120 加算（留保）します。

② 　別表五（一）は翌期以後の貸借対照表（資産、B社株式、利益積立金額、資本金等の額）の消去処理のため、「資産」として 200 減算、「B社株式」として 180 減算します。調整項目として、利益積立金額の計算明細は「資本金等の額」として 550 加算、資本金等の額の計算明細は「利益積立金額」として 550 減算します。そして、この調整項目は、現在の企業会計処理上、解散清算するまで消去できません。

3. 申告調整について

（会社処理）

資産（B/S）	1,200	負債（B/S）	700
		資本金（B/S）	500
B社株式消滅損（P/L）	120	B社株式（B/S）	120

（修正処理）

利益積立金額（B/S）	550	資産（B/S）	200
		利益積立金額（B/S）	50
		B社株式消滅損（P/L）	120
		B社株式（B/S）	180
資本金等の額（B/S）	550	利益積立金額（B/S）	550

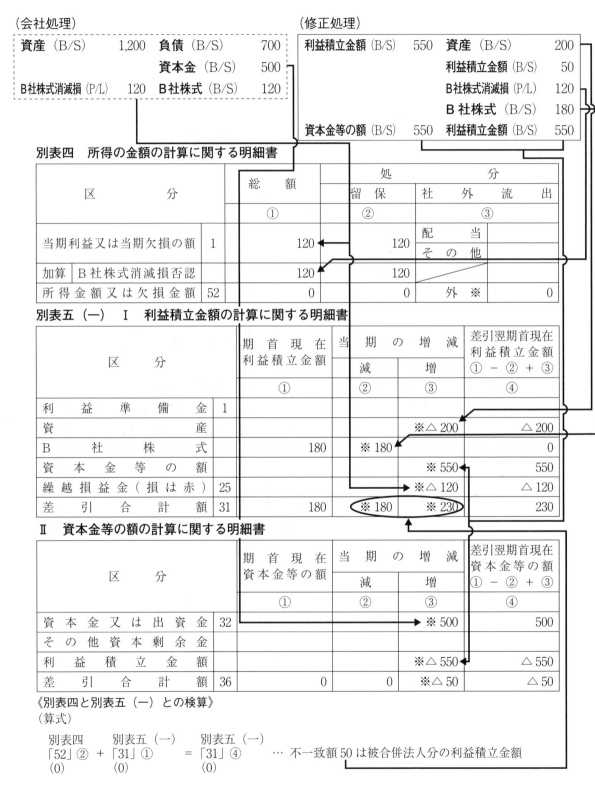

別表四　所得の金額の計算に関する明細書

区　分		総　額	処　　分		
			留　保	社　外　流　出	
		①	②	③	
当期利益又は当期欠損の額	1	120	120	配　当	
				その他	
加算　B社株式消滅損否認		120	120		
所得金額又は欠損金額	52	0	0	外　※	0

別表五（一）　Ⅰ　利益積立金額の計算に関する明細書

区　分	期首現在利益積立金額	当　期　の　増　減		差引翌期首現在利益積立金額 ① － ② ＋ ③
		減	増	
	①	②	③	④
利　益　準　備　金	1			
資　　　　　産			※△200	△200
B　　社　　株　　式	180	※180		0
資　本　金　等　の　額			※550	550
繰越損益金（損は赤）	25		※△120	△120
差　引　合　計　額	31	180	※180　※230	230

Ⅱ　資本金等の額の計算に関する明細書

区　分	期首現在資本金等の額	当　期　の　増　減		差引翌期首現在資本金等の額 ① － ② ＋ ③
		減	増	
	①	②	③	④
資　本　金　又　は　出　資　金	32		※500	500
そ　の　他　資　本　剰　余　金				
利　益　積　立　金　額			※△550	△550
差　引　合　計　額	36	0	0　※△50	△50

《別表四と別表五（一）との検算》
（算式）

別表四　　　別表五（一）　　別表五（一）
「52」②　＋　「31」①　　＝　「31」④　　　… 不一致額50は被合併法人分の利益積立金額
　(0)　　　　　　(0)　　　　　　(0)

（注）　※印は、組織再編により引き継いだ利益積立金額、資本金等の額であることを表示。

1-18 完全支配関係の適格合併で抱合株式 （自己否認）があり未処分利益で処理した場合

　合併法人Ａ社は被合併法人Ｂ社を吸収合併しました（適格合併）。合併状況は次のとおりです。Ａ社の申告調整は、どのようになりますか。

（条件）

・Ａ社はＢ社の資産1,000（時価1,200）、負債700（時価700）を時価で受け入れました。

・Ａ社は、資本金を500増加しました。

・Ａ社が所有するＢ社株式（抱合株式）の会計上の帳簿価額は120で別表五（一）に自己否認額が180あります。

　※抱合株式とは合併法人が所有している被合併法人の株式をいいます。

　※自己否認額とは、本件では会計上のＢ社株式は120ですが、税務上のＢ社株式は300であり、差額180を自ら修正した額のことです。たとえば、Ｂ社株式300を評価損180計上したが、税務上認められないケースです。

・Ｂ社株式は未処分利益として処理しました。

・Ａ社は、新株等を発行しませんでした（無対価合併）。

（会社処理）

資産（B/S）	1,200	負債（B/S）	700
		資本金（B/S）	500
未処分利益（B/S）	120	Ｂ社株式（B/S）	120

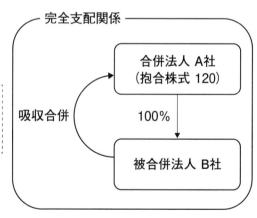

《合併法人》（答え）
　Ａ社の受け入れた後の税務上のB/S

資産	1,000	負債	700
資本金等の額	550	資本金	500
		Ｂ社株式	300
		利益積立金額	50

《被合併法人》
　Ｂ社の合併直前の税務上のB/S

資産	1,000	負債	700
（含み益200）		資本金等の額	250
		利益積立金額	50

1. 税務処理について

(1)　資産負債の取得価額

適格合併の場合、合併法人Ａ社は被合併法人Ｂ社から資産等を帳簿価額により引継ぎを受けることとされています（法法62の2④、法令123の3③）。したがって、適格合併による譲渡損益は生じません。

資産負債の移転の取扱い	
原　則	特　例
【被合併法人】 　資産負債の時価譲渡（法法62） 【合併法人】 　資産負債の時価取得（法法22）	【被合併法人】 　資産負債の簿価引継ぎ（法法62の2） 【合併法人】 　資産負債の簿価引継ぎ（法令123の3③）

（「合併」が左端の行見出しとして2行にまたがる）

(2)　資本金等の額の増加額

適格合併の場合、Ａ社の増加する資本金等の額は次の算式により計算することとされています（法令8①五ハ）。

（算式）（法令8①五ハ）

$$\underset{250}{\text{被合併法人の資本金等の額}} - \left(\underset{500}{\text{増加資本金の額}} + \underset{\underset{※1\quad※2}{300\ (=120+180)}}{\text{抱合株式の帳簿価額}} \right) = △550$$

※　増加資本金の額は登記簿上の金額

※1　120 …… 会計上の帳簿価額

　2　180 …… 税務上の自己否認額

(3)　利益積立金額の増加額

適格合併の場合、Ａ社の増加する利益積立金額は次の算式により計算することとされています（法令9①二）。

（算式）（法令9①二）

$$\underset{1,000}{\underset{\text{帳簿価額}}{\text{移転資産}}} - \left(\underset{700}{\underset{\text{帳簿価額}}{\text{移転負債}}} + \underset{\underset{※1\quad※2}{△50\ (500-550)}}{\text{増加資本金等の額}} + \underset{300}{\text{抱合株式の帳簿価額}} \right) = 50$$

※1　　500 …… 会計上の増加した「資本金の額」

　2　△550 …… 前記(2)に掲げる「資本金等の額」

(4)　抱合株式のみなし配当

適格合併の場合、みなし配当は生じないこととされています（法法24①一）。

株式の譲渡損益の取扱い		みなし配当の取扱い	
原　則	特　例	原　則	特　例
 あり （法法61の2①） ※　合併法人の株式のみ交付を受ける場合はなし	なし （法法61の2①②、法令119①五）	あり （法法24①一、法令23①一） ※　交付金銭等−被合併法人の資本金等の額	なし （法法24①一）

※左端に縦書き「合併」

(5)　抱合株式の譲渡損益

抱合株式に係る譲渡損益は生じないこととされています（法法61の2③）。

> （算式）（法法61の2③）
>
> $$\underset{300}{\text{合併直前の被合併法人の}\atop\text{旧株式の帳簿価額}} - \underset{\underset{\text{※1}\qquad\text{※2}}{300\ (120\ +\ 180)}}{\text{合併直前の被合併法人の}\atop\text{旧株式の帳簿価額}} = \underset{0}{\text{譲渡損益}}$$
>
> ※1　120 …… 会計上の帳簿価額
> 　2　180 …… 税務上の自己否認額

したがって、A社の税務処理は次のとおりです。

（税務処理）

法令8①五ハ→

資産（B/S）	1,000	負債（B/S）	700	←法令123の3③
資本金等の額（B/S）	550	資本金（B/S）	500	
		B社株式（B/S）	300	
		利益積立金額（B/S）	50	←法令9①二

2. 修正処理について

　会社処理と税務処理とを比較すると、処理に差異が生じていますので修正処理する必要があります。

（修正処理）

資本金等の額（B/S）	550	資産（B/S）		200
		利益積立金額（B/S）		170
		B社株式（B/S）		180

分解 ⬇

（修正処理）

利益積立金額（B/S）	550	資産（B/S）		200
		利益積立金額（B/S）		170
		B社株式（B/S）		180
資本金等の額（B/S）	550	利益積立金額（B/S）		550

① 　別表四は申告調整不要です。

② 　別表五（一）は翌期以後の貸借対照表（資産、B社株式、利益積立金額、資本金等の額）の消去処理のため、「資産」として 200 減算、「B社株式」として 180 減算します。調整項目として、利益積立金額の計算明細は「資本金等の額」として 550 加算、資本金等の額の計算明細は「利益積立金額」として 550 減算します。そして、この調整項目は、現在の企業会計処理上、解散清算するまで消去できません。

3. 申告調整について

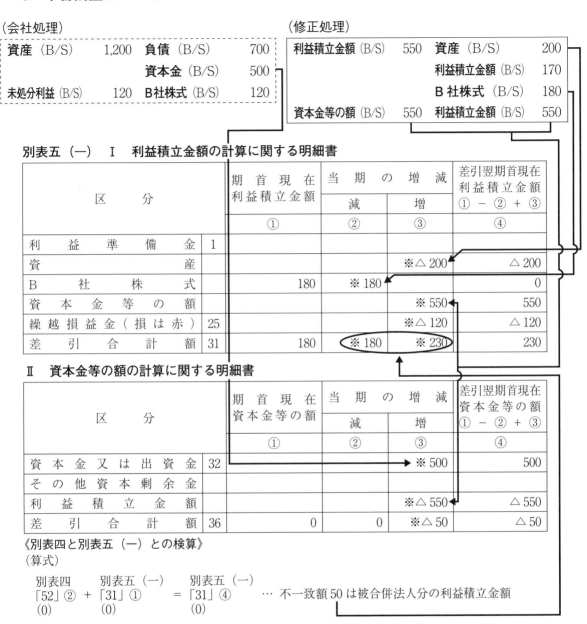

（会社処理）

資産（B/S）	1,200	負債（B/S）	700
		資本金（B/S）	500
未処分利益（B/S）	120	B社株式（B/S）	120

（修正処理）

利益積立金額（B/S）	550	資産（B/S）	200
		利益積立金額（B/S）	170
		B社株式（B/S）	180
資本金等の額（B/S）	550	利益積立金額（B/S）	550

別表五（一）　I　利益積立金額の計算に関する明細書

区　　分		期首現在利益積立金額	当期の増減		差引翌期首現在利益積立金額①－②＋③
			減	増	
		①	②	③	④
利　益　準　備　金	1				
資　　　　　　産				※△200	△200
B　社　株　式		180	※180		0
資　本　金　等　の　額				※550	550
繰越損益金（損は赤）	25			※△120	△120
差　引　合　計　額	31	180	※180	※230	230

II　資本金等の額の計算に関する明細書

区　　分		期首現在資本金等の額	当期の増減		差引翌期首現在資本金等の額①－②＋③
			減	増	
		①	②	③	④
資本金又は出資金	32			※500	500
その他資本剰余金					
利　益　積　立　金　額				※△550	△550
差　引　合　計　額	36	0	0	※△50	△50

《別表四と別表五（一）との検算》
（算式）

別表四　　　別表五（一）　　別表五（一）
「52」②　＋　「31」①　　＝　「31」④　　　… 不一致額50は被合併法人分の利益積立金額
（0）　　　　　（0）　　　　　　（0）

（注）　※印は、組織再編により引き継いだ利益積立金額、資本金等の額であることを表示。

1-19 完全支配関係の適格合併である場合（無対価合併）（一の者が被合併法人及び合併法人の発行済株式等の全部を保有する関係）（法令4の3②二ロ）

Q

合併法人A社は被合併法人B社を吸収合併しました（適格合併）。合併状況は次のとおりです。A社の申告調整、被合併法人B社及び株主C社の処理は、どのようになりますか。

（条件）

・A社はB社の資産1,000（時価1,200）、負債700（時価700）を時価で受け入れました。

・A社は、資本金を500増加しました。

・A社は、新株等を発行しませんでした（無対価合併）。

・C社が所有するB社株式（被合併法人株式）の帳簿価額は120です。

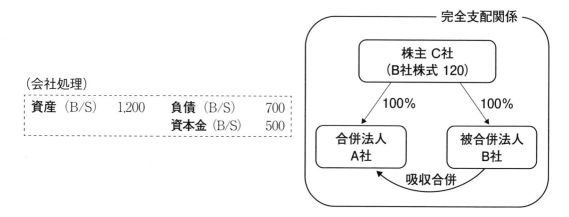

（会社処理）

| 資産（B/S） | 1,200 | 負債（B/S） | 700 |
| | | 資本金（B/S） | 500 |

《合併法人》（答え）
A社の受け入れた後の税務上のB/S

資産	1,000	負債	700
資本金等の額	250	資本金	500
		利益積立金額	50

《被合併法人》
B社の合併直前の税務上のB/S

資産	1,000	負債	700
（含み益200）		資本金等の額	250
		利益積立金額	50

解説

1. 税務処理について

(1) 資産負債の取得価額

適格合併の場合、合併法人A社は被合併法人B社から資産等を帳簿価額により引継ぎを

受けることとされています（法法62の2④、法令123の3③）。したがって、適格合併による
譲渡損益は生じません。

資産負債の移転の取扱い			
	原　則		特　例
合併	【被合併法人】 　資産負債の時価譲渡（法法62） 【合併法人】 　資産負債の時価取得（法法22）		【被合併法人】 　資産負債の簿価引継ぎ（法法62の2） 【合併法人】 　資産負債の簿価引継ぎ（法令123の3③）

(2)　資本金等の額の増加額

　適格合併の場合、A社の増加する資本金等の額は次の算式により計算することとされて
います（法令8①五ハ）。

（算式）（法令8①五ハ）

$$\underset{250}{\text{被合併法人の資本金等の額}} - \left(\underset{500}{\text{増加資本金の額}} + \underset{0}{\text{抱合株式の帳簿価額}} \right) = \triangle 250$$

※　増加資本金の額は登記簿上の金額

(3)　利益積立金額の増加額

　適格合併の場合、A社の増加する利益積立金額は次の算式により計算することとされて
います（法令9①二）。

（算式）（法令9①二）

$$\underset{1,000}{\text{移転資産帳簿価額}} - \left(\underset{700}{\text{移転負債帳簿価額}} + \underset{\underset{※1 \quad ※2}{250(500-250)}}{\text{増加資本金等の額}} + \underset{0}{\text{抱合株式の帳簿価額}} \right)$$
$$= 50$$

※1　　500　……　会計上の増加した「資本金の額」
　2　△250　……　前記(2)に掲げる「資本金等の額」

　したがって、A社の税務処理は次のとおりです。

（税務処理）

法令8①五ハ→

資産（B/S）	1,000	負債（B/S）	700	←法令123の3③
資本金等の額（B/S）	250	資本金（B/S）	500	
		利益積立金額（B/S）	50	←法令9①二

2. 修正処理について

　会社処理と税務処理とを比較すると、処理に差異が生じていますので修正処理する必要があります。

（修正処理）

| 資本金等の額（B/S） | 250 | 資産（B/S） | 200 |
| | | 利益積立金額（B/S） | 50 |

分解

（修正処理）

| 利益積立金額（B/S） | 200 | 資産（B/S） | 200 |
| 資本金等の額（B/S） | 250 | 利益積立金額（B/S） | 250 |

①　別表四は申告調整不要です。

②　別表五（一）は翌期以後の貸借対照表（資産、利益積立金額、資本金等の額）の消去処理のため、「資産」として200減算します。調整項目として、利益積立金額の計算明細は「資本金等の額」として250加算、資本金等の額の計算明細は「利益積立金額」として250減算します。そして、この調整項目は、現在の企業会計処理上、解散清算するまで消去できません。

3.　申告調整について

（会社処理）

資産（B/S）	1,200	負債（B/S）	700
		資本金（B/S）	500

（修正処理）

利益積立金額（B/S）	200	資産（B/S）	200
資本金等の額（B/S）	250	利益積立金額（B/S）	250

別表五（一）Ⅰ　利益積立金額の計算に関する明細書

区　　　分		期首現在利益積立金額 ①	当　期　の　増　減		差引翌期首現在利益積立金額 ① − ② + ③
			減 ②	増 ③	④
利　益　準　備　金	1				
資　　　　　　　産				※△ 200	△ 200
資　本　金　等　の　額				※ 250	250
繰　越　損　益　金（損　は　赤）	25			0	0
差　引　合　計　額	31	0	0	※ 50	50

Ⅱ　資本金等の額の計算に関する明細書

区　　　分		期首現在資本金等の額 ①	当　期　の　増　減		差引翌期首現在資本金等の額 ① − ② + ③
			減 ②	増 ③	④
資　本　金　又　は　出　資　金	321			※ 500	500
そ　の　他　資　本　剰　余　金					
利　益　積　立　金　額				※△ 250	△ 250
差　引　合　計　額	36	0	0	※ 250	250

《別表四と別表五（一）との検算》
（算式）

別表四	別表五（一）	別表五（一）	
「52」②	＋「31」①	＝「31」④	… 不一致額 50 は被合併法人分の利益積立金額
(0)	(0)	(0)	

（注）　※印は、組織再編により引き継いだ利益積立金額、資本金等の額であることを表示。

4. 被合併法人 B 社の処理

　適格合併の場合、B 社の所得の金額は移転をした資産等を最後事業年度終了の時の帳簿価額による引継ぎをしたものとして計算することとされています（法法62の2①）。したがって、譲渡損益は生じません。

5. 株主 C 社の処理

　株主 C 社は、被合併法人 B 社の株式が消滅し、合併法人 A 社の株式の交付を受けることとなります。B 社株式の譲渡損益及びみなし配当の処理は次のとおりです。

		株式の譲渡損益の取扱い		みなし配当の取扱い	
		原　則	特　例	原　則	特　例
合併		あり （法法61の2①） ※　合併法人の株式のみ交付を受ける場合はなし	なし （法法61の2①②、法令119①五）	あり （法法24①一、法令23①一） ※　交付金銭等−被合併法人の資本金等の額	なし （法法24①一）

⑴　みなし配当

　適格合併の場合、みなし配当は生じないこととされています（法法24①一）。

⑵　有価証券の譲渡損益

　金銭等不交付合併で合併法人の株式のみ交付を受けた場合の譲渡損益は、次の算式により計算することとされています（法法61の2②）。したがって、譲渡損益は生じません。

（算式）（法法61の2②）**金銭等不交付合併**

$$\frac{\text{合併直前の被合併法人の旧株式の帳簿価額}}{120} - \frac{\text{合併直前の被合併法人の旧株式の帳簿価額}}{120} = 0$$

⑶　被合併法人 B 社株式の帳簿価額を合併法人 A 社株式の帳簿価額へ付替える際の一単位当たりの帳簿価額

イ　移動平均法により算出している場合

　無対価合併の場合、合併直前の合併法人 A 社株式の帳簿価額に被合併法人 B 社株式の合併直前の帳簿価額を加算した金額をその所有株式の数で除して計算した金額とされています（法令119の3⑳）。

ロ　総平均法により算出している場合

　無対価合併の場合、適格合併の日の属する事業年度開始の時からその適格合併の直前の時までの期間及びその適格合併の時からその事業年度終了の時までの期間をそれぞれ一事業年度とみなして、一単位当たりの帳簿価額を算出することとされています（法令119の４①）。

　本件では、単なる付替えとしてＣ社の税務処理は次のとおりです。

（株主（Ｃ社）の税務処理）

Ａ社株式	120	譲渡対価	120	←法法61の２
譲渡原価	120	Ｂ社株式	120	←法令119の３⑳、119の４①

6.　課税関係のまとめ

《合併法人》（答え）
A社の受け入れた税務上のB/S

資産	1,000	負債	700
資本金等の額	250	資本金	500
		利益積立金額	50

《被合併法人》
B社の合併直前の税務上のB/S

資産 1,000		負債	700
（含み益200）		資本金等の額	250
		利益積立金額	50

（移転時）

資産	1,000	負債	700
資本金等の額	250	資本金	500
		利益積立金額	50

○増加する利益積立金額（法令9①二）
　移転資産帳簿価額 1,000－（移転負債帳簿価額 700＋増加資本金等の額 250（500－250）＋抱合株式の帳簿価額 0）＝50

○増加する資本金等の額（法令8①五ハ）
※増加資本金の額は登記簿上の金額
　被合併法人の資本金等の額 250
－（増加資本金の額 500
＋抱合株式の帳簿価額 0）
＝△250

（移転時）

負債	700	資産	1,000
利益積立金額	50		
A社株式	250		

○移転する利益積立金額（法令9①二）
　被合併法人の最後事業年度の利益積立金額 50

○A社株式の取得価額（法法62の2①）
　移転簿価純資産価額 300
－利益積立金額 50＝250

（株主への株式交付時）
資本金等の額	250	A社株式	250

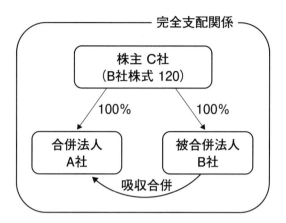

（株主Ｃ社）（Ｂ社の株式帳簿価額　120）
Ａ社株式　120　　Ｂ社株式　120

○みなし配当（法法24①）
　適格合併を除くと規定されているため発生しない。

○旧株式の譲渡損益（法法61の２②）
　金銭等不交付合併にあっては旧株式の譲渡損益は発生しない。

1-20　完全支配関係の適格合併である場合（無対価合併）（合併法人及びその合併法人の発行済株式等の全部を保有する者が被合併法人の発行済株式等の全部を保有する関係）（法令4の3②二ロ）

Q

　合併法人A社は被合併法人B社を吸収合併しました（適格合併）。合併状況は次のとおりです。A社の申告調整、被合併法人B社及び株主C社の処理は、どのようになりますか。

（条件）

・A社はB社の資産1,000（時価1,200）、負債700（時価700）を時価で受け入れました。

・A社は、資本金を380増加しました。

・A社はB社株式（抱合株式）の帳簿価額120を所有しています。

　　※抱合株式とは合併法人が所有している被合併法人の株式をいいます。

・A社は、新株等を発行しませんでした（無対価合併）。

・C社が所有するB社株式（被合併法人株式）の帳簿価額は、80です。

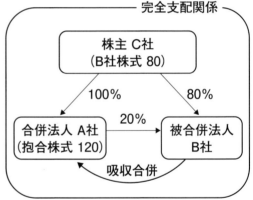

（会社処理）

資産（B/S）	1,200	負債（B/S）	700
		資本金（B/S）	380
		B社株式（B/S）	120

《合併法人》（答え）
A社の受け入れた後の税務上のB/S

資産	1,000	負債	700
資本金等の額	250	資本金	380
		B社株式	120
		利益積立金額	50

《被合併法人》
B社の合併直前の税務上のB/S

資産	1,000	負債	700
（含み益200）		資本金等の額	250
		利益積立金額	50

解説

1. 税務処理について

(1)　資産負債の取得価額

　適格合併の場合、合併法人A社は被合併法人B社から資産等を帳簿価額により引継ぎを

受けることとされています（法法62の2④、法令123の3③）。したがって、適格合併による譲渡損益は生じません。

資産負債の移転の取扱い		
	原　則	特　例
合併	【被合併法人】 　　資産負債の時価譲渡（法法62） 【合併法人】 　　資産負債の時価取得（法法22）	【被合併法人】 　　資産負債の簿価引継ぎ（法法62の2） 【合併法人】 　　資産負債の簿価引継ぎ（法令123の3③）

⑵　資本金等の額の増加額

　適格合併の場合、Ａ社の増加する資本金等の額は次の算式により計算することとされています（法令8①五ハ）。

> （算式）（法令8①五ハ）
>
> $$\underset{250}{\text{被合併法人の資本金等の額}} - \left(\underset{380}{\text{増加資本金の額}} + \underset{120}{\text{抱合株式の帳簿価額}} \right) = \triangle 250$$
>
> ※　増加資本金の額は登記簿上の金額

⑶　利益積立金額の増加額

　適格合併の場合、Ａ社の増加する利益積立金額は次の算式により計算することとされています（法令9①二）。

> （算式）（法令9①二）
>
> $$\underset{1,000}{\substack{\text{移転資産}\\\text{帳簿価額}}} - \left(\underset{700}{\text{移転負債帳簿価額}} + \underset{\substack{130(380 - 250)\\※1\qquad※2}}{\text{増加資本金の額}} + \underset{120}{\text{抱合株式の帳簿価額}} \right) = 50$$
>
> ※1　　380 ……　会計上の増加した「資本金の額」
> 　2　△250 ……　前記⑵に掲げる「資本金等の額」

⑷　抱合株式のみなし配当

　適格合併の場合、みなし配当は生じないこととされています（法法24①一）。

	株式の譲渡損益の取扱い		みなし配当の取扱い	
	原　則	特　例	原　則	特　例
合併	あり （法法61の2①） ※　合併法人の株式のみ交付を受ける場合はなし	なし （法法61の2①②、法令119①五）	あり （法法24①一、法令23①一） ※　交付金銭等－被合併法人の資本金等の額	なし （法法24①一）

(5)　抱合株式の譲渡損益

抱合株式に係る譲渡損益は生じないこととされています（法法 61 の 2 ③）。

（算式）（法法 61 の 2 ③）

合併直前の被合併法人の　　合併直前の被合併法人の
　　旧株式の帳簿価額　　 −　　　旧株式の帳簿価額　　 ＝ 0
　　　　120　　　　　　　　　　　120

したがって、A 社の税務処理は次のとおりです。

（税務処理）

| 資産（B/S） | 1,000 | 負債（B/S） | 700 | ←法令 123 の 3 ③ |
| 資本金等の額(B/S) | 250 | 資本金（B/S） | 380 | |
法令 8 ①五ハ→
| | | B 社株式（B/S） | 120 | |
| | | 利益積立金額(B/S) | 50 | ←法令 9 ①二 |

2.　修正処理について

　会社処理と税務処理とを比較すると、処理に差異が生じていますので修正処理する必要があります。

（修正処理）

| 資本金等の額（B/S） | 250 | 資産（B/S） | 200 |
| | | 利益積立金額（B/S） | 50 |

分解

（修正処理）

| 利益積立金額（B/S） | 200 | 資産（B/S） | 200 |
| 資本金等の額（B/S） | 250 | 利益積立金額（B/S） | 250 |

① 　別表四は申告調整不要です。

② 　別表五（一）は翌期以後の貸借対照表（資産、利益積立金額、資本金等の額）の消去処理のため、「資産」として 200 減算します。調整項目として、利益積立金額の計算明細は「資本金等の額」として 250 加算、資本金等の額の計算明細は「利益積立金額」として 250 減算します。そして、この調整項目は、現在の企業会計処理上、解散清算するまで消去できません。

3.　申告調整について

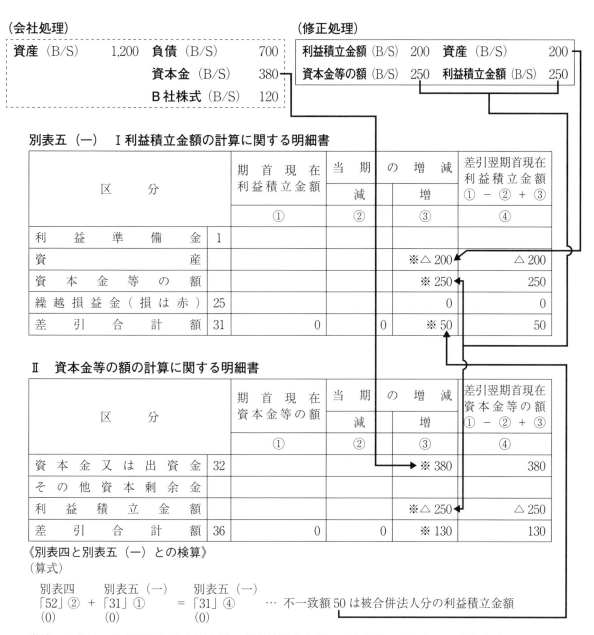

（会社処理）

資産（B/S）	1,200	負債（B/S）	700
		資本金（B/S）	380
		B社株式（B/S）	120

（修正処理）

利益積立金額（B/S）	200	資産（B/S）	200
資本金等の額（B/S）	250	利益積立金額（B/S）	250

別表五（一）　Ⅰ利益積立金額の計算に関する明細書

区　　　分		期首現在利益積立金額 ①	当期の増減 減 ②	当期の増減 増 ③	差引翌期首現在利益積立金額 ① － ② ＋ ③ ④
利　益　準　備　金	1				
資　　　　　　　　産				※△200	△200
資　本　金　等　の　額				※250	250
繰越損益金（損は赤）	25			0	0
差　引　合　計　額	31		0	※50	50

Ⅱ　資本金等の額の計算に関する明細書

区　　　分		期首現在資本金等の額 ①	当期の増減 減 ②	当期の増減 増 ③	差引翌期首現在資本金等の額 ① － ② ＋ ③ ④
資本金又は出資金	32			※380	380
その他資本剰余金					
利　益　積　立　金　額				※△250	△250
差　引　合　計　額	36		0	※130	130

《別表四と別表五（一）との検算》
（算式）

別表四　　　別表五（一）　　別表五（一）
「52」②　＋　「31」①　　＝　「31」④　　　… 不一致額50は被合併法人分の利益積立金額
（0）　　　　（0）　　　　　（0）

（注）　※印は、組織再編により引き継いだ利益積立金額、資本金等の額であることを表示。

4.　被合併法人 B 社の処理

　適格合併の場合、B 社の所得の金額は移転をした資産等を最後事業年度終了の時の帳簿価額による引継ぎをしたものとして計算することとされています（法法62の2①）。したがって、譲渡損益は生じません。

5.　株主 C 社の処理

　株主 C 社は、被合併法人 B 社の株式が消滅し、合併法人 A 社の株式の交付を受けることとなります。B 社株式の譲渡損益及びみなし配当の処理は次のとおりです。

		株式の譲渡損益の取扱い		みなし配当の取扱い	
		原　則	特　例	原　則	特　例
合併		あり （法法61の2①） ※　合併法人の株式のみ交付を受ける場合はなし	なし （法法61の2①②）、法令119①五）	あり （法法24①一、法令23①一） ※　交付金銭等－被合併法人の資本金等の額	なし （法法24①一）

⑴　みなし配当

　適格合併の場合、みなし配当は生じないこととされています（法法24①一）。

⑵　有価証券の譲渡損益

　金銭等不交付合併で合併法人の株式のみ交付を受けた場合の譲渡損益は、次の算式により計算することとされています（法法61の2②）。したがって、譲渡損益は生じません。

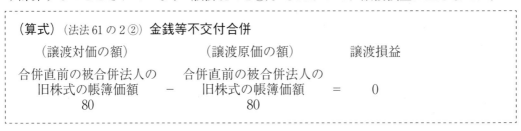

⑶　被合併法人 B 社株式の帳簿価額を合併法人 A 社株式の帳簿価額へ付替える際の一単位当たりの帳簿価額

①　移動平均法により算出している場合

　無対価合併の場合、合併直前の合併法人 A 社株式の帳簿価額に被合併法人 B 社株式の合併直前の帳簿価額を加算した金額をその所有株式の数で除して計算した金額とされています（法令119の3⑳）。

②　総平均法により算出している場合

　無対価合併の場合、適格合併の日の属する事業年度開始の時からその適格合併の直前の時までの期間及びその適格合併の時からその事業年度終了の時までの期間をそれぞれ一事業年度とみなして、一単位当たりの帳簿価額を算出することとされています（法令119の4①）。

　本件では、単なる付替えとしてC社の税務処理は次のとおりです。

（株主（C社）の税務処理）

（B社株式帳簿価額　80）				
A社株式	80	譲渡対価	80	←法法61の2①
譲渡原価	80	B社株式	80	←法令119の3⑳、119の4①

6.　課税関係のまとめ

《合併法人》（答え）
A社の受け入れた税務上のB/S

資産	1,000	負債	700
資本金等の額	250	資本金	380
		B社株式	120
		利益積立金額	50

《被合併法人》
B社の合併直前の税務上のB/S

資産	1,000	負債	700
（含み益 200）		資本金等の額	250
		利益積立金額	50

（移転時）

資産	1,000	負債	700
資本金等の額	250	資本金	380
		B社株式	120
		利益積立金額	50

○増加する利益積立金額（法令9①二）
　移転資産帳簿価額 1,000－（移転負債帳簿価額 700＋増加資本金の額 130（380－250）＋抱合株式の帳簿価額 120）＝50

○増加する資本金等の額（法令8①五ハ）
※増加資本金の額は登記簿上の金額
　被合併法人の資本金等の額 250
－（増加資本金の額 380
＋抱合株式の帳簿価額 120）＝△250

（移転時）

負債	700	資産	1,000
利益積立金額	50		
A社株式	250		

○移転する利益積立金額（法令9①二）
　被合併法人の最後事業年度の利益積立金額 50

○A社株式の取得価額（法法62の2①）
　移転簿価純資産価額 300
－利益積立金額 50＝250

（株主への株式交付時）
資本金等の額	250	A社株式	250

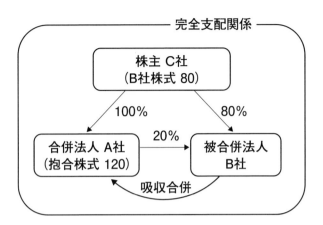

(株主Ｃ社)（Ｂ社の株式帳簿価額　80）
Ａ社株式　80　　Ｂ社株式　80

○みなし配当（法法24①）
　適格合併を除くと規定されているため発生しない。

○旧株式の譲渡損益（法法61の２②）
　金銭等不交付合併にあっては旧株式の譲渡損益は発生しない。

1-21　完全支配関係の適格合併である場合（無対価合併）（被合併法人及びその被合併法人の発行済株式等の全部を保有する者が合併法人の発行済株式等の全部を保有する関係）（法令4の3②二ロ）

Q

　合併法人A社は被合併法人B社を吸収合併しました（適格合併）。合併状況は次のとおりです。A社の申告調整、被合併法人B社及び株主C社の処理は、どのようになりますか。
（条件）
・A社はB社の資産1,000（時価1,200）、負債700（時価700）を時価で受け入れました。
・A社は、資本金を500増加しました。
・B社はA社株式（合併により自己株式取得）の帳簿価額100を所有しています。
・C社が所有するB社株式（被合併法人株式）の帳簿価額は、900です。
・A社は、新株等を発行しませんでした（無対価合併）。

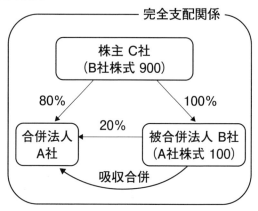

（会社処理）

資産 (B/S)	1,100	負債 (B/S)	700
A社株式 (B/S)	100	資本金 (B/S)	500

《合併法人》（答え）
　A社の受け入れた後の税務上のB/S

資産	900	負債	700
A社株式	100		
資本金等の額	250	資本金	500
		A社株式	100
資本金等の額	100	利益積立金額	50

《被合併法人》
　B社の合併直前の税務上のB/S

資産	1,000	負債	700
（含み益200）		資本金等の額	250
		利益積立金額	50

(解説)

1．税務処理について

(1)　資産負債の取得価額

　適格合併の場合、合併法人Ａ社は被合併法人Ｂ社から資産等を帳簿価額により引継ぎを受けることとされています（法法62の2④、法令123の3③）。したがって、適格合併による譲渡損益は生じません。

	資産負債の移転の取扱い	
	原　　則	特　　例
合併	【被合併法人】 　資産負債の時価譲渡（法法62） 【合併法人】 　資産負債の時価取得（法法22）	【被合併法人】 　資産負債の簿価引継ぎ（法法62の2） 【合併法人】 　資産負債の簿価引継ぎ（法令123の3③）

(2)　資本金等の額の増加額

　適格合併の場合、Ａ社の増加する資本金等の額は次の算式により計算することとされています（法令8①五ハ）。

（算式）（法令8①五ハ）

$$\underset{250}{被合併法人の資本金等の額} - \left(\underset{500}{増加資本金の額} + \underset{0}{抱合株式の帳簿価額} \right) = \triangle 250$$

※　増加資本金の額は登記簿上の金額

---

(3)　自己株式取得のみなし配当

　合併による自己株式の取得は、みなし配当事由から除かれています（法法24①五、法令23③五）。

(4)　資本金等の額の減少額

　合併法人Ａ社はＢ社を合併することによりＡ社株式を取得（自己株式）することになります。適格合併の場合、みなし配当事由によらない自己株式の取得についてはその帳簿価額が資本金等の額の減少額となります（法令8①二十一ロ）。

（算式）（法令8①二十一ロ）

・適格合併における被合併法人から引き継いだ自己株式

帳簿価額100　-　費用の額0　=　100

---

(5) 利益積立金額の増加額

適格合併の場合、A社の増加する利益積立金額は次の算式により計算することとされています（法令9①二）。

（算式）（法令9①二）

$$\underset{1,000}{\text{移転資産帳簿価額}} - \left(\underset{700}{\text{移転負債帳簿価額}} + \underset{\substack{250(500-250)\\※1\quad※2}}{\text{増加資本金の額}} + \underset{0}{\text{抱合株式の帳簿価額}} \right)$$

$$= 50$$

※1　　500 …… 会計上の増加した「資本金の額」

　2　　△250 …… 前記(2)に掲げる「資本金等の額」

したがって、A社の税務処理は次のとおりです。

（税務処理）

資産（B/S）	900	負債（B/S）	700	←法令123の3③
A社株式（B/S）	100	資本金（B/S）	500	←法令9①二
法令8①五ハ→ 資本金等の額(B/S)	250	利益積立金額(B/S)	50	
法令8①二十一ロ→ 資本金等の額(B/S)	100	A社株式（B/S）	100	

2. 修正処理について

会社処理と税務処理とを比較すると、処理に差異が生じていますので修正処理する必要があります。

（修正処理）

資本金等の額（B/S）	350	資産（B/S）	200
		A社株式（B/S）	100
		利益積立金額（B/S）	50

分解

（修正処理）

利益積立金額（B/S）	300	資産（B/S）	200
		A社株式（B/S）	100
資本金等の額（B/S）	350	利益積立金額（B/S）	350

① 別表四は申告調整不要です。

②　別表五（一）は翌期以後の貸借対照表（資産、A社株式、利益積立金額、資本金等の額）の消去処理のため、「資産」として200減算、「A社株式」として100減算します。

調整項目として、利益積立金額の計算明細は「資本金等の額」として350加算、資本金等の額の計算明細は「利益積立金額」として350減算します。そして、この調整項目は、現在の企業会計処理上、解散清算するまで消去できません。

3.　申告調整について

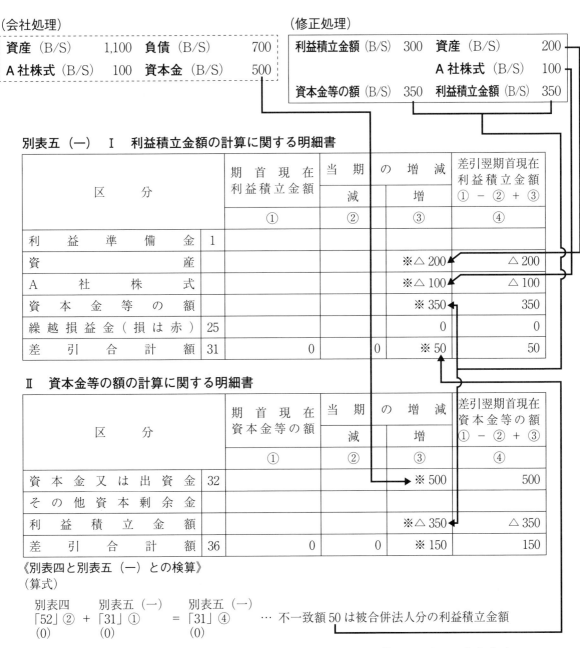

（会社処理）

資産（B/S）	1,100	負債（B/S）	700
A社株式（B/S）	100	資本金（B/S）	500

（修正処理）

利益積立金額（B/S）	300	資産（B/S）	200
		A社株式（B/S）	100
資本金等の額（B/S）	350	利益積立金額（B/S）	350

別表五（一）　Ⅰ　利益積立金額の計算に関する明細書

区　　分	期首現在利益積立金額 ①	当　期　の　増　減 減 ②	当　期　の　増　減 増 ③	差引翌期首現在利益積立金額 ①－②＋③ ④
利　益　準　備　金	1			
資　　　　　　　産			※△200	△200
A　社　株　式			※△100	△100
資　本　金　等　の　額			※350	350
繰越損益金（損は赤）	25		0	0
差　引　合　計　額	31	0	0　※50	50

Ⅱ　資本金等の額の計算に関する明細書

区　　分	期首現在資本金等の額 ①	当　期　の　増　減 減 ②	当　期　の　増　減 増 ③	差引翌期首現在資本金等の額 ①－②＋③ ④
資本金又は出資金	32		※500	500
その他資本剰余金				
利　益　積　立　金　額			※△350	△350
差　引　合　計　額	36	0	0　※150	150

《別表四と別表五（一）との検算》

（算式）

別表四　　　　別表五（一）　　　別表五（一）
「52」②　＋　「31」①　　＝　「31」④　　…　不一致額50は被合併法人分の利益積立金額
（0）　　　　（0）　　　　　　（0）

（注）　※印は、組織再編により引き継いだ利益積立金額、資本金等の額であることを表示。

4.　被合併法人 B 社の処理

　適格合併の場合、B 社の所得の金額は移転をした資産等を最後事業年度終了の時の帳簿価額による引継ぎをしたものとして計算することとされています（法法62の2①）。したがって、譲渡損益は生じません。

5.　株主 C 社の処理

　株主 C 社は、被合併法人 B 社の株式が消滅し、合併法人 A 社の株式の交付を受けることとなります。B 社株式の譲渡損益及びみなし配当の処理は次のとおりです。

	株式の譲渡損益の取扱い		みなし配当の取扱い	
	原　則	特　例	原　則	特　例
合併	あり （法法61の2①） ※　合併法人の株式のみ交付を受ける場合はなし	なし （法法61の2①②）、法令119①五）	あり （法法24①一、法令23①一） ※　交付金銭等 − 被合併法人の資本金等の額	なし （法法24①一）

⑴　みなし配当

　適格合併の場合、みなし配当は生じないこととされています（法法24①一）。

⑵　有価証券の譲渡損益

　金銭等不交付合併で合併法人の株式のみ交付を受けた場合の譲渡損益は、次の算式により計算することとされています（法法61の2②）。したがって、譲渡損益は生じません。

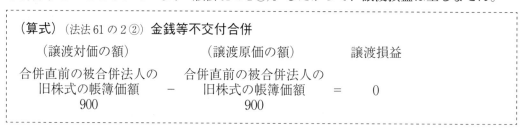

（算式）（法法61の2②）**金銭等不交付合併**

　　（譲渡対価の額）　　　　　　（譲渡原価の額）　　　　譲渡損益

　　合併直前の被合併法人の　　　合併直前の被合併法人の
　　　旧株式の帳簿価額　　−　　　旧株式の帳簿価額　　＝　　0
　　　　　900　　　　　　　　　　　900

⑶　被合併法人 B 社株式の帳簿価額を合併法人 A 社株式の帳簿価額へ付替える際の一単位当たりの帳簿価額

①　移動平均法により算出している場合

　無対価合併の場合、合併直前の合併法人 A 社株式の帳簿価額に被合併法人 B 社株式の合併直前の帳簿価額を加算した金額をその所有株式の数で除して計算した金額とされています（法令119の3⑳）。

②　総平均法により算出している場合

　　無対価合併の場合、適格合併の日の属する事業年度開始の時からその適格合併の直前の時までの期間及びその適格合併の時からその事業年度終了の時までの期間をそれぞれ一事業年度とみなして、一単位当たりの帳簿価額を算出することとされています（法令119の4①）。

本件では、単なる付替えとしてC社の税務処理は次のとおりです。

（株主（C社）の税務処理）

A社株式	900	譲渡対価	900
譲渡原価	900	B社株式	900

←法法61の2①
←法令119の3⑳、119の4①

6.　課税関係のまとめ

《合併法人》（答え）　　　　　　　　　　　　　《被合併法人》
　　Ａ社の受け入れた税務上のB/S　　　　　　　　B社の合併直前の税務上のB/S

資産	900	負債	700
Ａ社株式	100	資本金	500
資本金等の額	250	Ａ社株式	100
資本金等の額	100	利益積立金額	50

資産	1,000	負債	700
（含み益 200)		資本金等の額	250
		利益積立金額	50

（移転時）

資産	1,000	負債	700
Ａ社株式	100	資本金	500
資本金等の額	250	Ａ社株式	100
		利益積立金額	50

○増加する利益積立金額（法令9①二）
　移転資産帳簿価額 1,000－（移転負債帳簿
価額 700＋増加資本金の額 250（500－250）
＋抱合株式の帳簿価額 0）＝50

○増加する資本金等の額（法令8①五ハ）
※増加資本金の額は登記簿上の金額
　被合併法人の資本金等の額 250
　－（増加資本金の額 500
　＋抱合株式の帳簿価額 0）＝△250

○資本金等の額の減少額
　帳簿価額 100－費用の額 0＝100

（移転時）

負債	700	資産	1,000
利益積立金額	50		
Ａ社株式	250		

○移転する利益積立金額（法令9①二）
　被合併法人の最後事業年度の利益積立金額　50

○Ａ社株式の取得価額（法法62の2①）
　移転簿価純資産価額 300
　－利益積立金額 50＝250

（株主への株式交付時）
資本金等の額　250　　　Ａ社株式　250

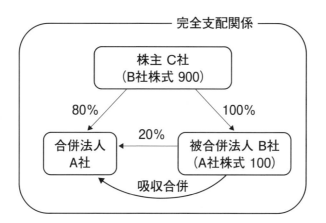

（株主 C 社）（B 社の株式帳簿価額　900）
A 社株式　900　　　B 社株式　900

○みなし配当（法法 24 ①）
　適格合併を除くと規定されているため発生しない。

○旧株式の譲渡損益（法法 61 の 2 ②）
　金銭等不交付合併にあっては旧株式の譲渡損益は発生しない。

第 2 章

解散・清算時の
留意点と別表記載例

● 解散事業年度と清算事業年度

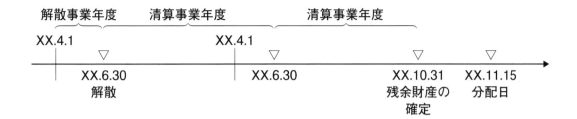

　会社法上、法人が解散した後は清算事業年度に移行します。この場合、事業年度開始の日（XX. 4.1）から解散の日（XX. 6.30）までの期間と解散の日の翌日（XX. 7.1）から1年間ごと（XX. 6.30）が事業年度となります（会法475、494①）。法人税法上の事業年度も同様です（法法13、14①、法基通1-2-9）ので、解散の日の翌日（XX. 7.1）から事業年度終了の日（XX. 6.30）までの1年間が1事業年度期間となります。

● 解散、清算の注意すべき点

1. 解散した場合のみなし事業年度（法法14）
2. 解散による残余財産の分配に伴うみなし配当の計算（法法24①四）
3. 清算中の圧縮記帳の不適用（法法42、措法64等）
4. 清算中の特定同族会社の留保金課税の不適用（法法67①）
5. 清算中の中間申告の不適用（法法71①）
6. 解散した場合の青色欠損金の繰戻し還付の特例（法法80④）
7. 一残余財産の分配または引渡しは資本等取引に該当する（法法22⑤）
8. 清算中の完全支配関係がある法人間の受贈益の益金不算入、寄附金の全額損金不算入が適用される（法法25の2、37②）
9. 残余財産の全部の分配により適格現物分配を行った減価償却資産または繰延資産の償却超過額は被現物分配法人の損金経理額に含まれる（法法31④、32⑥）
10. 残余財産の確定、一括償却資産の金額は損金算入される（法令133の2④）
11. 残余財産の全部の分配により適格現物分配を行った場合の繰延消費税額は被現物分配法人に引き継がれる（法令139の4⑫一）
12. 残余財産の確定事業年度は貸倒引当金の繰入れができない（法法52）
13. 完全支配関係で残余財産が確定した場合、子会社の控除未済欠損金額は親会社に引き継がれる（法法57②、58②）
14. 残余財産がないと見込まれる場合、期限切れの欠損金額の控除ができる（法法59④）
15. 期限切れ欠損金額の範囲には資本金等の額のマイナス資本金等の額が含まれる（法法59④、法令117の5）
16. 完全支配関係がある子会社が解散等により子会社株式を有しなくなった場合、譲渡損益は生じない（法法61の2⑰）

17. 清算中の完全支配関係法人間の譲渡損益調整資産の譲渡損益額は繰り延べられる（法法61の11）

18. 残余財産の全部の分配は残余財産確定時の時価により譲渡したものとされる（法法62の5①②③）

19. 残余財産確定事業年度の事業税額は損金算入される（法法62の5⑤）

20. 清算中の法人税率は通常の税率が適用される（法法66）

21. 清算中でも交際費等の損金不算入が適用される（措法61の4）

22. 清算中の確定申告は事業年度終了の日の翌日から2月（残余財産が確定した場合には1月）以内に提出する（法法74）

23. 清算中でも青色欠損金の繰戻し還付請求ができる（法法80、措法66の12）

24. 粉飾決算による過大納税法人税は残余財産が確定すると還付される（法法135）

25. 抱合株式は資本金等の額の減少として処理される（法令8①五）

26. 解散が見込まれる完全支配関係の子会社株式の評価損は計上できない（法法33⑤、法令68の3）

27. 残余財産の確定申告書の提出期限の延長の特例はない（法法75の2）

28. 最後事業年度の確定申告書の提出期限の延長の特例はある（法法75の2）

29. 清算結了の登記をしても法人税を納める義務を履行するまではなお存続する（法基通1-1-7）

30. 清算人及び残余財産の分配を受けた者が納税義務を負う（国徴法34）

31. 残余財産の確定の日の定義はありませんので一般的には国税、地方税の未払法人税等の残債務を結了し債権の取立て、債務の弁済を終わった日として良いかと考えられる（消基通15-2-6）

解散があった場合のみなし事業年度　別表一の留意点

別表一　各事業年度の所得に係る申告書―内国法人の分……令五・四・一以後終了事業年度等分

署受付印

令和　年　月　日
税務署長殿

通算グループ整理番号
通算親法人整理番号

納税地
電話（　　）　－

（フリガナ）
法人名　**A社**

法人番号

（フリガナ）
代表者

代表者住所

所管	業種目	概況書	要否	別表等

法人区分
事業種目
期末現在の資本金の額又は出資金の額
同上が1億円以下の普通法人のうち中小法人に該当しないもの
同非区分　特定同族会社　同族会社　非同族会社
旧納税地及び旧法人名等
添付書類

※税務署処理欄

青色申告　一連番号
整理番号
事業年度（至）
売上金額
申告年月日
通信日付印　確認　庁指定　局指定　指導等　区分
年月日
申告区分
法人税
地方法人税

令和 ×× 年 04 月 01 日
令和 ×× 年 06 月 30 日
事業年度分の法人税　確定　申告書
課税事業年度分の地方法人税　確定　申告書
（中間申告の場合　令和　年　月　日　の計算期間　令和　年　月　日）

解散日の記入もれはありませんか

「確定」の記入もれはありませんか

適用額明細書提出の有無　有　無
税理士法第30条の書面提出有
税理士法第33条の2の書面提出有

		十億 百万 千 円
所得金額又は欠損金額（別表四「52の①」）	1	0
法人税額（48）＋（49）＋（50）	2	
法人税額の特別控除額（別表六（六）「5」）	3	
税額控除超過額相当額等の加算額	4	
土地譲渡税額　課税土地譲渡利益金額（別表三（二）「24」＋（別表三（二の二）「25」＋（別表三（三）「20」）	5	000
同上に対する税額（62）＋（63）＋（64）	6	
留保金　課税留保金額（別表三（一）「4」）	7	000
同上に対する税額（別表三（一）「8」）	8	
法人税額計（2）－（3）＋（4）＋（6）＋（8）	9	
分配時調整外国税相当額及び外国関係会社等に係る控除対象所得税額等相当額の控除額（別表六（五の二）「7」）＋（別表十七（三の六）「3」）	10	
仮装経理に基づく過大申告の更正に伴う控除法人税額	11	
控除税額（（9）－（10）－（11））と（18）のうち少ない金額	12	
差引所得に対する法人税額（9）－（10）－（11）－（12）	13	00
中間申告分の法人税額	14	00
差引確定（中間申告の場合はその法人税額（税額とし、マイナス（13）－（14）の場合は（22）へ記入）	15	00

控除税額の計算		十億 百万 千 円
所得税の額（別表六（一）「6の③」）	16	
外国税額（別表六（二）「23」）	17	
計（16）＋（17）	18	
控除した金額（12）	19	
控除しきれなかった金額（18）－（19）	20	
所得税額等の還付金額（20）	21	
中間納付額（14）－（13）	22	
欠損金の繰戻しによる還付請求税額	23	
計（21）＋（22）＋（23）	24	

この申告による還付金額

この申告が修正申告である場合のこの申告により納付すべき法人税額又は減少する還付請求税額（57）	25	00
欠損金等の当期控除額（別表七（一）「4の計」＋（別表七（三）「9」若しくは「21」又は別表七（四）「10」）	26	
翌期へ繰り越す欠損金額（別表七（一）「5の合計」）	27	

この申告による法人税額の計算

課税標準法人税額の計算	所得の金額に対する法人税額（2）－（3）＋（4）＋（9の外書）－（一覧表以下70省略）	28	
	課税留保金額に対する法人税額（8）	29	
	課税標準法人税額（28）＋（29）	30	000
地方法人税額（53）	31	
税額控除超過額相当額の加算額（別表六（二）付表六「14の計」）	32	
課税留保金額に係る地方法人税額（54）	33	
所得地方法人税額（31）＋（32）＋（33）	34	
分配時調整外国税相当額及び外国関係会社等に係る控除対象所得税額等相当額の控除額（別表六（五の二）「8」＋（別表十七（三の六）「4」）	35	
仮装経理に基づく過大申告の更正に伴う控除地方法人税額	36	
外国税額の控除額（（34）－（35）－（36））と（65）のうち少ない金額	37	
差引地方法人税額（34）－（35）－（36）－（37）	38	00
中間申告分の地方法人税額	39	00
差引確定（中間申告の場合はその地方法人税額（税額とし、マイナス（38）－（39）の場合は（42）へ記入）	40	00

この申告による地方法人税額の計算

外国税額の還付金額（67）	41	
中間納付額（39）－（38）	42	
計（41）＋（42）	43	

この申告による還付金額

決算確定の日の記入もれはありませんか

この申告が修正申告である場合のこの申告により納付すべき地方法人税額（61）	44	00
剰余金・利益の配当（剰余金の分配）の金額		

残余財産の最後の分配又は引渡しの日　令和　年　月　日
決算確定の日　令和 ×× 年 08 月 25 日

還付を受けようとする金融機関等
銀行　本店・支店
金庫・組合　出張所
農協・漁協　本所・支所
預金
郵便局名等
口座番号
ゆうちょ銀行の貯金記号番号　－

税理士署名

残余財産の確定の場合のみなし事業年度　別表一の留意点

別表一　各事業年度の所得に係る申告書－内国法人の分……令五・四・一以後終了事業年度等分

合併による解散の場合は合併法人名と被合併法人名を記載していますか

納税地	電話(　)　－
(フリガナ)	
法人名	A社
法人番号	
(フリガナ)	
代表者	
代表者住所	

青色申告　一連番号

整理番号

清算確定法人整理番号	
法人区分	
事業種目	
期末現在の資本金の額又は出資金の額	円　非中小法人
同非区分	特定同族会社　同族会社　非同族会社
旧納税地及び旧法人名等	
添付書類	貸借対照表、損益計算書、株主(社員)資本等変動計算書又は損益金処分表、勘定科目内訳明細書、事業概況書、組織再編成に係る契約書等の写し、組織再編成に係る移転資産等の明細書

事業年度(至)

売上金額

申告年月日

通信日付印　確認　庁指定　局指定　指導等　区分

年月日

申告区分

令和 ×× 年 07 月 01 日
令和 ×× 年 10 月 31 日
(中間申告の場合　令和　年　月　日　の計算期間　令和　年　月　日)

事業年度分の法人税　確定　申告書
課税事業年度分の地方法人税　確定　申告書

適用額明細書提出の有無　(有)　(無)

税理士法第30条の書面提出有　(有)　税理士法第33条の2の書面提出有　(有)

所得金額又は欠損金額（別表四「52の①」）	1	0
法人税額（48）＋（49）＋（5	2	
法人税額の特別控除額（別表六（六）「5	3	
税額控除超過額相当額等の加算額	4	
土地譲渡税金　課税土地譲渡利益金額（別表三（二）「24」＋（別表三（二の二）「25」＋（別表三（三）「20」）	5	000
同上に対する税額（62）＋（63）＋（64）	6	000
留保金　課税留保金額（別表三（一）「4」）	7	000
同上に対する税額（別表三（一）「8」）	8	
法人税額計（2）－（3）＋（4）＋（6）＋（8）	9	
分配時調整外国税相当額及び外国関係会社等に係る控除対象所得税額等相当額の控除額（別表六（五の二）「7」）＋（別表十七（三の六）「3」）	10	
仮装経理に基づく過大申告の更正に伴う控除法人税額	11	
控除税額（（9）－（10）－（11））と（18）のうち少ない金額	12	
差引所得に対する法人税額（9）－（10）－（11）－（12）	13	00
中間申告分の法人税額	14	00
差引確定/中間申告の場合はその法人税額/税額とし、マイナス（13）－（14）の場合は（22）へ記入	15	00

残余財産の確定の日の記入もれはありませんか

所得税の額（別表六（一）「6の	16	
外国税額（別表六	17	
計（16）＋（17）	18	
控除した金額（12）	19	
控除しきれなかった金額（18）－（19）	20	
所得税額等の還付金額（20）	21	
中間納付額（14）－（13）	22	
欠損金の繰戻しによる還付請求税額	23	外
計（21）＋（22）＋（23）	24	外

「確定」の記入もれはありませんか

この申告が修正申告である場合のこの申告により納付すべき法人税額又は減少する還付請求税額（57）	25	00
欠損金等の当期控除額（別表七（一）「4の計」）＋（別表七（四）「9」若しくは「21」又は別表七「10」）	26	
翌期へ繰り越す欠損金額（別表七（一）「5の合計」）	27	

課税標準法人税額　基準法人税額　所得の金額に対する法人税額（2）－（3）＋（4）＋（6）＋（9の外書）－（10）＋（11の外書）	28	
課税留保金額に対する法人税額（8）	29	
課税標準法人税額（28）＋（29）	30	000
地方法人税額（53）	31	
税額控除超過額相当額の加算額（別表六（二）付表六「14の計」）	32	
課税留保金額に係る地方法人税額（54）	33	
所得地方法人税額（31）＋（32）＋（33）	34	
分配時調整外国税相当額及び外国関係会社等に係る控除対象所得税額等相当額の控除額（別表六（二）の二「7」＋別表十七（三の六）「4」）と（34）のうち少ない金額	35	
仮装経理に基づく過大申告の更正に伴う控除地方法人税額	36	
外国税額の控除額（（34）－（35）－（36）と（65）のうち少ない金額）	37	
差引地方法人税額（34）－（35）－（37）	38	00
中間申告分の地方法人税額	39	00
差引確定/中間申告の場合はその地方法人税額/税額とし、マイナス（38）－（39）の場合は（42）へ記入	40	00

この申告　外国税額の還付金額（67）	41	

残余財産の最後の分配又は引き渡し日の記入もれはありませんか

決算確定の日の記入もれはありませんか

この申告が修正申告である場合のこの申告により納付すべき地方法人税額	44	00
剰余金・利益の配当（剰余金の分配）の金額		

残余財産の最後の分配又は引渡しの日　×× 11 20　決算確定の日　令和　年　月　日　×× 11 10

還付を受けようとする金融機関等
銀行　本店・支店　郵便局名等
金庫・組合　出張所　預金
農協・漁協　本所・支所
口座　ゆうちょ銀行の貯金記号番号　－

※税務署処理欄

税理士署名

残余財産の確定の場合のみなし事業年度　別表五（一）の留意点

利益積立金額及び資本金等の額の計算に関する明細書

事　業年　度	××．7・1 ××．10・31	法人名	A社

別表五（一）　令五・四・一以後終了事業年度分

I　利益積立金額の計算に関する明細書

区　　　分		期 首 現 在利益積立金額 ①	当 期 の 増 減 減 ②	当 期 の 増 減 増 ③	差引翌期首現在利益積立金額 ①－②＋③ ④
利　益　準　備　金	1	円	円	円	円
積　立　金	2				
	3				
	4				
	5				
	6				
	7				
	8				
	9				
	10				
	11				
	12				
	13				
	14				
	15				
	16				
	17				
	18				
	19				
	20				
	21				
	22				
	23				
	24				
繰 越 損 益 金（損 は 赤）	25	3,000,000			3,000,000
納　税　充　当　金	26	×××			70,000
未納法人税等 未 納 法 人 税 及 び未 納 地 方 法 人 税（附帯税を除く。）	27	△ ×××	△	中間 △ 確定 △	△
未払通算税効果額（附帯税の額に係る部分の金額を除く。）	28	×××		中間 確定	
未 納 道 府 県 民 税（均等割額を含む。）	29	△	△	中間 △ 確定 △	△ 70,000
未 納 市 町 村 民 税（均等割額を含む。）	30	△ ×××	△	中間 △ 確定 △	△
差　引　合　計　額	31	×××			×××

> 残余財産の確定後に支出する費用を見込んで申告書を作成する必要があります。したがって、法人税等は残余財産の確定後に納付したものとして処理することになりますので、B/Sの未払法人税の額と未納法人税等の合計額は原則として一致するかと思われます。

II　資本金等の額の計算に関する明細書

区　　　分		期 首 現 在資 本 金 等 の 額 ①	当 期 の 増 減 減 ②	当 期 の 増 減 増 ③	差引翌期首現在資 本 金 等 の 額 ①－②＋③ ④
資 本 金 又 は 出 資 金	32	5,000,000 円	円	円	5,000,000 円
資　本　準　備　金	33				
	34				
	35				
差　引　合　計　額	36	5,000,000			5,000,000

◀ 161 ▶

● 残余財産確定と未処理欠損金額の引継ぎ

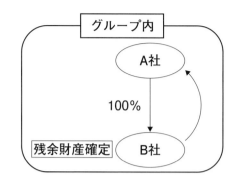

（参考）

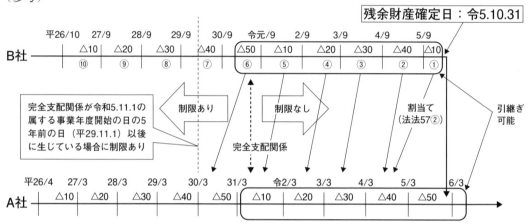

① 完全支配関係にある法人で残余財産の確定の日の翌日（令5.11.1）前10年以内に開始した各事業年度の未処理欠損金額が対象
② 平30.4.1前に開始した事業年度において生じた欠損金額は「前10年」を「前9年」と読み替える（平成27改正法附則27①）

● 完全支配関係にある法人の未処理欠損金額の引継ぎ

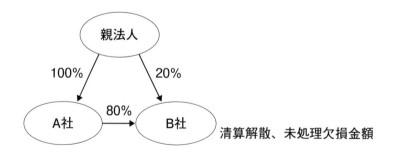

子会社に株主等が2以上ある場合の未処理欠損金額の引継額（法法57②）

残余財産の確定の場合の別表七（一）記載例

欠損金の損金算入等に関する明細書

| 事業年度 | 5 · 4 · 1
6 · 3 · 31 | 法人名 | A社 | 別表七(一) 令五・四・一以後終了事業年度分 |

控除前所得金額 (別表四「43の①」)	1	円	損金算入限度額 $(1) \times \frac{50又は100}{100}$	2	円

事業年度	区分	控除未済欠損金額 3	当期控除額 (当該事業年度の(3)と((2)－当該事業年度前の(4)の合計額))のうち少ない金額) 4	翌期繰越額 ((3)－(4))又は(別表七(四)「15」) 5
・ ・ ・ ・	青色欠損・連結みなし欠損・災害損失	円	円	
・ ・ ・ ・	青色欠損・連結みなし欠損・災害損失			円
・ ・ ・ ・	青色欠損・連結みなし欠損・災害損失			
・ ・ ・ ・	青色欠損・連結みなし欠損・災害損失			
・ ・ ・ ・	青色欠損・連結みなし欠損・災害損失			
30・4・1 31・3・31	(青色欠損)・連結みなし欠損・災害損失	50		50
31・4・1 2・3・31	(青色欠損)・連結みなし欠損・災害損失	20		20
2・4・1 3・3・31	(青色欠損)・連結みなし欠損・災害損失	40		40
3・4・1 4・3・31	(青色欠損)・連結みなし欠損・災害損失	60		60
4・4・1 5・3・31	(青色欠損)・連結みなし欠損・災害損失	90		90
計		260		260
当期分	欠損金額 (別表四「52の①」)	50	欠損金の繰戻し額	
	同上のうち 青色欠損金額	50		50
	同上のうち 災害損失欠損金額	(16の③)		
合計				310

災害により生じた損失の額がある場合の繰越控除の対象となる欠損金額等の計算

災害の種類		災害のやんだ日又はやむを得ない事情のやんだ日	・ ・

災害を受けた資産の別	棚卸資産 ①	固定資産 (固定資産に準ずる繰延資産を含む。) ②	計 ①＋② ③
当期の欠損金額 (別表四「52の①」) 6			円
災害により生じた損失の額	資産の滅失等により生じた損失の額 7	円	円	
	被害資産の原状回復のための費用等に係る損失の額 8			
	被害の拡大又は発生の防止のための費用に係る損失の額 9			
	計 (7)＋(8)＋(9) 10			
保険金又は損害賠償金等の額 11			
差引災害により生じた損失の額 (10)－(11) 12			
同上のうち所得税額の還付又は欠損金の繰戻しの対象となる災害損失金額 13			
中間申告における災害損失欠損金の繰戻し額 14			
繰戻しの対象となる災害損失欠損金額 ((6の③)と((13の③)－(14の③))のうち少ない金額) 15			
繰越控除の対象となる欠損金額 ((6の③)と((12の③)－(14の③))のうち少ない金額) 16			

残余財産の確定の場合の別表七（一）付表一記載例

適格組織再編成等が行われた場合の調整後の控除未済欠損金額の計算に関する明細書	事業年度	5・4・1 6・3・31	法人名	A社

別表七(一)付表一　令五・四・一以後終了事業年度分

適格組織再編成等が行われた場合の調整後の控除未済欠損金額

事業年度	欠損金の区分	控除未済欠損金額又は調整後の当該法人分の控除未済欠損金額 前期の別表七(一)「5」又は(4)、(7)若しくは別表三「5」若しくは別表七(一)付表四「5」 1	被合併法人等から引継ぎを受ける未処理欠損金額（適格合併等の別：適格合併・残余財産の確定　適格合併等の日：・・　被合併法人等の名称：）被合併法人等の事業年度	欠損金の区分	被合併法人等の未処理欠損金額 最終の事業年度の別表七(一)「5」又は(4)、(7)若しくは別表七(一)付表三「5」 2	調整後の控除未済欠損金額 (1)＋(2) 3
： ：		内　　　円	： ：	内	内　　　円	内　　　円
： ：		内	： ：	内	内	内
： ：		内	： ：	内	内	内
： ：		内	： ：	内	内	内
30・4・1 31・3・31		内	30・10・1 元・9・30	内	内　50	内　50
2・3・31		内　10	元・10・1 2・9・30	内	内　10	内　20
3・3・31		内　20	2・10・1 3・9・30	内	内　20	内　40
4・3・31		内　30	3・10・1 4・9・30	内	内　30	内　60
： ：		内	4・10・1 5・9・30	内	内　40	内
5・3・31		内　40	5・10・1 5・10・31	内	内　10	内　90
計		100	計		160	260

支配関係がある法人との間で適格組織再編成等が行われた場合の未処理欠損金額又は控除未済欠損金額の調整計算の明細

適格組織再編成等の別	合併(適格・非適格)・残余財産の確定・適格分割・適格現物出資・適格現物分配	適格組織再編成等の日	・・
対象法人の別	被合併法人等（名称：　　　　）・当該法人	支配関係発生日	・・

対象法人の事業年度	欠損金の区分	共同事業要件に該当する場合又は5年継続支配関係があるのいずれかに該当する場合 被合併法人等の未処理欠損金額又は当該法人の控除未済欠損金額 被合併法人等の最終の事業年度の別表七(一)「5」又は当該法人の前期の別表七(一)「5」 4	共同事業要件に該当する場合又は5年継続支配関係がある場合のいずれにも該当しない場合 被合併法人等の未処理欠損金額又は当該法人の控除未済欠損金額 被合併法人等の最終の事業年度の別表七(一)「5」又は当該法人の前期の別表七(一)「5」 5	支配関係事業年度以後の事業年度の欠損金額のうち特定資産譲渡等損失相当額以外の部分から成る欠損金額 (8)－(12) 6	引継ぎを受ける未処理欠損金額又は調整後の当該法人分の控除未済欠損金額 支配関係事業年度前の事業年度にあっては0、支配関係事業年度以後の事業年度にあっては(5)と(6)のうち少ない金額 7
： ：		円	円	円	円
： ：					
： ：					
： ：					
30・10・1 元・9・30	青色欠損	50			
元・10・1 2・9・30	〃	10			
2・10・1 3・9・30	〃	20			
3・10・1 4・9・30	〃	30			
4・10・1 5・9・30	〃	40			
5・10・1 5・10・31	〃	10			
計		160			

支配関係事業年度以後の欠損金額のうち特定資産譲渡等損失相当額の計算の明細

対象法人の支配関係事業年度以後の事業年度	支配関係事業年度以後の事業年度の欠損金発生額（支配関係事業年度以後の事業年度のそれぞれの別表七(一)「当期分の青色欠損金額」） 8	欠損金額のうち特定資産譲渡等損失相当額の計算　特定引継資産又は特定保有資産の譲渡等による損失の額の合計額 9	特定引継資産又は特定保有資産の譲渡等による利益の額の合計額 10	特定資産譲渡等損失額 ((9)－(10))又は(別表七(一)付表二「5」) 11	欠損金額のうち特定資産譲渡等損失相当額 ((8)と(11)のうち少ない金額) 12
： ：	内　　　円	円	円	円	円
： ：	内				
： ：	内				
： ：	内				
： ：	内				
計					

第3章

参考資料

合併法人等における未処理欠損金額の帰属年度 （法法 57 ②）

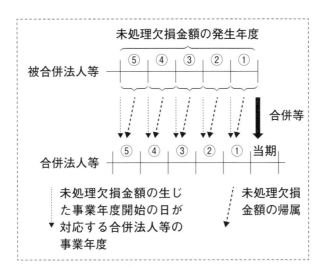

合併法人等に合併等の前の事業年度がない場合の特例 （法令 112 ②）

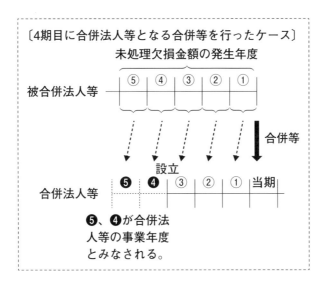

財務省資料を一部訂正

欠損金の引継ぎ制限と切捨て及び特定資産に係る譲渡等損失額の損金不算入　(法法 62 の 7 ①、57 ④、法令 123 の 8、112 ③⑩)

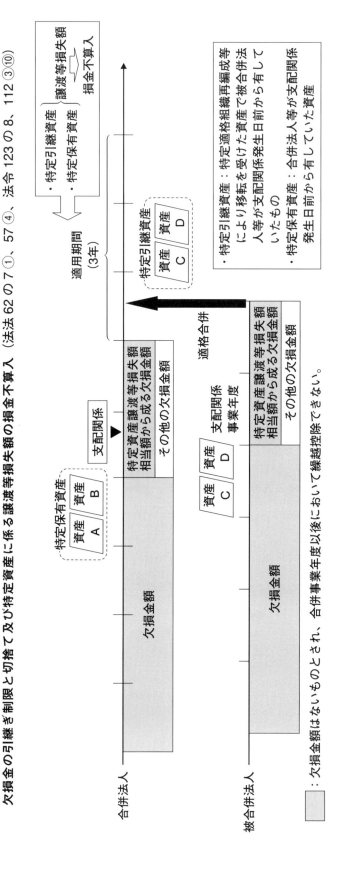

財務省資料を一部修正

特定資産に係る譲渡等損失額の損金不算入の制限可否（法法 62 の 7 ②）

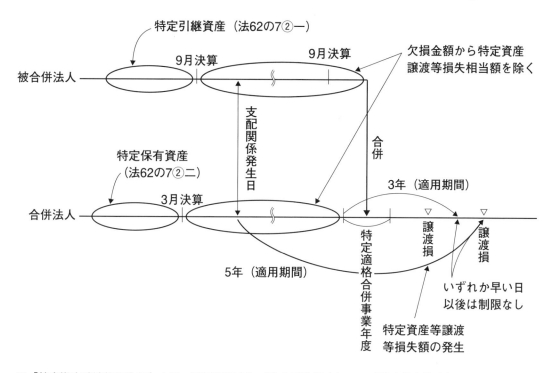

※「特定資産譲渡等損失額」とは、適用期間内に「特定引継資産」又は「特定保有資産」の譲渡等をした場合の損失額をいいます（法法62の7②）。

財務省資料を一部修正

欠損金の引継ぎの制限等

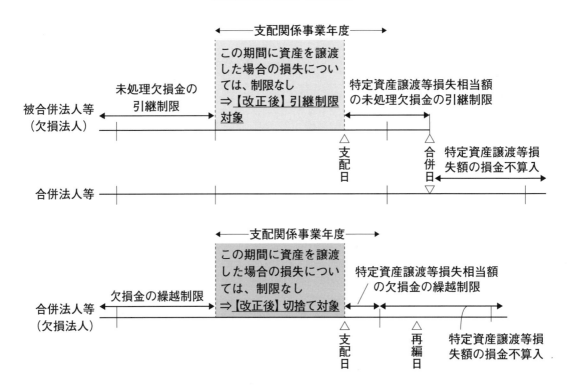

財務省資料を一部修正

合併等 2 年以内期間内に行われた特定適格組織再編成等があった場合の特例①（法令 112 ⑥）

合併等前2年以内期間内に行われた特定適格組織再編成等により特定支配関係法人から移転を受けた資産について、その資産は、次の資産を除き、被合併法人等が支配関係発生日において有するものとみなし、特定資産譲渡等損失額となる金額を計算します（法令112 ⑥）。

① 特定適格組織再編成等以外の適格組織再編成等により移転があった資産
② 適格合併に該当しない合併により移転があった資産で資産調整勘定又は譲渡損益調整資産以外のもの
③ ①及び②以外の資産で次に掲げるもの
　イ　支配関係発生日における帳簿価額が1,000万円未満の資産
　ロ　支配関係発生日における含み損がない資産

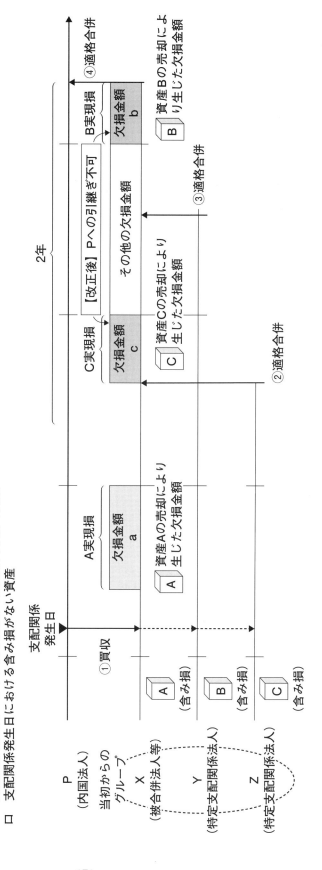

財務省資料を一部修正

合併等2年以内期間内に特定適格組織再編成等があった場合の特例② （法令112 ⑦）

合併等前2年以内期間内に行われた適格合併等により被合併法人等又は関連法人（内国法人及び被合併法人等との間に支配関係がある他の法人）の欠損金額とみなされた未処理欠損金額のうち、その適格合併等に係る被合併法人等である関連法人等が支配関係発生日において有する資産の特定資産譲渡等損失額に相当する金額がある場合には、その金額を特定資産譲渡等損失額となる金額に加算することとする（法令112 ⑦）。

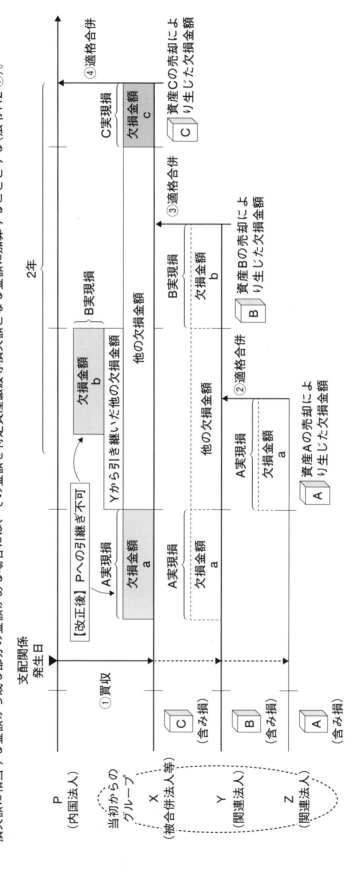

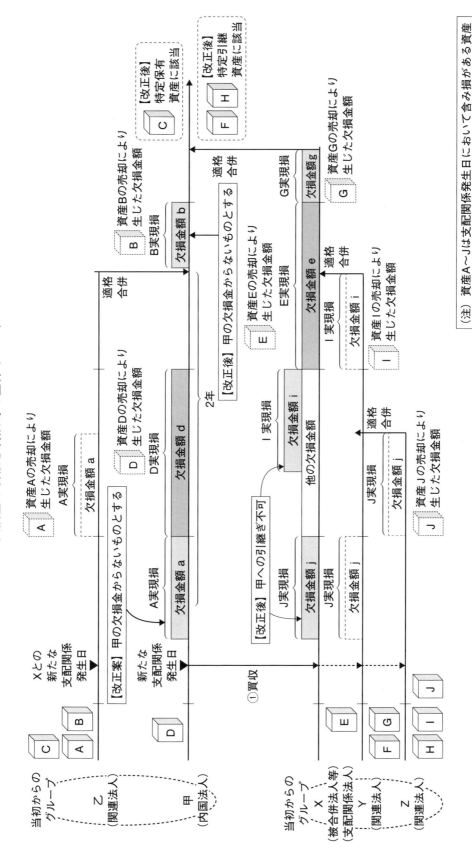

欠損金の引継ぎ制限等の全体イメージ

（注）資産A〜Jは支配関係発生日において含み損がある資産

財務省資料を一部修正

特定引継資産に係る譲渡等損失額の損金不算入　（法令 123 の 8 ③）

内国法人が支配関係法人から移転を受けた資産のうちに、支配関係発生日以後に関連法人との間で行われた特定適格組織再編成等により移転があった資産があるときは、次に掲げる資産を除き、支配関係法人が支配関係発生日前から有していたものとみなして、特定引継資産に係る譲渡等損失額を計算します（法令 123の8③）。

① 関連法人のいずれもが支配関係発生日以後に有することとなった資産（C）
② 特定適格組織再編成等以外の適格組織再編成等により移転を受けた資産（E）
③ 非適格合併により移転により調整勘定益金算資産以外のもの（時価で移転された資産）
④ 支配関係発生日における帳簿価額が1,000万円未満の資産
⑤ 支配関係発生日における含み損がない資産

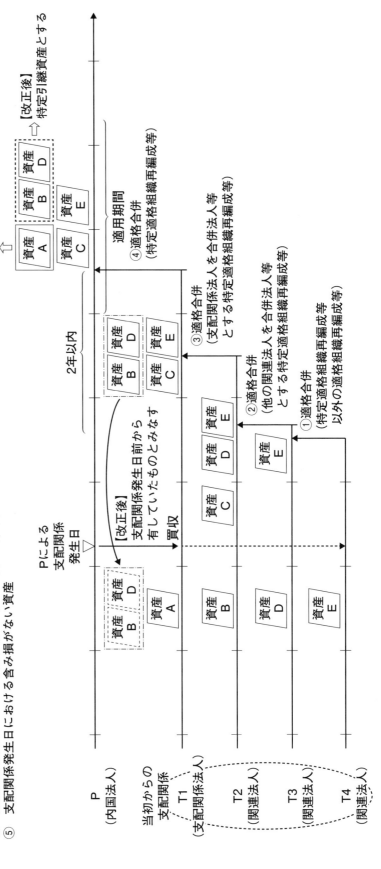

みなし特定引継資産に係る損失の額の特例計算

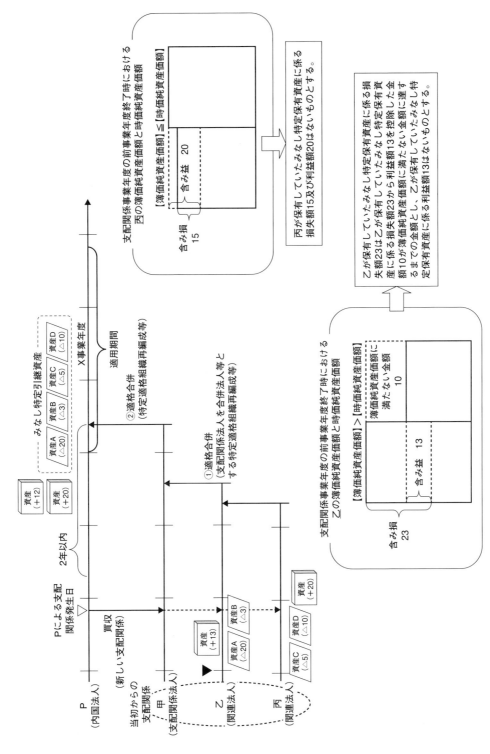

財務省資料を一部修正

◀ 175 ▶

特定資産譲渡等損失相当欠損金額とみなし特定引継資産に係る譲渡等損失額の特例計算

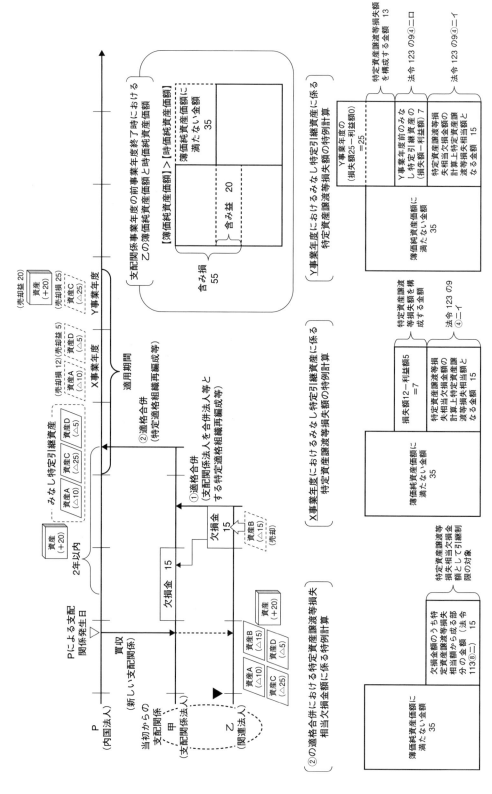

財務省資料を一部修正

新設法人に係る未処理欠損金額の引継制限の有無（継続支配要件）（法法57③、法令112④）

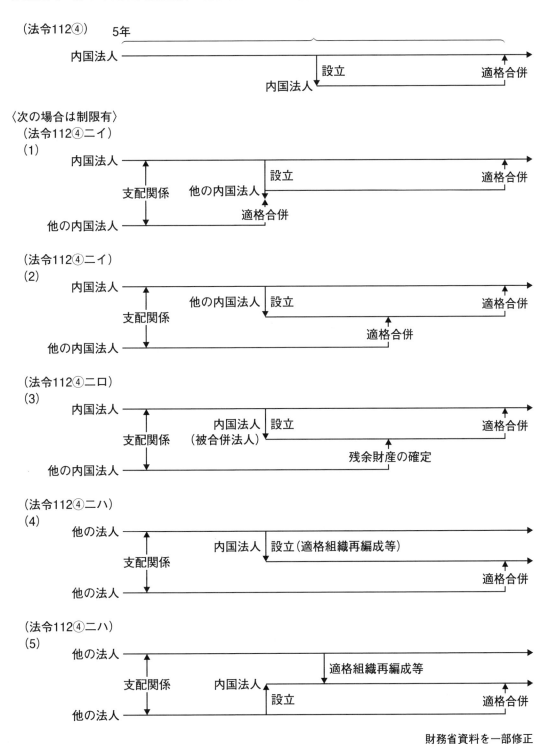

（法令112④）　　5年

内国法人

　　　　　　　内国法人 → 設立　　　　　　　適格合併

〈次の場合は制限有〉
（法令112④二イ）
(1)
　内国法人

　支配関係　　他の内国法人　設立　　　　　適格合併

　他の内国法人　　適格合併

（法令112④二イ）
(2)
　内国法人

　支配関係　　他の内国法人　設立　　　　　適格合併

　他の内国法人　　　適格合併

（法令112④二ロ）
(3)
　内国法人

　支配関係　　内国法人（被合併法人）　設立　　　適格合併

　他の内国法人　　　残余財産の確定

（法令112④二ハ）
(4)
　他の法人

　支配関係　　内国法人　設立（適格組織再編成等）

　他の法人　　　　　適格合併

（法令112④二ハ）
(5)
　他の法人

　支配関係　　内国法人　適格組織再編成等　設立　　適格合併

　他の法人

財務省資料を一部修正

法人税法（抄）

（事業年度の意義）

第13条　この法律において「事業年度」とは、法人の財産及び損益の計算の単位となる期間（以下この章において「会計期間」という。）で、法令で定めるもの又は法人の定款、寄附行為、規則、規約その他これらに準ずるもの（以下この章において「定款等」という。）に定めるものをいい、法令又は定款等に会計期間の定めがない場合には、次項の規定により納税地の所轄税務署長に届け出た会計期間又は第3項の規定により納税地の所轄税務署長が指定した会計期間若しくは第4項に規定する期間をいう。ただし、これらの期間が1年を超える場合は、当該期間をその開始の日以後1年ごとに区分した各期間（最後に1年未満の期間を生じたときは、その1年未満の期間）をいう。

2　法令及び定款等に会計期間の定めがない法人は、次の各号に掲げる法人の区分に応じ当該各号に定める日以後2月以内に、会計期間を定めてこれを納税地の所轄税務署長に届け出なければならない。

一　内国法人　設立の日（次に掲げる法人については、それぞれ次に定める日）

イ　新たに収益事業を開始した公益法人等又は人格のない社団等　その開始した日

ロ　公共法人に該当していた収益事業を行う公益法人等　当該公益法人等に該当することとなつた日

ハ　公共法人又は収益事業を行つていない公益法人等に該当していた普通法人又は協同組合等　当該普通法人又は協同組合等に該当することとなつた日

二　外国法人　恒久的施設を有する外国法人になつた日又は恒久的施設を有しないで第138条第1項第4号（国内源泉所得）に規定する事業を国内において開始し、若しくは第141条第2号（課税標準）に定める国内源泉所得で同項第4号に掲げる対価以外のものを有することとなつた日（人格のない社団等については、同条各号に掲げる外国法人の区分に応じ当該各号に定める国内源泉所得のうち収益事業から生ずるものを有することとなつた日）

3　前項の規定による届出をすべき法人（人格のない社団等を除く。）がその届出をしない場合には、納税地の所轄税務署長は、その会計期間を指定し、当該法人に対し、書面によりその旨を通知する。

4　第2項の規定による届出をすべき人格のない社団等がその届出をしない場合には、その人格のない社団等の会計期間は、その年の1月1日（同項第1号イに定める日又は同項第2号に規定する国内源泉所得のうち収益事業から生ずるものを有することとなつた日の属する年については、これらの日）から12月31日までの期間とする。

（事業年度の特例）

第14条　次の各号に掲げる事実が生じた場合には、その事実が生じた法人の事業年度は、前条第1項の規定にかかわらず、当該各号に定める日に終了し、これに続く事業年度は、第2号又は第5号に掲げる事実が生じた場合を除き、同日の翌日から開始するものとする。

一　内国法人が事業年度の中途において解散（合併による解散を除く。）をしたこと　その解散の日

二　法人が事業年度の中途において合併により解散したこと　その合併の日の前日

三　内国法人である公益法人等又は人格のない社団等が事業年度の中途において新たに収益事業を開始したこと（人格のない社団等にあつては、前条第4項に規定する場合に該当する場合を除く。）　その開始した日の前日

四　次に掲げる事実　その事実が生じた日の前日

イ　公共法人が事業年度の中途において収益事業を行う公益法人等に該当することとなつたこと。

ロ　公共法人又は公益法人等が事業年度の中途において普通法人又は協同組合等に該当することとなつたこと。

ハ　普通法人又は協同組合等が事業年度の中途において公益法人等に該当することとなつたこと。

五　清算中の法人の残余財産が事業年度の中途において確定したこと　その残余財産の確定の日

六　清算中の内国法人が事業年度の中途において継続したこと　その継続の日の前日

七　恒久的施設を有しない外国法人が事業年度の中途において恒久的施設を有することとなつたこと　その有することとなつた日の前日

八　恒久的施設を有する外国法人が事業年度の中途において恒久的施設を有しないこととなつたこと　その有しないこととなつた日

九　恒久的施設を有しない外国法人が、事業年度の中途において、国内において新たに第138条第1項第4号（国内源泉所得）に規定する事業を開始し、又は当該事業を廃止したこと　当該事業の開始の日の前日又は当該事業の廃止の日

2　通算親法人について第64条の10第5項又は第6項（第3号、第4号又は第7号に係る部分に限る。）（通算制度の取りやめ等）の規定により第64条の9第1項（通算承認）の規定による承認が効力を失つた場合には、当該通算親法人であつた内国法人の事業年度は、前条第1項の規定にかかわらず、その効力を失つた日の前日に終了し、これに続く事業年度は、当該効力を失つた日から開始するものとする。

3　通算子法人で当該通算子法人に係る通算親法人の事業年度開始の時に当該通算親法人との間に通算完全支配関係があるものの事業年度は、当該開始の日に開始するものとし、通算子法人で当該通算子法人に係る通算親法人の事業年度終了の時に当該通算親法人との間に通算完全支配関係があるものの事業年度は、当該終了の日に終了するものとする。

4　次の各号に掲げる事実が生じた場合には、その事実が生じた内国法人の事業年度は、当該各号に定める日の前日に終了し、これに続く事業年度は、第2号の内国法人の合併による解散又は残余財産の確定に基因して同号に掲げる事実が生じた場合を除き、当該各号に定める日から開始するものとする。

一　内国法人が通算親法人との間に当該通算親法人による完全支配関係（第64条の9第1項に規定する政令で定める関係に限る。以下この条において同じ。）を有することとなつたこと　その有することとなつた日

二　内国法人が通算親法人との間に当該通算親法人による通算完全支配関係を有しなくなつたこと　その有しなくなつた日

5　次の各号に掲げる内国法人の事業年度は、当該各号に定める日の前日に終了し、これに続く事業年度は、当該各号に定める日から開始するものとする。

一　親法人（第64条の9第1項に規定する親法人をいう。以下この条において同じ。）の申請特例年度（第64条の9第9項に規定する申請特例年度をいう。以下この条において同じ。）開始の時に当該親法人との間に完全支配関係がある内国法人　その申請特例年度開始の日

二　親法人の申請特例年度の期間内に当該親法人との間に当該親法人による完全支配関係を有することとなつた内国法人　その有することとなつた日

6　前項の場合において、同項各号に掲げる内国法人が第64条の9第1項の規定による承認を受けなかつたとき、又は前項各号に掲げる内国法人が同条第10項第1号若しくは第12項第1号に掲げる法人に該当するときは、これらの内国法人の前項各号に定める日から開始する事業年度は、申請特例年度終了の日（同日前にこれらの内国法人の合併による解散又は残余財産の確定により当該各号の親法人との間に完全支配関係を有しなくなつた場合（以下この項において「合併による解散等の場合」という。）には、その有しなくなつた日の前日。次項において「終了等の日」という。）に終了し、これに続く事業年度は、合併による解散等の場合を除き、当該申請特例年度終了の日の翌日から開始するものとする。

7　内国法人の通算子法人に該当する期間（第5項各号に掲げる内国法人の当該各号に定める日から終了等の日までの期間を含む。）については、前条第1項及び第1項の規定は、適用しない。

8　内国法人が、通算親法人との間に当該通算親法人による完全支配関係を有する子ととなり、又は親法人の申請特例年度の期間内に当該親法人との間に当該親法人による完全支配関係を有することとなつた場合において、当該内国法人のこの項の規定の適用がないものとした場合に加入日（これらの完全支配関係を有することとなつた日をいう。第1号にお

いて同じ。）の前日の属する事業年度に係る第74条第1項（確定申告）の規定による申告書の提出期限となる日までに、当該通算親法人又は親法人（第1号において「通算親法人等」という。）がこの項の規定の適用を受ける旨、同号イ又はロに掲げる期間その他財務省令で定める事項を記載した書類を納税地の所轄税務署長に提出したときは、第4項（第1号に係る部分に限る。）、第5項（第2号に係る部分に限る。）及び前2項の規定の適用については、次の各号に掲げる場合の区分に応じ当該各号に定めるところによる。

一　当該加入日から当該加入日の前日の属する特例決算期間（次に掲げる期間のうち当該書類に記載された期間をいう。以下この号において同じ。）の末日まで継続して当該内国法人と当該通算親法人等との間に当該通算親法人等による完全支配関係がある場合　当該内国法人及び当該内国法人が発行済株式又は出資を直接又は間接に保有する他の内国法人（当該加入日から当該末日までの間に当該通算親法人等との間に完全支配関係を有することとなつたものに限る。次号において「他の内国法人」という。）については、当該加入日の前日の属する特例決算期間の末日の翌日をもつて第4項第1号又は第5項第2号に定める日とする。この場合において、当該翌日が申請特例年度終了の日後であるときは、当該末日を申請特例年度終了の日とみなして、第6項の規定を適用する。

イ　当該内国法人の月次決算期間（会計期間をその開始の日以後1月ごとに区分した各期間（最後に1月未満の期間を生じたときは、その1月未満の期間）をいう。）
ロ　当該内国法人の会計期間

二　前号に掲げる場合以外の場合　当該内国法人及び他の内国法人については、第4項（第1号に係る部分に限る。）及び第5項（第2号に係る部分に限る。）の規定は、適用しない。

第22条　内国法人の各事業年度の所得の金額は、当該事業年度の益金の額から当該事業年度の損金の額を控除した金額とする。

2　内国法人の各事業年度の所得の金額の計算上当該事業年度の益金の額に算入すべき金額は、別段の定めがあるものを除き、資産の販売、有償又は無償による資産の譲渡又は役務の提供、無償による資産の譲受けその他の取引で資本等取引以外のものに係る当該事業年度の収益の額とする。

3　内国法人の各事業年度の所得の金額の計算上当該事業年度の損金の額に算入すべき金額は、別段の定めがあるものを除き、次に掲げる額とする。

一　当該事業年度の収益に係る売上原価、完成工事原価その他これらに準ずる原価の額

二　前号に掲げるもののほか、当該事業年度の販売費、一般管理費その他の費用（償却費以外の費用で当該事業年度終了の日までに債務の確定しないものを除く。）の額

三　当該事業年度の損失の額で資本等取引以外の取引に係るもの

4　第2項に規定する当該事業年度の収益の額及び前項各号に掲げる額は、別段の定めがあるものを除き、一般に公正妥当と認められる会計処理の基準に従つて計算されるものとする。

5　第2項又は第3項に規定する資本等取引とは、法人の資本金等の額の増加又は減少を生ずる取引並びに法人が行う利益又は剰余金の分配（資産の流動化に関する法律第115条第1項（中間配当）に規定する金銭の分配を含む。）及び残余財産の分配又は引渡しをいう。

（配当等の額とみなす金額）

第24条　法人（公益法人等及び人格のない社団等を除く。以下この条において同じ。）の株主等である内国法人が当該法人の次に掲げる事由により金銭その他の資産の交付を受けた場合において、その金銭の額及び金銭以外の資産の価額（適格現物分配に係る資産にあつては、当該法人のその交付の直前の当該資産の帳簿価額に相当する金額）の合計額が当該法人の資本金等の額のうちその交付の基因となつた当該法人の株式又は出資に対応する部分の金額を超えるときは、この法律の規定の適用については、その超える部分の金額は、第23条第1項第1号又は第2号（受取配当等の益金不算入）に掲げる金額とみなす。

一　合併（適格合併を除く。）

四　資本の払戻し（剰余金の配当（資本剰余金の額の減少に伴うものに限る。）のうち

分割型分割によるもの及び株式分配以外の
もの並びに出資等減少分配をいう。）又は
解散による残余財産の分配

五　自己の株式又は出資の取得（金融商品取
引法第２条第16項（定義）に規定する金融
商品取引所の開設する市場における購入に
よる取得その他の政令で定める取得及び第
61条の２第14項第１号から第３号まで（有
価証券の譲渡益又は譲渡損の益金又は損金
算入）に掲げる株式又は出資の同項に規定
する場合に該当する場合における取得を除
く。）

2　合併法人が抱合株式（当該合併法人が合併
の直前に有していた被合併法人の株式（出資
を含む。以下この項及び次項において同じ。）
又は被合併法人が当該合併の直前に有してい
た他の被合併法人の株式をいう。）に対し当
該合併による株式その他の資産の交付をしな
かつた場合においても、政令で定めるところ
により当該合併法人が当該株式その他の資産
の交付を受けたものとみなして、前項の規定
を適用する。

第25条

2　内国法人がその有する資産につき更生計画
認可の決定があつたことにより会社更生法
（平成14年法律第154号）又は金融機関等の
更生手続の特例等に関する法律（平成８年法
律第95号）の規定に従つて行う評価換えそ
の他政令で定める評価換えをしてその帳簿価
額を増額した場合には、その増額した部分の
金額は、前項の規定にかかわらず、これらの
評価換えをした日の属する事業年度の所得の
金額の計算上、益金の額に算入する。

（減価償却資産の償却費の計算及びその償却の方法）
第31条

4　損金経理額には、第１項の減価償却資産に
つき同項の内国法人が償却費として損金経理
をした事業年度（以下この項において「償却
事業年度」という。）前の各事業年度におけ
る当該減価償却資産に係る損金経理額（当該
減価償却資産が適格合併又は適格現物分配
（残余財産の全部の分配に限る。）により被合
併法人又は現物分配法人（以下この項におい
て「被合併法人等」という。）から移転を受

けたものである場合にあつては当該被合併法
人等の当該適格合併の日の前日又は当該残余
財産の確定の日の属する事業年度以前の各事
業年度の損金経理額のうち当該各事業年度の
所得の金額の計算上損金の額に算入されなか
つた金額を、当該減価償却資産が適格分割等
により分割法人、現物出資法人又は現物分配
法人（以下この項において「分割法人等」と
いう。）から移転を受けたものである場合に
あつては当該分割法人等の分割等事業年度の
期中損金経理額として帳簿に記載した金額及
び分割等事業年度前の各事業年度の損金経理
額のうち分割等事業年度以前の各事業年度の
所得の金額の計算上損金の額に算入されなか
つた金額を含む。以下この項において同じ。）
のうち当該償却事業年度前の各事業年度の所
得の金額の計算上損金の額に算入されなかつ
た金額を含むものとし、期中損金経理額に
は、第２項の内国法人の分割等事業年度前の
各事業年度における同項の減価償却資産に係
る損金経理額のうち当該各事業年度の所得の
金額の計算上損金の額に算入されなかつた金
額を含むものとする。

（繰延資産の償却費の計算及びその償却の方法）
第32条

6　損金経理額には、第１項の繰延資産につき
同項の内国法人が償却費として損金経理をし
た事業年度（以下この項において「償却事業
年度」という。）前の各事業年度における当
該繰延資産に係る損金経理額（当該繰延資産
が適格合併又は適格現物分配（残余財産の全
部の分配に限る。）により被合併法人又は現
物分配法人（以下この項において「被合併法
人等」という。）から引継ぎを受けたもので
ある場合にあつては当該被合併法人等の当該
適格合併の日の前日又は当該残余財産の確定
の日の属する事業年度以前の各事業年度の損
金経理額のうち当該各事業年度の所得の金額
の計算上損金の額に算入されなかつた金額
を、当該繰延資産が適格分割等により分割法
人、現物出資法人又は現物分配法人（以下こ
の項において「分割法人等」という。）から
引継ぎを受けたものである場合にあつては当
該分割法人等の分割等事業年度の期中損金経
理額として帳簿に記載した金額及び分割等事
業年度前の各事業年度の損金経理額のうち分

割等事業年度以前の各事業年度の所得の金額
の計算上損金の額に算入されなかつた金額を
含む。以下この項において同じ。）のうち当
該償却事業年度前の各事業年度の所得の金額
の計算上損金の額に算入されなかつた金額を
含むものとし、期中損金経理額には、第２項
の内国法人の分割等事業年度前の各事業年度
における同項の繰延資産に係る損金経理額の
うち当該各事業年度の所得の金額の計算上損
金の額に算入されなかつた金額を含むものと
する。

第33条

5　前３項の内国法人がこれらの内国法人との
間に完全支配関係がある他の内国法人で政令
で定めるものの株式又は出資を有する場合に
おける当該株式又は出資及びこれらの規定の
内国法人が通算法人である場合におけるこれ
らの内国法人が有する他の通算法人（第64
条の５（損益通算）の規定の適用を受けない
法人として政令で定める法人及び通算親法人
を除く。）の株式又は出資については、前３項
の規定は、適用しない。

（寄附金の損金不算入）
第37条

2　内国法人が各事業年度において当該内国法
人との間に完全支配関係（法人による完全支
配関係に限る。）がある他の内国法人に対し
て支出した寄附金の額（第25条の２（受贈
益）の規定の適用がないものとした場合に当
該他の内国法人の各事業年度の所得の金額の
計算上益金の額に算入される同条第２項に規
定する受贈益の額に対応するものに限る。）
は、当該内国法人の各事業年度の所得の金額
の計算上、損金の額に算入しない。

（国庫補助金等で取得した固定資産等の圧縮額
の損金算入）
第42条　内国法人（清算中のものを除く。以
下この条において同じ。）が、各事業年度に
おいて固定資産の取得又は改良に充てるため
の国又は地方公共団体の補助金又は給付金そ
の他政令で定めるこれらに準ずるもの（以下
第44条までにおいて「国庫補助金等」とい
う。）の交付を受けた場合（その国庫補助金
等の返還を要しないことが当該事業年度終了

の時までに確定した場合に限る。）において、
当該事業年度終了の時までに取得又は改良を
したその交付の目的に適合した固定資産につ
き、当該事業年度においてその交付を受けた
国庫補助金等の額に相当する金額（その固定
資産が当該事業年度前の各事業年度において
取得又は改良をした減価償却資産である場合
には、当該国庫補助金等の額を基礎として政
令で定めるところにより計算した金額。以下
この項において「圧縮限度額」という。）の
範囲内でその帳簿価額を損金経理により減額
し、又はその圧縮限度額以下の金額を当該事
業年度の確定した決算において積立金として
積み立てる方法（政令で定める方法を含む。）
により経理したときは、その減額し又は経理
した金額に相当する金額は、当該事業年度の
所得の金額の計算上、損金の額に算入する。

2　内国法人が、各事業年度において国庫補助
金等の交付に代わるべきものとして交付を受
ける固定資産を取得した場合において、その
固定資産につき、当該事業年度においてその
固定資産の価額に相当する金額（以下この項
において「圧縮限度額」という。）の範囲内
でその帳簿価額を損金経理により減額し、又
はその圧縮限度額以下の金額を当該事業年度
の確定した決算において積立金として積み立
てる方法（政令で定める方法を含む。）によ
り経理したときは、その減額し又は経理した
金額に相当する金額は、当該事業年度の所得
の金額の計算上、損金の額に算入する。

3　前２項の規定は、確定申告書にこれらの規
定に規定する減額し又は経理した金額に相当
する金額の損金算入に関する明細の記載があ
る場合に限り、適用する。

4　税務署長は、前項の記載がない確定申告書
の提出があつた場合においても、その記載が
なかつたことについてやむを得ない事情があ
ると認めるときは、第１項又は第２項の規定
を適用することができる。

5　内国法人が、適格分割、適格現物出資又は
適格現物分配（以下この条において「適格分
割等」という。）により当該適格分割等の直
前の時までに取得又は改良をした固定資産
（当該適格分割等の日の属する事業年度開始
の時から当該直前の時までの期間内に交付を
受けた国庫補助金等の交付の目的に適合した
ものに限る。）を分割承継法人、被現物出資

法人又は被現物分配法人（次項において「分割承継法人等」という。）に移転する場合（当該国庫補助金等の返還を要しないことが当該直前の時までに確定した場合に限る。）において、当該固定資産につき、当該事業年度において第１項に規定する圧縮限度額に相当する金額の範囲内でその帳簿価額を減額したときは、その減額した金額に相当する金額は、当該事業年度の所得の金額の計算上、損金の額に算入する。

6　内国法人が、適格分割等により第２項に規定する固定資産（当該適格分割等の日の属する事業年度開始の時から当該適格分割等の直前の時までの期間内に取得したものに限る。）を分割承継法人等に移転する場合において、当該固定資産につき、当該事業年度において当該固定資産の価額に相当する金額の範囲内でその帳簿価額を減額したときは、その減額した金額に相当する金額は、当該事業年度の所得の金額の計算上、損金の額に算入する。

7　前２項の規定は、これらの規定に規定する内国法人が適格分割等の日以後２月以内にこれらの規定に規定する減額した金額に相当する金額その他の財務省令で定める事項を記載した書類を納税地の所轄税務署長に提出した場合に限り、適用する。

8　合併法人、分割承継法人、被現物出資法人又は被現物分配法人が適格合併、適格分割、適格現物出資又は適格現物分配により被合併法人、分割法人、現物出資法人又は現物分配法人において第１項、第２項、第５項又は第６項の規定の適用を受けた固定資産の移転を受けた場合における当該固定資産の取得価額その他前各項の規定の適用に関し必要な事項は、政令で定める。

第52条　次に掲げる内国法人が、その有する金銭債権（債券に表示されるべきものを除く。以下この項及び次項において同じ。）のうち、更生計画認可の決定に基づいて弁済を猶予され、又は賦払により弁済されることその他の政令で定める事実が生じていることによりその一部につき貸倒れその他これに類する事由による損失が見込まれるもの（当該金銭債権に係る債務者に対する他の金銭債権がある場合には、当該他の金銭債権を含む。以下この条において「個別評価金銭債権」とい

う。）のその損失の見込額として、各事業年度（被合併法人の適格合併に該当しない合併の日の前日の属する事業年度及び残余財産の確定（その残余財産の分配が適格現物分配に該当しないものに限る。次項において同じ。）の日の属する事業年度を除く。）において損金経理により貸倒引当金勘定に繰り入れた金額については、当該繰り入れた金額のうち、当該事業年度終了の時において当該個別評価金銭債権の取立て又は弁済の見込みがないと認められる部分の金額を基礎として政令で定めるところにより計算した金額（第５項において「個別貸倒引当金繰入限度額」という。）に達するまでの金額は、当該事業年度の所得の金額の計算上、損金の額に算入する。

一　当該事業年度終了の時において次に掲げる法人に該当する内国法人
　イ　普通法人（投資法人及び特定目的会社を除く。）のうち、資本金の額若しくは出資金の額が１億円以下であるもの（第66条第５項第２号又は第３号（各事業年度の所得に対する法人税の税率）に掲げる法人に該当するもの及び同条第６項に規定する大通算法人を除く。）又は資本若しくは出資を有しないもの（同項に規定する大通算法人を除く。）
　ロ　公益法人等又は協同組合等
　ハ　人格のない社団等
二　次に掲げる内国法人
　イ　銀行法（昭和56年法律第59号）第２条第１項（定義等）に規定する銀行
　ロ　保険業法（平成７年法律第105号）第２条第２項（定義）に規定する保険会社
　ハ　イ又はロに掲げるものに準ずるものとして政令で定める内国法人
三　第64条の２第１項（リース取引に係る所得の金額の計算）の規定により売買があつたものとされる同項に規定するリース資産の対価の額に係る金銭債権を有する内国法人その他の金融に関する取引に係る金銭債権を有する内国法人として政令で定める内国法人（前２号に掲げる内国法人を除く。）

2　前項各号に掲げる内国法人が、その有する売掛金、貸付金その他これらに準ずる金銭債権（個別評価金銭債権を除く。以下この条において「一括評価金銭債権」という。）の貸倒れによる損失の見込額として、各事業年度

（被合併法人の適格合併に該当しない合併の日の前日の属する事業年度及び残余財産の確定の日の属する事業年度を除く。）において損金経理により貸倒引当金勘定に繰り入れた金額については、当該繰り入れた金額のうち、当該事業年度終了の時において有する一括評価金銭債権の額及び最近における売掛金、貸付金その他これらに準ずる金銭債権の貸倒れによる損失の額を基礎として政令で定めるところにより計算した金額（第6項において「一括貸倒引当金繰入限度額」という。）に達するまでの金額は、当該事業年度の所得の金額の計算上、損金の額に算入する。

3　前2項の規定は、確定申告書にこれらの規定に規定する貸倒引当金勘定に繰り入れた金額の損金算入に関する明細の記載がある場合に限り、適用する。

4　税務署長は、前項の記載がない確定申告書の提出があつた場合においても、その記載がなかつたことについてやむを得ない事情があると認めるときは、第1項及び第2項の規定を適用することができる。

5　内国法人が、適格分割、適格現物出資又は適格現物分配（適格現物分配にあつては、残余財産の全部の分配を除く。以下この条において「適格分割等」という。）により分割承継法人、被現物出資法人又は被現物分配法人に個別評価金銭債権を移転する場合（当該適格分割等の直前の時を事業年度終了の時とした場合に当該内国法人が第1項各号に掲げる法人に該当する場合に限る。）において、当該個別評価金銭債権について同項の貸倒引当金勘定に相当するもの（以下この条において「期中個別貸倒引当金勘定」という。）を設けたときは、その設けた期中個別貸倒引当金勘定の金額に相当する金額のうち、当該個別評価金銭債権につき当該適格分割等の直前の時を事業年度終了の時とした場合に同項の規定により計算される個別貸倒引当金繰入限度額に相当する金額に達するまでの金額は、当該適格分割等の日の属する事業年度の所得の金額の計算上、損金の額に算入する。

6　内国法人が、適格分割等により分割承継法人、被現物出資法人又は被現物分配法人に一括評価金銭債権を移転する場合（当該適格分割等の直前の時を事業年度終了の時とした場合に当該内国法人が第1項各号に掲げる法人

に該当する場合に限る。）において、当該一括評価金銭債権について第2項の貸倒引当金勘定に相当するもの（以下この条において「期中一括貸倒引当金勘定」という。）を設けたときは、その設けた期中一括貸倒引当金勘定の金額に相当する金額のうち、当該一括評価金銭債権につき当該適格分割等の直前の時を事業年度終了の時とした場合に同項の規定により計算される一括貸倒引当金繰入限度額に相当する金額に達するまでの金額は、当該適格分割等の日の属する事業年度の所得の金額の計算上、損金の額に算入する。

7　前2項の規定は、これらの規定に規定する内国法人が適格分割等の日以後2月以内に期中個別貸倒引当金勘定の金額又は期中一括貸倒引当金勘定の金額に相当する金額その他の財務省令で定める事項を記載した書類を納税地の所轄税務署長に提出した場合に限り、適用する。

8　内国法人が、適格合併、適格分割、適格現物出資又は適格現物分配（以下この項及び第11項において「適格組織再編成」という。）を行つた場合には、次の各号に掲げる適格組織再編成の区分に応じ当該各号に定める貸倒引当金勘定の金額又は期中個別貸倒引当金勘定の金額若しくは期中一括貸倒引当金勘定の金額は、当該適格組織再編成に係る合併法人、分割承継法人、被現物出資法人又は被現物分配法人（第11項において「合併法人等」という。）に引き継ぐものとする。

一　適格合併又は適格現物分配（残余財産の全部の分配に限る。）　第1項又は第2項の規定により当該適格合併の日の前日又は当該残余財産の確定の日の属する事業年度の所得の金額の計算上損金の額に算入されたこれらの規定に規定する貸倒引当金勘定の金額

二　適格分割等　第5項又は第6項の規定により当該適格分割等の日の属する事業年度の所得の金額の計算上損金の額に算入された期中個別貸倒引当金勘定の金額又は期中一括貸倒引当金勘定の金額

9　第1項、第2項、第5項及び第6項の規定の適用については、個別評価金銭債権及び一括評価金銭債権には、次に掲げる金銭債権を含まないものとする。

一　第1項第3号に掲げる内国法人（第5項

又は第6項の規定を適用する場合にあつて
は、適格分割等の直前の時を事業年度終了
の時とした場合に同号に掲げる内国法人に
該当するもの）が有する金銭債権のうち当
該内国法人の区分に応じ政令で定める金銭
債権以外のもの

二　内国法人が当該内国法人との間に完全支
配関係がある他の法人に対して有する金銭
債権

10　第1項又は第2項の規定により各事業年度
の所得の金額の計算上損金の額に算入された
これらの規定に規定する貸倒引当金勘定の金
額は、当該事業年度の翌事業年度の所得の金
額の計算上、益金の額に算入する。

11　第8項の規定により合併法人等が引継ぎを
受けた貸倒引当金勘定の金額又は期中個別貸
倒引当金勘定の金額若しくは期中一括貸倒引
当金勘定の金額は、当該合併法人等の適格組
織再編成の日の属する事業年度の所得の金額
の計算上、益金の額に算入する。

12　普通法人又は協同組合等が公益法人等に該
当することとなる場合の当該普通法人又は協
同組合等のその該当することとなる日の前日
の属する事業年度については、第1項及び第
2項の規定は、適用しない。

13　第3項、第4項及び第7項に定めるものの
ほか、第1項、第2項、第5項、第6項及び
第8項から前項までの規定の適用に関し必要
な事項は、政令で定める。

（欠損金の繰越し）
第57条
2　前項の内国法人を合併法人とする適格合併
が行われた場合又は当該内国法人との間に完
全支配関係（当該内国法人による完全支配関
係又は第2条第12号の7の6（定義）に規定
する相互の関係に限る。）がある他の内国法
人で当該内国法人が発行済株式若しくは出資
の全部若しくは一部を有するものの残余財産
が確定した場合において、当該適格合併に係
る被合併法人又は当該他の内国法人（以下こ
の項において「被合併法人等」という。）の
当該適格合併の日前10年以内に開始し、又
は当該残余財産の確定の日の翌日前10年以
内に開始した各事業年度（以下この項、次項
及び第7項第1号において「前10年内事業年
度」という。）において生じた欠損金額（当

該被合併法人等が当該欠損金額（この項の規
定により当該被合併法人等の欠損金額とみな
されたものを含み、第4項から第6項まで、
第8項若しくは第9項又は第58条第1項（青
色申告書を提出しなかつた事業年度の欠損金
の特例）の規定によりないものとされたもの
を除く。次項において同じ。）の生じた前10
年内事業年度について確定申告書を提出して
いることその他の政令で定める要件を満たし
ている場合における当該欠損金額に限るもの
とし、前項の規定により当該被合併法人等の
前10年内事業年度の所得の金額の計算上損
金の額に算入されたもの及び第80条の規定
により還付を受けるべき金額の計算の基礎と
なつたものを除く。以下この項において「未
処理欠損金額」という。）があるときは、当
該内国法人の当該適格合併の日の属する事業
年度又は当該残余財産の確定の日の翌日の属
する事業年度（以下この項において「合併等
事業年度」という。）以後の各事業年度にお
ける前項の規定の適用については、当該前10
年内事業年度において生じた未処理欠損金額
（当該他の内国法人に株主等が2以上ある場
合には、当該未処理欠損金額を当該他の内国
法人の発行済株式又は出資（当該他の内国法
人が有する自己の株式又は出資を除く。）の
総数又は総額で除し、これに当該内国法人の
有する当該他の内国法人の株式又は出資の数
又は金額を乗じて計算した金額）は、それぞ
れ当該未処理欠損金額の生じた前10年内事
業年度開始の日の属する当該内国法人の各事
業年度（当該内国法人の合併等事業年度開始
の日以後に開始した当該被合併法人等の当該
前10年内事業年度において生じた未処理欠
損金額にあつては、当該合併等事業年度の前
事業年度）において生じた欠損金額とみなす。

3　前項の適格合併に係る被合併法人（同項の
内国法人（当該内国法人が当該適格合併によ
り設立された法人である場合にあつては、当
該適格合併に係る他の被合併法人。以下この
項において同じ。）との間に支配関係がある
ものに限る。）又は前項の残余財産が確定し
た他の内国法人（以下この項において「被合
併法人等」という。）の前項に規定する未処
理欠損金額には、当該適格合併が共同で事業
を行うための合併として政令で定めるものに
該当する場合又は当該被合併法人等と同項の

内国法人との間に当該内国法人の当該適格合併の日の属する事業年度開始の日（当該適格合併が法人を設立するものである場合には、当該適格合併の日）の5年前の日若しくは当該残余財産の確定の日の翌日の属する事業年度開始の日の5年前の日、当該被合併法人等の設立の日若しくは当該内国法人の設立の日のうち最も遅い日から継続して支配関係がある場合として政令で定める場合のいずれにも該当しない場合には、次に掲げる欠損金額を含まないものとする。

一　当該被合併法人等の支配関係事業年度（当該被合併法人等が当該内国法人との間に最後に支配関係を有することとなつた日の属する事業年度をいう。次号において同じ。）前の各事業年度で前10年内事業年度に該当する事業年度において生じた欠損金額（当該被合併法人等において第1項の規定により前10年内事業年度の所得の金額の計算上損金の額に算入されたもの及び第80条の規定により還付を受けるべき金額の計算の基礎となつたものを除く。次号において同じ。）

二　当該被合併法人等の支配関係事業年度以後の各事業年度で前10年内事業年度に該当する事業年度において生じた欠損金額のうち第62条の7第1項（特定資産に係る譲渡等損失額の損金不算入）に規定する特定資産譲渡等損失額に相当する金額から成る部分の金額として政令で定める金額

4　第1項の内国法人と支配関係法人（当該内国法人との間に支配関係がある法人をいう。以下この項において同じ。）との間で当該内国法人を合併法人、分割承継法人、被現物出資法人又は被現物分配法人とする適格合併若しくは適格合併に該当しない合併で第61条の11第1項（完全支配関係がある法人の間の取引の損益）の規定の適用があるもの、適格分割、適格現物出資又は適格現物分配（以下この項において「適格組織再編成等」という。）が行われた場合（当該内国法人の当該適格組織再編成等の日（当該適格組織再編成等が残余財産の全部の分配である場合には、その残余財産の確定の日の翌日）の属する事業年度（以下この項において「組織再編成事業年度」という。）開始の日の5年前の日、当該内国法人の設立の日又は当該支配関係法人

の設立の日のうち最も遅い日から継続して当該内国法人と当該支配関係法人との間に支配関係がある場合として政令で定める場合を除く。）において、当該適格組織再編成等が共同で事業を行うための適格組織再編成等として政令で定めるものに該当しないときは、当該内国法人の当該組織再編成事業年度以後の各事業年度における第1項の規定の適用については、当該内国法人の同項に規定する欠損金額（第2項の規定により当該内国法人の欠損金額とみなされたものを含み、この項から第6項まで、第8項若しくは第9項又は第58条第1項の規定によりないものとされたものを除く。以下この項及び次項において同じ。）のうち次に掲げる欠損金額は、ないものとする。

一　当該内国法人の支配関係事業年度（当該内国法人が当該支配関係法人との間に最後に支配関係を有することとなつた日の属する事業年度をいう。次号において同じ。）前の各事業年度で前10年内事業年度（当該組織再編成事業年度開始の日前10年以内に開始した各事業年度をいう。以下この項において同じ。）に該当する事業年度において生じた欠損金額（第1項の規定により前10年内事業年度の所得の金額の計算上損金の額に算入されたもの及び第80条の規定により還付を受けるべき金額の計算の基礎となつたものを除く。次号において同じ。）

二　当該内国法人の支配関係事業年度以後の各事業年度で前10年内事業年度に該当する事業年度において生じた欠損金額のうち第62条の7第2項に規定する特定資産譲渡等損失額に相当する金額から成る部分の金額として政令で定める金額

（青色申告書を提出しなかつた事業年度の欠損金の特例）
第58条

2　内国法人の各事業年度開始の日前10年以内に開始した事業年度のうち青色申告書を提出する事業年度でない事業年度において生じた欠損金額に係る第57条第1項の規定の適用については、当該欠損金額のうち、災害損失金額に達するまでの金額については、同条第3項及び第4項並びに前条の規定は、適用し

ない。

**（会社更生等による債務免除等があつた場合の
欠損金の損金算入）**

第59条

4　内国法人が解散した場合において、残余財
産がないと見込まれるときは、その清算中に
終了する事業年度（前3項の規定の適用を受
ける事業年度を除く。以下この項において
「適用年度」という。）前の各事業年度におい
て生じた欠損金額を基礎として政令で定める
ところにより計算した金額に相当する金額
（当該相当する金額がこの項及び第62条の5
第5項の規定を適用しないものとして計算し
た場合における当該適用年度の所得の金額を
超える場合には、その超える部分の金額を控
除した金額）は、当該適用年度の所得の金額
の計算上、損金の額に算入する。

**（有価証券の譲渡益又は譲渡損の益金又は損金
算入）**

第61条の2　内国法人が有価証券の譲渡をし
た場合には、その譲渡に係る譲渡利益額（第
1号に掲げる金額が第2号に掲げる金額を超
える場合におけるその超える部分の金額をい
う。）又は譲渡損失額（同号に掲げる金額が
第1号に掲げる金額を超える場合におけるそ
の超える部分の金額をいう。）は、第62条か
ら第62条の5まで（合併等による資産の譲
渡）の規定の適用がある場合を除き、その譲
渡に係る契約をした日（その譲渡が剰余金の
配当その他の財務省令で定める事由によるも
のである場合には、当該剰余金の配当の効力
が生ずる日その他の財務省令で定める日）の
属する事業年度の所得の金額の計算上、益金
の額又は損金の額に算入する。

　一　その有価証券の譲渡の時における有償に
よるその有価証券の譲渡により通常得べき
対価の額（第24条第1項（配当等の額とみ
なす金額）の規定により第23条第1項第1
号又は第2号（受取配当等の益金不算入）
に掲げる金額とみなされる金額がある場合
には、そのみなされる金額に相当する金額
を控除した金額）

　二　その有価証券の譲渡に係る原価の額（そ
の有価証券についてその内国法人が選定し
た1単位当たりの帳簿価額の算出の方法に

より算出した金額（算出の方法を選定しな
かつた場合又は選定した方法により算出し
なかつた場合には、算出の方法のうち政令
で定める方法により算出した金額）にその
譲渡をした有価証券の数を乗じて計算した
金額をいう。）

2　内国法人が、旧株（当該内国法人が有して
いた株式（出資を含む。以下この条において
同じ。）をいう。以下この項において同じ。）
を発行した法人の合併（当該法人の株主等に
合併法人又は合併法人との間に当該合併法人
の発行済株式若しくは出資（自己が有する自
己の株式を除く。以下この条において「発行
済株式等」という。）の全部を直接若しくは
間接に保有する関係として政令で定める関係
がある法人のうちいずれか一の法人の株式以
外の資産（当該株主等に対する第2条第12号
の8（定義）に規定する剰余金の配当等とし
て交付された金銭その他の資産及び合併に反
対する当該株主等に対するその買取請求に基
づく対価として交付される金銭その他の資産
を除く。）が交付されなかつたものに限る。
以下この項及び第6項において「金銭等不交
付合併」という。）により当該株式の交付を
受けた場合又は旧株を発行した法人の特定無
対価合併（当該法人の株主等に合併法人の株
式その他の資産が交付されなかつた合併で、
当該法人の株主等に対する合併法人の株式の
交付が省略されたと認められる合併として政
令で定めるものをいう。以下この項において
同じ。）により当該旧株を有しないこととな
つた場合における前項の規定の適用について
は、同項第1号に掲げる金額は、これらの旧
株の当該金銭等不交付合併又は特定無対価合
併の直前の帳簿価額に相当する金額とする。

3　合併法人の第24条第2項に規定する抱合株
式（前項の規定の適用があるものを除く。）
に係る第1項の規定の適用については、同項
第1号に掲げる金額は、当該抱合株式の合併
の直前の帳簿価額に相当する金額とする。

4　内国法人が所有株式（当該内国法人が有す
る株式をいう。以下この項において同じ。）
を発行した法人の行つた分割型分割により分
割承継法人の株式その他の資産の交付を受け
た場合には、当該所有株式のうち当該分割型
分割により当該分割承継法人に移転した資産
及び負債に対応する部分の譲渡を行つたもの

とみなして、第1項の規定を適用する。この場合において、その分割型分割（第2条第12号の9イに規定する分割対価資産として分割承継法人又は分割承継法人との間に当該分割承継法人の発行済株式等の全部を直接若しくは間接に保有する関係として政令で定める関係がある法人（以下この項において「親法人」という。）のうちいずれか一の法人の株式以外の資産が交付されなかつたもの（当該株式が分割法人の発行済株式等の総数又は総額のうちに占める当該分割法人の各株主等の有する当該分割法人の株式の数又は金額の割合に応じて交付されたものに限る。以下この項において「金銭等不交付分割型分割」という。）を除く。）により分割承継法人の株式その他の資産の交付を受けたときにおける第1項の規定の適用については、同項第2号に掲げる金額は、その所有株式の当該分割型分割の直前の帳簿価額を基礎として政令で定めるところにより計算した金額（以下この項において「分割純資産対応帳簿価額」という。）とし、その分割型分割（金銭等不交付分割型分割に限る。）により分割承継法人又は親法人の株式の交付を受けたときにおける第1項の規定の適用については、同項各号に掲げる金額は、いずれもその所有株式の当該分割型分割の直前の分割純資産対応帳簿価額とする。

5　内国法人が自己を分割法人とする適格分割型分割により当該適格分割型分割に係る分割承継法人又は第2条第12号の11に規定する分割承継親法人（第7項において「分割承継親法人」という。）の株式を当該内国法人の株主等に交付した場合における第1項の規定の適用については、同項各号に掲げる金額は、いずれも第62条の2第3項（適格合併及び適格分割型分割による資産等の帳簿価額による引継ぎ）に規定する政令で定める金額に相当する金額とする。

6　内国法人が自己を合併法人とする適格合併（金銭等不交付合併に限る。）により第2条第12号の8に規定する合併親法人の株式を交付した場合における第1項の規定の適用については、同項第1号に掲げる金額は、当該合併親法人の株式の当該適格合併の直前の帳簿価額に相当する金額とする。

7　内国法人が自己を分割承継法人とする適格分割により分割承継親法人の株式を交付した場合における第1項の規定の適用については、同項第1号に掲げる金額は、当該分割承継親法人の株式の当該適格分割の直前の帳簿価額に相当する金額とする。

8　内国法人が所有株式（当該内国法人が有する株式をいう。以下この項において同じ。）を発行した法人の行つた株式分配により第2条第12号の15の2に規定する完全子法人（以下この項において「完全子法人」という。）の株式その他の資産の交付を受けた場合には、当該所有株式のうち当該完全子法人の株式に対応する部分の譲渡を行つたものとみなして、第1項の規定を適用する。この場合において、その株式分配（完全子法人の株式以外の資産が交付されなかつたもの（当該株式が現物分配法人の発行済株式等の総数又は総額のうちに占める当該現物分配法人の各株主等の有する当該現物分配法人の株式の数又は金額の割合に応じて交付されたものに限る。以下この項において「金銭等不交付株式分配」という。）を除く。）により完全子法人の株式その他の資産の交付を受けたときにおける第1項の規定の適用については、同項第2号に掲げる金額は、その所有株式の当該株式分配の直前の帳簿価額を基礎として政令で定めるところにより計算した金額（以下この項において「完全子法人株式対応帳簿価額」という。）とし、その株式分配（金銭等不交付株式分配に限る。）により完全子法人の株式の交付を受けたときにおける第1項の規定の適用については、同項各号に掲げる金額は、いずれもその所有株式の当該株式分配の直前の完全子法人株式対応帳簿価額とする。

9　内国法人が、旧株（当該内国法人が有していた株式をいう。以下この項において同じ。）を発行した法人の行つた株式交換（当該法人の株主に株式交換完全親法人又は株式交換完全親法人との間に当該株式交換完全親法人の発行済株式等の全部を直接若しくは間接に保有する関係として政令で定める関係がある法人のうちいずれか一の法人の株式以外の資産（当該株主に対する剰余金の配当として交付された金銭その他の資産及び株式交換に反対する当該株主に対するその買取請求に基づく対価として交付される金銭その他の資産を除く。）が交付されなかつたものに限る。以下この項及び次項において「金銭等不交付株式

交換」という。）により当該株式の交付を受けた場合又は旧株を発行した法人の行つた特定無対価株式交換（当該法人の株主に株式交換完全親法人の株式その他の資産が交付されなかつた株式交換で、当該法人の株主に対する株式交換完全親法人の株式の交付が省略されたと認められる株式交換として政令で定めるものをいう。以下この項において同じ。）により当該旧株を有しないこととなつた場合における第1項の規定の適用については、同項第1号に掲げる金額は、これらの旧株の当該金銭等不交付株式交換又は特定無対価株式交換の直前の帳簿価額に相当する金額とする。

10　内国法人が自己を株式交換完全親法人とする適格株式交換等（金銭等不交付株式交換に限る。）により第2条第12号の17に規定する株式交換完全支配親法人の株式を交付した場合における第1項の規定の適用については、同項第1号に掲げる金額は、当該株式交換完全支配親法人の株式の当該適格株式交換等の直前の帳簿価額に相当する金額とする。

11　内国法人が旧株（当該内国法人が有していた株式をいう。）を発行した法人の行つた株式移転（当該法人の株主に株式移転完全親法人の株式以外の資産（株式移転に反対する当該株主に対するその買取請求に基づく対価として交付される金銭その他の資産を除く。）が交付されなかつたものに限る。）により当該株式の交付を受けた場合における第1項の規定の適用については、同項第1号に掲げる金額は、当該旧株の当該株式移転の直前の帳簿価額に相当する金額とする。

12　内国法人がその有する新株予約権（新株予約権付社債を含む。以下この項において「旧新株予約権等」という。）を発行した法人を被合併法人、分割法人、株式交換完全子法人又は株式移転完全子法人とする合併、分割、株式交換又は株式移転（以下この項において「合併等」という。）により当該旧新株予約権等に代えて当該合併等に係る合併法人、分割承継法人、株式交換完全親法人又は株式移転完全親法人の新株予約権（新株予約権付社債を含む。）のみの交付を受けた場合における第1項の規定の適用については、同項第1号に掲げる金額は、当該旧新株予約権等の当該合併等の直前の帳簿価額に相当する金額とする。

13　内国法人が旧株（当該内国法人が有していた株式をいう。）を発行した法人の行つた組織変更（当該法人の株主等に当該法人の株式のみが交付されたものに限る。）に際して当該法人の株式の交付を受けた場合における第1項の規定の適用については、同項第1号に掲げる金額は、当該旧株の当該組織変更の直前の帳簿価額に相当する金額とする。

14　内国法人が次の各号に掲げる有価証券を当該各号に定める事由により譲渡をし、かつ、当該事由により当該各号に規定する取得をする法人の株式又は新株予約権の交付を受けた場合（当該交付を受けた株式又は新株予約権の価額が当該譲渡をした有価証券の価額とおおむね同額となつていないと認められる場合を除く。）における第1項の規定の適用については、同項第1号に掲げる金額は、当該各号に掲げる有価証券の当該譲渡の直前の帳簿価額（第4号に掲げる有価証券にあつては、同号の新株予約権付社債の当該譲渡の直前の帳簿価額）に相当する金額とする。

一　取得請求権付株式（法人がその発行する全部又は一部の株式の内容として株主等が当該法人に対して当該株式の取得を請求することができる旨の定めを設けている場合の当該株式をいう。）　当該取得請求権付株式に係る請求権の行使によりその取得の対価として当該取得をする法人の株式のみが交付される場合の当該請求権の行使

二　取得条項付株式（法人がその発行する全部又は一部の株式の内容として当該法人が一定の事由（以下この号において「取得事由」という。）が発生したことを条件として当該株式の取得をすることができる旨の定めを設けている場合の当該株式をいう。）　当該取得条項付株式に係る取得事由の発生によりその取得の対価として当該取得をされる株主等に当該取得をする法人の株式のみが交付される場合（その取得の対象となつた種類の株式の全てが取得をされる場合には、その取得の対価として当該取得をされる株主等に当該取得をする法人の株式及び新株予約権のみが交付される場合を含む。）の当該取得事由の発生

三　全部取得条項付種類株式（ある種類の株式について、これを発行した法人が株主総会その他これに類するものの決議（以下こ

の号において「取得決議」という。）によ
つてその全部の取得をする旨の定めがある
場合の当該種類の株式をいう。）　当該全部
取得条項付種類株式に係る取得決議により
その取得の対価として当該取得をされる株
主等に当該取得をする法人の株式（当該株
式と併せて交付される当該取得をする法人
の新株予約権を含む。）以外の資産（当該
取得の価格の決定の申立てに基づいて交付
される金銭その他の資産を除く。）が交付
されない場合の当該取得決議

四　新株予約権付社債についての社債　当該
新株予約権付社債に付された新株予約権の
行使によりその取得の対価として当該取得
をする法人の株式が交付される場合の当該
新株予約権の行使

五　取得条項付新株予約権（新株予約権につ
いて、これを発行した法人が一定の事由
（以下この号において「取得事由」とい
う。）が発生したことを条件としてこれを
取得することができる旨の定めがある場合
の当該新株予約権をいう。以下この号にお
いて同じ。）又は取得条項付新株予約権が
付された新株予約権付社債　これらの取得
条項付新株予約権に係る取得事由の発生に
よりその取得の対価として当該取得をされ
る新株予約権者に当該取得をする法人の株
式のみが交付される場合の当該取得事由の
発生

15　内国法人が旧受益権（当該内国法人が有し
ていた集団投資信託の受益権をいう。）に係
る信託の併合（当該集団投資信託の受益者に
当該信託の併合に係る新たな信託の受益権以
外の資産（信託の併合に反対する当該受益者
に対するその買取請求に基づく対価として交
付される金銭その他の資産を除く。）が交付
されなかつたものに限る。）により当該受益
権の交付を受けた場合における第1項の規定
の適用については、同項第1号に掲げる金額
は、当該旧受益権の当該信託の併合の直前の
帳簿価額に相当する金額とする。

16　内国法人が旧受益権（当該内国法人が有し
ていた集団投資信託の受益権をいう。以下こ
の項において同じ。）に係る信託の分割によ
り承継信託（信託の分割により受託者を同一
とする他の信託からその信託財産の一部の移
転を受ける信託をいう。以下この項において

同じ。）の受益権その他の資産の交付を受け
た場合には、当該旧受益権のうち当該信託の
分割により当該承継信託に移転した資産及び
負債に対応する部分の譲渡を行つたものとみ
なして、第1項の規定を適用する。この場合
において、その信託の分割（分割信託（信託
の分割によりその信託財産の一部を受託者を
同一とする他の信託又は新たな信託の信託財
産として移転する信託をいう。）の受益者に
承継信託の受益権以外の資産（信託の分割に
反対する当該受益者に対するその買取請求に
基づく対価として交付される金銭その他の資
産を除く。）が交付されたもの（以下この項
において「金銭等交付分割」という。）に限
る。）により承継信託の受益権その他の資産
の交付を受けたときにおける第1項の規定の
適用については、同項第2号に掲げる金額
は、その旧受益権の当該信託の分割の直前の
帳簿価額を基礎として政令で定めるところに
より計算した金額（以下この項において「分
割純資産対応帳簿価額」という。）とし、そ
の信託の分割（金銭等交付分割を除く。）に
より承継信託の受益権の交付を受けたときに
おける第1項の規定の適用については、同項
各号に掲げる金額は、いずれもその旧受益権
の当該信託の分割の直前の分割純資産対応帳
簿価額とする。

17　内国法人が、所有株式（当該内国法人が有
していた株式をいう。）を発行した他の内国
法人（当該内国法人との間に完全支配関係が
あるものに限る。）の第24条第1項各号に掲
げる事由（第2項の規定の適用がある合併、
第4項に規定する金銭等不交付分割型分割及
び第8項に規定する金銭等不交付株式分配を
除く。）により金銭その他の資産の交付を受
けた場合（当該他の内国法人の同条第1項第
2号に掲げる分割型分割、同項第3号に掲げ
る株式分配、同項第4号に規定する資本の払
戻し若しくは解散による残余財産の一部の分
配又は口数の定めがない出資についての出資
の払戻しに係るものである場合にあつては、
その交付を受けた時において当該所有株式を
有する場合に限る。）又は当該事由により当
該他の内国法人の株式を有しないこととなつ
た場合（当該他の内国法人の残余財産の分配
を受けないことが確定した場合を含む。）に
おける第1項の規定の適用については、同項

第1号に掲げる金額は、同項第2号に掲げる金額（第4項、第8項、次項又は第19項の規定の適用がある場合には、これらの規定により同号に掲げる金額とされる金額）に相当する金額とする。

18 内国法人が所有株式（当該内国法人が有する株式をいう。）を発行した法人の第24条第1項第4号に規定する資本の払戻し又は解散による残余財産の一部の分配（以下この項において「払戻し等」という。）として金銭その他の資産の交付を受けた場合における第1項の規定の適用については、同項第2号に掲げる金額は、当該所有株式の払戻し等の直前の帳簿価額を基礎として政令で定めるところにより計算した金額とする。

19 内国法人がその出資（口数の定めがないものに限る。以下この項において「所有出資」という。）を有する法人の出資の払戻し（以下この項において「払戻し」という。）として金銭その他の資産の交付を受けた場合における第1項の規定の適用については、同項第2号に掲げる金額は、当該払戻しの直前の当該所有出資の帳簿価額に当該払戻しの直前の当該所有出資の金額のうちに当該払戻しに係る出資の金額の占める割合を乗じて計算した金額に相当する金額とする。

20 内国法人が、有価証券の空売り（有価証券を有しないでその売付けをし、その後にその有価証券と銘柄を同じくする有価証券の買戻しをして決済をする取引その他財務省令で定める取引をいい、次項に規定する信用取引及び発行日取引に該当するものを除く。）の方法により、有価証券の売付けをし、その後にその有価証券と銘柄を同じくする有価証券の買戻しをして決済をした場合における第1項の規定の適用については、同項に規定する譲渡利益額は第1号に掲げる金額が第2号に掲げる金額を超える場合におけるその超える部分の金額とし、同項に規定する譲渡損失額は同号に掲げる金額が第1号に掲げる金額を超える場合におけるその超える部分の金額とし、同項に規定する譲渡に係る契約をした日はその決済に係る買戻しの契約をした日とする。
　一　その売付けをした有価証券の1単位当たりの譲渡に係る対価の額を算出する方法として政令で定める方法により算出した金額

にその買戻しをした有価証券の数を乗じて計算した金額
　二　その買戻しをした有価証券のその買戻しに係る対価の額

21 内国法人が、金融商品取引法第156条の24第1項（免許及び免許の申請）に規定する信用取引又は発行日取引（有価証券が発行される前にその有価証券の売買を行う取引であつて財務省令で定める取引をいう。）の方法により、株式の売付け又は買付けをし、その後にその株式と銘柄を同じくする株式の買付け又は売付けをして決済をした場合における第1項の規定の適用については、同項に規定する譲渡利益額は第1号に掲げる金額が第2号に掲げる金額を超える場合におけるその超える部分の金額とし、同項に規定する譲渡損失額は同号に掲げる金額が第1号に掲げる金額を超える場合におけるその超える部分の金額とし、同項に規定する譲渡に係る契約をした日はその決済に係る買付け又は売付けの契約をした日とする。
　一　その売付けをした株式のその売付けに係る対価の額
　二　その買付けをした株式のその買付けに係る対価の額

22 内国法人が次条第1項第1号に規定する売買目的有価証券、社債、株式等の振替に関する法律第90条第1項（定義）に規定する分離適格振替国債である有価証券その他の政令で定める有価証券（以下この項において「特定有価証券」という。）を有する場合において、その特定有価証券について、同号に規定する目的で有価証券の売買を行う業務の全部を廃止したこと、同条第1項に規定する元利分離が行われたことその他の政令で定める事実が生じたときは、政令で定めるところにより、当該事実が生じた時において、当該特定有価証券を譲渡し、かつ、当該特定有価証券以外の有価証券を取得したものとみなして、その内国法人の各事業年度の所得の金額を計算する。

23 内国法人が、自己を合併法人、分割承継法人又は株式交換完全親法人とする合併、分割又は株式交換（以下この項において「合併等」という。）により親法人株式（その内国法人との間に当該内国法人の発行済株式等の全部を直接又は間接に保有する関係として政

令で定める関係がある法人に該当することが当該合併等に係る契約をする日（以下この項において「契約日」という。）において見込まれる法人の株式をいう。以下この項において同じ。）を交付しようとする場合において、契約日に親法人株式を有していたとき、又は契約日後に当該内国法人を合併法人とする適格合併その他の政令で定める事由により親法人株式の移転を受けたときは、当該契約日又は当該移転を受けた日（以下この項において「契約日等」という。）において、これらの親法人株式（その交付しようとすることが見込まれる数を超える部分の数として政令で定める数に相当するものを除く。以下この項において同じ。）を当該契約日等における価額により譲渡し、かつ、これらの親法人株式をその価額により取得したものとみなして、当該内国法人の各事業年度の所得の金額を計算する。

24　有価証券の1単位当たりの帳簿価額の算出の基礎となる取得価額の算出の方法、有価証券の1単位当たりの帳簿価額の算出の方法の種類、その算出の方法の選定の手続その他前各項の規定の適用に関し必要な事項は、政令で定める。

第61条の11　内国法人（普通法人又は協同組合等に限る。）がその有する譲渡損益調整資産（固定資産、土地（土地の上に存する権利を含み、固定資産に該当するものを除く。）、有価証券、金銭債権及び繰延資産で政令で定めるもの以外のものをいう。以下この条において同じ。）を他の内国法人（当該内国法人との間に完全支配関係がある普通法人又は協同組合等に限る。）に譲渡した場合には、当該譲渡損益調整資産に係る譲渡利益額（その譲渡に係る収益の額が原価の額を超える場合におけるその超える部分の金額をいう。以下この条において同じ。）又は譲渡損失額（その譲渡に係る原価の額が収益の額を超える場合におけるその超える部分の金額をいう。以下この条において同じ。）に相当する金額は、その譲渡した事業年度（その譲渡が適格合併に該当しない合併による合併法人への移転である場合には、次条第2項に規定する最後事業年度）の所得の金額の計算上、損金の額又は益金の額に算入する。

2　内国法人が譲渡損益調整資産に係る譲渡利益額又は譲渡損失額につき前項の規定の適用を受けた場合において、その譲渡を受けた法人（以下この条において「譲受法人」という。）において当該譲渡損益調整資産の譲渡、償却、評価換え、貸倒れ、除却その他の政令で定める事由が生じたときは、当該譲渡損益調整資産に係る譲渡利益額又は譲渡損失額に相当する金額は、政令で定めるところにより、当該内国法人の各事業年度（当該譲渡利益額又は譲渡損失額につき次項又は第4項の規定の適用を受ける事業年度以後の事業年度を除く。）の所得の金額の計算上、益金の額又は損金の額に算入する。

3　内国法人が譲渡損益調整資産に係る譲渡利益額又は譲渡損失額につき第1項の規定の適用を受けた場合（当該譲渡損益調整資産の適格合併に該当しない合併による合併法人への移転により同項の規定の適用を受けた場合を除く。）において、当該内国法人が当該譲渡損益調整資産に係る譲受法人との間に完全支配関係を有しないこととなつたとき（次に掲げる事由に基因して完全支配関係を有しないこととなつた場合を除く。）は、当該譲渡損益調整資産に係る譲渡利益額又は譲渡損失額に相当する金額（その有しないこととなつた日の前日の属する事業年度前の各事業年度の所得の金額の計算上益金の額又は損金の額に算入された金額を除く。）は、当該内国法人の当該前日の属する事業年度の所得の金額の計算上、益金の額又は損金の額に算入する。

一　当該内国法人の適格合併（合併法人（法人を設立する適格合併にあつては、他の被合併法人の全て。次号において同じ。）が当該内国法人との間に完全支配関係がある内国法人であるものに限る。）による解散

二　当該譲受法人の適格合併（合併法人が当該譲受法人との間に完全支配関係がある内国法人であるものに限る。）による解散

4　第64条の11第1項（通算制度の開始に伴う資産の時価評価損益）に規定する内国法人、第64条の12第1項（通算制度への加入に伴う資産の時価評価損益）に規定する他の内国法人又は第64条の13第1項（通算制度からの離脱等に伴う資産の時価評価損益）に規定する通算法人が時価評価事業年度（第64条の11第1項に規定する通算開始直前事業年

度、第64条の12第1項に規定する通算加入直前事業年度又は第64条の13第1項に規定する通算終了直前事業年度をいう。以下この項において同じ。）以前の各事業年度において譲渡損益調整資産に係る譲渡利益額又は譲渡損失額につき第1項の規定の適用を受けた法人である場合には、当該譲渡損益調整資産に係る譲渡利益額又は譲渡損失額に相当する金額（当該時価評価事業年度前の各事業年度の所得の金額の計算上益金の額又は損金の額に算入された金額を除く。以下この項において「譲渡損益調整額」という。）は、譲渡損益調整資産のうち譲渡損益調整額が少額であるものその他の政令で定めるものに係る譲渡損益調整額（同条第1項に規定する通算法人のうち同項第2号に掲げる要件に該当するものにあつては、当該政令で定めるものに係る譲渡損益調整額及び次に掲げる要件のいずれかに該当しない譲渡損益調整額）を除き、当該時価評価事業年度の所得の金額の計算上、益金の額又は損金の額に算入する。

一　10億円を超えること。

二　譲渡損失額に係るものであること。

三　当該譲渡損益調整資産に係る譲受法人において当該譲渡損益調整資産の譲渡、評価換え、貸倒れ、除却その他の政令で定める事由が生ずることが見込まれていること又は当該通算法人が当該譲渡損益調整資産に係る譲受法人との間に完全支配関係を有しないこととなること（前項各号に掲げる事由に基因して完全支配関係を有しないこととなることを除く。）が見込まれていること。

5　内国法人が譲渡損益調整資産に係る譲渡利益額又は譲渡損失額につき第1項の規定の適用を受けた場合において、当該内国法人が適格合併（合併法人（法人を設立する適格合併にあつては、他の被合併法人の全て）が当該内国法人との間に完全支配関係がある内国法人であるものに限る。）により解散したときは、当該適格合併に係る合併法人の当該適格合併の日の属する事業年度以後の各事業年度においては、当該合併法人を当該譲渡利益額又は譲渡損失額につき同項の規定の適用を受けた法人とみなして、この条の規定を適用する。

6　内国法人が譲渡損益調整資産に係る譲渡利益額又は譲渡損失額につき第1項の規定の適用を受けた場合において、当該譲渡損益調整資産に係る譲受法人が適格合併、適格分割、適格現物出資又は適格現物分配（合併法人、分割承継法人、被現物出資法人又は被現物分配法人（法人を設立する適格合併、適格分割又は適格現物出資にあつては、他の被合併法人、他の分割法人又は他の現物出資法人の全て）が当該譲受法人との間に完全支配関係がある内国法人であるものに限る。）により合併法人、分割承継法人、被現物出資法人又は被現物分配法人（以下この項において「合併法人等」という。）に当該譲渡損益調整資産を移転したときは、その移転した日以後に終了する当該内国法人の各事業年度においては、当該合併法人等を当該譲渡損益調整資産に係る譲受法人とみなして、この条の規定を適用する。

7　適格合併に該当しない合併に係る被合併法人が当該合併による譲渡損益調整資産の移転につき第1項の規定の適用を受けた場合には、当該譲渡損益調整資産に係る譲渡利益額に相当する金額は当該合併に係る合併法人の当該譲渡損益調整資産の取得価額に算入しないものとし、当該譲渡損益調整資産に係る譲渡損失額に相当する金額は当該合併法人の当該譲渡損益調整資産の取得価額に算入するものとする。

8　通算法人が譲渡損益調整資産に係る譲渡利益額又は譲渡損失額につき第1項の規定の適用を受けた場合において、当該譲渡損益調整資産の譲渡が他の通算法人（第64条の5（損益通算）の規定の適用を受けない法人として政令で定める法人及び通算親法人を除く。）の株式又は出資の当該他の通算法人以外の通算法人に対する譲渡であるときは、当該譲渡損益調整資産については、第2項から前項までの規定は、適用しない。

9　前各項の規定の適用に関し必要な事項は、政令で定める。

（合併及び分割による資産等の時価による譲渡）

第62条　内国法人が合併又は分割により合併法人又は分割承継法人にその有する資産又は負債の移転をしたときは、当該合併法人又は分割承継法人に当該移転をした資産及び負債の当該合併又は分割の時の価額による譲渡を

したものとして、当該内国法人の各事業年度の所得の金額を計算する。この場合においては、当該合併又は当該分割（第 2 条第 12 号の 9 イ（定義）に規定する分割対価資産（以下この項において「分割対価資産」という。）の全てが分割法人の株主等に直接に交付される分割型分割及び同号ロに規定する無対価分割に該当する分割型分割で分割法人の株主等に対する分割承継法人の株式（出資を含む。以下この項及び次条第 3 項において同じ。）の交付が省略されたと認められる分割型分割として政令で定めるものに限る。以下この項において「特定分割型分割」という。）により当該資産又は負債の移転をした当該内国法人（資本又は出資を有しないものを除く。）は、当該合併法人又は当該特定分割型分割に係る分割承継法人から新株等（当該合併法人が当該合併により交付した当該合併法人の株式その他の資産（第 24 条第 2 項（配当等の額とみなす金額）に規定する場合において同項の規定により交付を受けたものとみなされる当該合併法人の株式その他の資産及び同条第 3 項に規定する場合において同項の規定により交付を受けたものとみなされる当該合併法人の株式を含む。）をいう。）又は当該特定分割型分割に係る分割対価資産（第 24 条第 3 項に規定する場合において同項の規定により交付を受けたものとみなされる分割承継法人の株式を含む。）をその時の価額により取得し、直ちに当該新株等又は当該分割対価資産を当該内国法人の株主等に交付したものとする。

2　合併により合併法人に移転をした資産及び負債の当該移転による譲渡に係る譲渡利益額（当該合併の時の価額が当該譲渡に係る原価の額を超える場合におけるその超える部分の金額をいう。）又は譲渡損失額（当該譲渡に係る原価の額が当該合併の時の価額を超える場合におけるその超える部分の金額をいう。）は、当該合併に係る最後事業年度（被合併法人の合併の日の前日の属する事業年度をいう。次条第 1 項において同じ。）の所得の金額の計算上、益金の額又は損金の額に算入する。

3　前項に規定する原価の額の計算その他前 2 項の規定の適用に関し必要な事項は、政令で定める。

（適格合併及び適格分割型分割による資産等の帳簿価額による引継ぎ）

第 62 条の 2　内国法人が適格合併により合併法人にその有する資産及び負債の移転をしたときは、前条第 1 項及び第 2 項の規定にかかわらず、当該合併法人に当該移転をした資産及び負債の当該適格合併に係る最後事業年度終了の時の帳簿価額として政令で定める金額による引継ぎをしたものとして、当該内国法人の各事業年度の所得の金額を計算する。

2　内国法人が適格分割型分割により分割承継法人にその有する資産又は負債の移転をしたときは、前条第 1 項の規定にかかわらず、当該分割承継法人に当該移転をした資産及び負債の当該適格分割型分割の直前の帳簿価額による引継ぎをしたものとして、当該内国法人の各事業年度の所得の金額を計算する。

3　前項の場合においては、同項の内国法人が同項の分割承継法人から交付を受けた当該分割承継法人又は第 2 条第 12 号の 11（定義）に規定する分割承継親法人の株式の当該交付の時の価額は、同項の適格分割型分割により移転をした資産及び負債の帳簿価額を基礎として政令で定める金額とする。

4　合併法人又は分割承継法人が引継ぎを受ける資産及び負債の価額その他前 3 項の規定の適用に関し必要な事項は、政令で定める。

（現物分配による資産の譲渡）

第 62 条の 5　内国法人が残余財産の全部の分配又は引渡し（適格現物分配を除く。次項において同じ。）により被現物分配法人その他の者にその有する資産の移転をするときは、当該被現物分配法人その他の者に当該移転をする資産の当該残余財産の確定の時の価額による譲渡をしたものとして、当該内国法人の各事業年度の所得の金額を計算する。

2　残余財産の全部の分配又は引渡しにより被現物分配法人その他の者に移転をする資産の当該移転による譲渡に係る譲渡利益額（当該残余財産の確定の時の価額が当該譲渡に係る原価の額を超える場合におけるその超える部分の金額をいう。）又は譲渡損失額（当該譲渡に係る原価の額が当該残余財産の確定の時の価額を超える場合におけるその超える部分の金額をいう。）は、その残余財産の確定の日の属する事業年度の所得の金額の計算上、

益金の額又は損金の額に算入する。

3　内国法人が適格現物分配又は適格株式分配により被現物分配法人その他の株主等にその有する資産の移転をしたときは、当該被現物分配法人その他の株主等に当該移転をした資産の当該適格現物分配又は適格株式分配の直前の帳簿価額（当該適格現物分配が残余財産の全部の分配である場合には、その残余財産の確定の時の帳簿価額）による譲渡をしたものとして、当該内国法人の各事業年度の所得の金額を計算する。

5　内国法人の残余財産の確定の日の属する事業年度に係る地方税法の規定による事業税の額及び特別法人事業税及び特別法人事業譲与税に関する法律（平成31年法律第4号）の規定による特別法人事業税の額は、当該内国法人の当該事業年度の所得の金額の計算上、損金の額に算入する。

（特定資産に係る譲渡等損失額の損金不算入）

第62条の7　内国法人と支配関係法人（当該内国法人との間に支配関係がある法人をいう。）との間で当該内国法人を合併法人、分割承継法人、被現物出資法人又は被現物分配法人とする特定適格組織再編成等（適格合併若しくは適格合併に該当しない合併で第61条の11第1項（完全支配関係がある法人の間の取引の損益）の規定の適用があるもの、適格分割、適格現物出資又は適格現物分配のうち、第57条第4項（欠損金の繰越し）に規定する共同で事業を行うための適格組織再編成等として政令で定めるものに該当しないものをいう。以下この条において同じ。）が行われた場合（当該内国法人の当該特定適格組織再編成等の日（当該特定適格組織再編成等が残余財産の全部の分配である場合には、その残余財産の確定の日の翌日）の属する事業年度（以下この項において「特定組織再編成事業年度」という。）開始の日の5年前の日、当該内国法人の設立の日又は当該支配関係法人の設立の日のうち最も遅い日から継続して当該内国法人と当該支配関係法人との間に支配関係がある場合として政令で定める場合を除く。）には、当該内国法人の当該特定組織再編成事業年度開始の日から同日以後3年を経過する日（その経過する日が当該内国法人が当該支配関係法人との間に最後に支配関係を

有することとなつた日以後5年を経過する日後となる場合にあつては、その5年を経過する日）までの期間（当該期間に終了する各事業年度において第62条の9第1項（非適格株式交換等に係る株式交換完全子法人等の有する資産の時価評価損益）、第64条の11第1項（通算制度の開始に伴う資産の時価評価損益）、第64条の12第1項（通算制度への加入に伴う資産の時価評価損益）又は第64条の13第1項（第1号に係る部分に限る。）（通算制度からの離脱等に伴う資産の時価評価損益）の規定の適用を受ける場合には、当該特定組織再編成事業年度開始の日からその適用を受ける事業年度終了の日までの期間。第6項において「対象期間」という。）において生ずる特定資産譲渡等損失額は、当該内国法人の各事業年度の所得の金額の計算上、損金の額に算入しない。

（非適格合併等により移転を受ける資産等に係る調整勘定の損金算入等）

第62条の8　内国法人が非適格合併等（適格合併に該当しない合併又は適格分割に該当しない分割、適格現物出資に該当しない現物出資若しくは事業の譲受けのうち、政令で定めるものをいう。以下この条において同じ。）により当該非適格合併等に係る被合併法人、分割法人、現物出資法人その他政令で定める法人（以下この条において「被合併法人等」という。）から資産又は負債の移転を受けた場合において、当該内国法人が当該非適格合併等により交付した金銭の額及び金銭以外の資産（適格合併に該当しない合併にあつては、第62条第1項（合併及び分割による資産等の時価による譲渡）に規定する新株等）の価額の合計額（当該非適格合併等において当該被合併法人等から支出を受けた第37条第7項（寄附金の損金不算入）に規定する寄附金の額に相当する金額を含み、当該被合併法人等に対して支出をした同項に規定する寄附金の額に相当する金額を除く。第3項において「非適格合併等対価額」という。）が当該移転を受けた資産及び負債の時価純資産価額（当該資産（営業権にあつては、政令で定めるものに限る。以下この項において同じ。）の取得価額（第61条の11第7項（完全支配関係がある法人の間の取引の損益）の規定の適用

がある場合には、同項の規定の適用がないものとした場合の取得価額。以下この項において同じ。）の合計額から当該負債の額（次項に規定する負債調整勘定の金額を含む。以下この項において同じ。）の合計額を控除した金額をいう。第3項において同じ。）を超えるときは、その超える部分の金額（当該資産の取得価額の合計額が当該負債の額の合計額に満たない場合には、その満たない部分の金額を加算した金額）のうち政令で定める部分の金額は、資産調整勘定の金額とする。

4　第1項の資産調整勘定の金額を有する内国法人は、各資産調整勘定の金額に係る当初計上額（非適格合併等の時に同項の規定により当該資産調整勘定の金額とするものとされた金額をいう。）を60で除して計算した金額に当該事業年度の月数（当該事業年度が当該資産調整勘定の金額に係る非適格合併等の日の属する事業年度である場合には、同日から当該事業年度終了の日までの期間の月数）を乗じて計算した金額（当該内国法人が自己を被合併法人とする合併（適格合併を除く。）を行う場合又は当該内国法人の残余財産が確定した場合にあつては、当該合併の日の前日又は当該残余財産の確定の日の属する事業年度終了の時の金額）に相当する金額を、当該事業年度（当該内国法人が当該合併を行う場合又は当該内国法人の残余財産が確定した場合にあつては、当該合併の日の前日又は当該残余財産の確定の日の属する事業年度）において減額しなければならない。

（各事業年度の所得に対する法人税の税率）
第66条　内国法人である普通法人、一般社団法人等（別表第2に掲げる一般社団法人、一般財団法人及び労働者協同組合並びに公益社団法人及び公益財団法人をいう。次項及び第3項において同じ。）又は人格のない社団等に対して課する各事業年度の所得に対する法人税の額は、各事業年度の所得の金額に100分の23・2の税率を乗じて計算した金額とする。

2　前項の場合において、普通法人（通算法人を除く。）若しくは一般社団法人等のうち、各事業年度終了の時において資本金の額若しくは出資金の額が1億円以下であるもの若しくは資本若しくは出資を有しないもの又は人格のない社団等の各事業年度の所得の金額の

うち年800万円以下の金額については、同項の規定にかかわらず、100分の19の税率による。

3　公益法人等（一般社団法人等を除く。）又は協同組合等に対して課する各事業年度の所得に対する法人税の額は、各事業年度の所得の金額に100分の19の税率を乗じて計算した金額とする。

4　事業年度が1年に満たない法人に対する第2項の規定の適用については、同項中「年800万円」とあるのは、「800万円を12で除し、これに当該事業年度の月数を乗じて計算した金額」とする。

5　内国法人である普通法人のうち各事業年度終了の時において次に掲げる法人に該当するものについては、第2項の規定は、適用しない。
一　保険業法に規定する相互会社（次号ロにおいて「相互会社」という。）
二　大法人（次に掲げる法人をいう。以下この号及び次号において同じ。）との間に当該大法人による完全支配関係がある普通法人
イ　資本金の額又は出資金の額が5億円以上である法人
ロ　相互会社（これに準ずるものとして政令で定めるものを含む。）
ハ　第4条の3（受託法人等に関するこの法律の適用）に規定する受託法人（第6号において「受託法人」という。）
三　普通法人との間に完全支配関係がある全ての大法人が有する株式及び出資の全部を当該全ての大法人のうちいずれか一の法人が有するものとみなした場合において当該いずれか一の法人と当該普通法人との間に当該いずれか一の法人による完全支配関係があることとなるときの当該普通法人（前号に掲げる法人を除く。）
四　投資法人
五　特定目的会社
六　受託法人
6　第1項の場合において、中小通算法人（大通算法人（通算法人である普通法人又は当該普通法人の各事業年度終了の日において当該普通法人との間に通算完全支配関係がある他の通算法人のうち、いずれかの法人が次に掲げる法人に該当する場合における当該普通法

人をいう。）以外の普通法人である通算法人をいう。以下この条において同じ。）の当該各事業年度の所得の金額のうち軽減対象所得金額以下の金額については、同項の規定にかかわらず、100分の19の税率による。

一　当該各事業年度終了の時における資本金の額又は出資金の額が1億円を超える法人

二　当該各事業年度終了の時において前項第1号から第3号まで又は第6号に掲げる法人に該当する法人

7　前項に規定する軽減対象所得金額とは、800万円に第1号に掲げる金額が第2号に掲げる金額のうちに占める割合を乗じて計算した金額（同項の中小通算法人が通算子法人である場合において、同項の各事業年度終了の日が当該中小通算法人に係る通算親法人の事業年度終了の日でないときは、800万円を12で除し、これに当該中小通算法人の事業年度の月数を乗じて計算した金額）をいう。

一　当該中小通算法人の当該各事業年度の所得の金額

二　当該中小通算法人の当該各事業年度及び当該各事業年度終了の日において当該中小通算法人との間に通算完全支配関係がある他の中小通算法人の同日に終了する事業年度の所得の金額の合計額

8　前2項の規定を適用する場合において、前項各号の所得の金額が同項の中小通算法人の同項第1号の各事業年度又は同項第2号の他の中小通算法人の同号に規定する日に終了する事業年度（以下この条において「通算事業年度」という。）の第74条第1項（確定申告）の規定による申告書に当該通算事業年度の所得の金額として記載された金額（以下この項及び第10項において「当初申告所得金額」という。）と異なるときは、当初申告所得金額を当該各号の所得の金額とみなす。

9　通算事業年度のいずれかについて修正申告書の提出又は更正がされる場合において、次に掲げる場合のいずれかに該当するときは、第7項の中小通算法人の同項第1号の各事業年度については、前項の規定は、適用しない。

一　前項の規定を適用しないものとした場合における第7項第2号に掲げる金額が800万円以下である場合

二　第64条の5第6項（損益通算）の規定の適用がある場合

三　第64条の5第8項の規定の適用がある場合

10　通算事業年度について前項（第3号に係る部分を除く。）の規定を適用して修正申告書の提出又は更正がされた後における第8項の規定の適用については、当該修正申告書又は当該更正に係る国税通則法第28条第2項（更正又は決定の手続）に規定する更正通知書に当該通算事業年度の所得の金額として記載された金額を当初申告所得金額とみなす。

11　通算親法人の事業年度が1年に満たない場合における当該通算親法人及び他の通算法人に対する第7項及び第9項の規定の適用については、第7項中「800万円に」とあるのは「800万円を12で除し、これに同項の中小通算法人に係る通算親法人の事業年度の月数を乗じて計算した金額に」と、第9項第1号中「800万円」とあるのは「800万円を12で除し、これに当該中小通算法人に係る通算親法人の事業年度の月数を乗じて計算した金額」とする。

12　第4項、第7項及び前項の月数は、暦に従つて計算し、1月に満たない端数を生じたときは、これを1月とする。

（特定同族会社の特別税率）

第67条　内国法人である特定同族会社（被支配会社で、被支配会社であることについての判定の基礎となつた株主等のうちに被支配会社でない法人がある場合には、当該法人をその判定の基礎となる株主等から除外して判定するものとした場合においても被支配会社となるもの（資本金の額又は出資金の額が1億円以下であるものにあつては、前条第5項第2号から第5号までに掲げるもの及び同条第6項に規定する大通算法人に限る。）をいい、清算中のものを除く。以下この条において同じ。）の各事業年度の留保金額が留保控除額を超える場合には、その特定同族会社に対して課する各事業年度の所得に対する法人税の額は、前条第1項、第2項及び第6項並びに第69条第19項（外国税額の控除）（同条第23項において準用する場合を含む。第3項において同じ。）の規定にかかわらず、これらの規定により計算した法人税の額に、その超える部分の留保金額を次の各号に掲げる金額に区分してそれぞれの金額に当該各号に定め

る割合を乗じて計算した金額の合計額を加算
した金額とする。

一　年 3000 万円以下の金額　100 分の 10

二　年 3000 万円を超え、年 1 億円以下の金額
100 分の 15

三　年 1 億円を超える金額　100 分の 20

（中間申告）

第 71 条　内国法人である普通法人（清算中の
ものにあつては、通算子法人に限る。次条及
び第 72 条第 1 項（仮決算をした場合の中間申
告書の記載事項等）において同じ。）は、その
事業年度（新たに設立された内国法人である
普通法人のうち適格合併（被合併法人の全
てが収益事業を行つていない公益法人等であ
るものを除く。次項及び第 3 項において同
じ。）により設立されたもの以外のものの設
立後最初の事業年度、公共法人又は収益事業
を行つていない公益法人等が普通法人に該当
することとなつた場合のその該当すること と
なつた日の属する事業年度及び当該普通法人
が通算子法人である場合において第 64 条の 9
第 1 項（通算承認）の規定による承認の効力
が生じた日が同日の属する当該普通法人に係
る通算親法人の事業年度（以下この項におい
て「通算親法人事業年度」という。）開始の
日以後 6 月を経過した日以後であるときのそ
の効力が生じた日の属する事業年度を除く。
第 72 条第 1 項において同じ。）が 6 月を超え
る場合（当該普通法人が通算子法人である場
合には、当該事業年度開始の日の属する通算
親法人事業年度が 6 月を超え、かつ、当該通
算親法人事業年度開始の日以後 6 月を経過し
た日において当該通算親法人との間に通算完
全支配関係がある場合）には、当該事業年度
（当該普通法人が通算子法人である場合には、
当該事業年度開始の日の属する通算親法人事
業年度）開始の日以後 6 月を経過した日（以
下この条において「6 月経過日」という。）か
ら 2 月以内に、税務署長に対し、次に掲げる
事項を記載した申告書を提出しなければなら
ない。ただし、第 1 号に掲げる金額が 10 万円
以下である場合若しくは当該金額がない場合
又は当該普通法人と通算親法人である協同組
合等との間に通算完全支配関係がある場合
は、当該申告書を提出することを要しない。

一　当該事業年度の前事業年度の法人税額

（確定申告書に記載すべき第 74 条第 1 項第
2 号（確定申告）に掲げる金額（第 69 条第
19 項（外国税額の控除）の規定により加算
された金額がある場合には、当該金額を控
除した金額）をいう。次項第 1 号及び第 5
項において同じ。）で 6 月経過日の前日ま
でに確定したものを当該前事業年度の月数
で除し、これに当該事業年度開始の日から
当該前日までの期間（次項第 1 号及び第 3
項において「中間期間」という。）の月数
を乗じて計算した金額

二　前号に掲げる金額の計算の基礎その他財
務省令で定める事項

（確定申告）

第 74 条　内国法人は、各事業年度終了の日の
翌日から 2 月以内に、税務署長に対し、確定
した決算に基づき次に掲げる事項を記載した
申告書を提出しなければならない。

一　当該事業年度の課税標準である所得の金
額又は欠損金額

二　前号に掲げる所得の金額につき前節（税
額の計算）の規定を適用して計算した法人
税の額

三　第 68 条（所得税額の控除）及び第 69 条
（外国税額の控除）の規定による控除をさ
れるべき金額で前号に掲げる法人税の額の
計算上控除しきれなかつたものがある場合
には、その控除しきれなかつた金額

四　その内国法人が当該事業年度につき中間
申告書を提出した法人である場合には、第
2 号に掲げる法人税の額から当該申告書に
係る中間納付額を控除した金額

五　前号に規定する中間納付額で同号に掲げ
る金額の計算上控除しきれなかつたものが
ある場合には、その控除しきれなかつた金
額

六　前各号に掲げる金額の計算の基礎その他
財務省令で定める事項

2　清算中の内国法人につきその残余財産が確
定した場合には、当該内国法人の当該残余財
産の確定の日の属する事業年度（当該内国法
人が通算法人である場合には、当該内国法人
に係る通算親法人の事業年度終了の日に終了
するものを除く。）に係る前項の規定の適用
については、同項中「2 月以内」とあるのは、
「1 月以内（当該翌日から 1 月以内に残余財産

の最後の分配又は引渡しが行われる場合には、その行われる日の前日まで）」とする。

3　第1項の規定による申告書には、当該事業年度の貸借対照表、損益計算書その他の財務省令で定める書類を添付しなければならない。

（確定申告書の提出期限の延長の特例）

第75条の2　第74条第1項（確定申告）の規定による申告書を提出すべき内国法人が、定款、寄附行為、規則、規約その他これらに準ずるもの（以下この条において「定款等」という。）の定めにより、又は当該内国法人に特別の事情があることにより、当該事業年度以後の各事業年度終了の日の翌日から2月以内に当該各事業年度の決算についての定時総会が招集されない常況にあると認められる場合には、納税地の所轄税務署長は、当該内国法人の申請に基づき、当該事業年度以後の各事業年度（残余財産の確定の日の属する事業年度を除く。以下この項及び次項において同じ。）の当該申告書の提出期限を1月間（次の各号に掲げる場合に該当する場合には、当該各号に定める期間）延長することができる。

一　当該内国法人が会計監査人を置いている場合で、かつ、当該定款等の定めにより当該事業年度以後の各事業年度終了の日の翌日から3月以内に当該各事業年度の決算についての定時総会が招集されない常況にあると認められる場合（次号に掲げる場合を除く。）　当該定めの内容を勘案して4月を超えない範囲内において税務署長が指定する月数の期間

二　当該特別の事情があることにより当該事業年度以後の各事業年度終了の日の翌日から3月以内に当該各事業年度の決算についての定時総会が招集されない常況にあることその他やむを得ない事情があると認められる場合　税務署長が指定する月数の期間

2　前項の規定の適用を受けている内国法人が、同項各号に掲げる場合に該当することとなつたと認められる場合、同項各号に掲げる場合に該当しないこととなつたと認められる場合又は定款等の定め若しくは同項の特別の事情若しくは同項第2号のやむを得ない事情に変更が生じたと認められる場合には、納税地の所轄税務署長は、当該内国法人の申請に基づき、当該事業年度以後の各事業年度に係る同項に規定する申告書の提出期限について、同項各号の指定をし、同項各号の指定を取り消し、又は同項各号の指定に係る月数の変更をすることができる。

3　前2項の申請は、第1項に規定する申告書に係る事業年度終了の日までに、定款等の定め又は同項の特別の事情の内容、同項各号の指定を受けようとする場合にはその指定を受けようとする月数（同項第2号のやむを得ない事情があることにより同号の指定を受けようとする場合には、当該事情の内容を含む。）、同項各号の指定に係る月数の変更をしようとする場合にはその変更後の月数その他財務省令で定める事項を記載した申請書をもつてしなければならない。

4　前項の申請書には、第1項又は第2項の申請をする内国法人が定款等の定めにより各事業年度終了の日の翌日から2月以内に当該各事業年度の決算についての定時総会が招集されない常況にあることを当該申請の理由とする場合にあつては、当該定款等の写しを添付しなければならない。

5　税務署長は、第1項の規定の適用を受けている内国法人につき、定款等の定めに変更が生じ、若しくは同項の特別の事情がないこととなつたと認める場合、同項各号に掲げる場合に該当しないこととなつたと認める場合又は同項の特別の事情若しくは同項第2号のやむを得ない事情に変更が生じたと認める場合には、同項の提出期限の延長の処分を取り消し、同項各号の指定を取り消し、又は同項各号の指定に係る月数を変更することができる。この場合において、これらの取消し又は変更の処分があつたときは、その処分のあつた日の属する事業年度以後の各事業年度につき、その処分の効果が生ずるものとする。

6　税務署長は、前項の処分をするときは、その処分に係る内国法人に対し、書面によりその旨を通知する。

7　第1項の規定の適用を受けている内国法人は、当該事業年度以後の各事業年度に係る同項に規定する申告書の提出期限について同項の規定の適用を受けることをやめようとするときは、当該事業年度終了の日までに、当該事業年度開始の日その他財務省令で定める事項を記載した届出書を納税地の所轄税務署長に提出しなければならない。この場合におい

て、その届出書の提出があつたときは、当該事業年度以後の各事業年度については、同項の提出期限の延長の処分は、その効力を失うものとする。

8　前条第3項から第5項までの規定は第3項の申請書の提出があつた場合について、同条第7項の規定は第1項の規定の適用を受ける内国法人の同項に規定する申告書に係る事業年度の所得に対する法人税について、それぞれ準用する。この場合において、同条第4項中「第1項」とあるのは「次条第1項」と、同条第5項中「2月以内に同項」とあるのは「15日以内に次条第1項」と、「その申請に係る指定を受けようとする期日を第1項の期日として同項」とあるのは「1月間（同条第1項各号の指定を受けようとする旨の申請があつた場合にはその申請に係る指定を受けようとする月数の期間とし、同項各号の指定に係る月数の変更をしようとする旨の申請があつた場合にはその申請に係る変更後の月数の期間とする。）、同条第1項」と、同条第7項中「同項の規定により指定された期日」とあるのは「次条第1項の規定により延長された提出期限」と読み替えるものとする。

9　第1項の規定の適用を受けている内国法人について当該事業年度終了の日の翌日から2月を経過した日前に災害その他やむを得ない理由が生じた場合には、当該事業年度に限り、同項の規定の適用がないものとみなして、前条及び国税通則法第11条（災害等による期限の延長）の規定を適用することができる。

10　前条の規定は、第1項の規定の適用を受けている内国法人が、当該事業年度（前項の規定の適用に係る事業年度を除く。）につき災害その他やむを得ない理由により決算が確定しないため、第1項に規定する申告書を同項の規定により延長された提出期限までに提出することができないと認められる場合について準用する。この場合において、同条第2項中「申告書に係る事業年度終了の日の翌日から45日以内」とあるのは「申告書の提出期限の到来する日の15日前まで」と、同条第5項中「申告書に係る事業年度終了の日の翌日から2月以内」とあるのは「申告書の提出期限まで」と、同条第7項中「同項に」とあるのは「次条第8項において準用するこの項の規

定による利子税のほか、第1項に」と、「当該事業年度終了の日の翌日以後2月を経過した日から同項」とあるのは「同条第1項の規定により延長された当該申告書の提出期限の翌日から第1項」と読み替えるものとする。

11　通算法人に係る前各項の規定の適用については、次に定めるところによる。

一　第1項中「内国法人が、」とあるのは「通算法人又は他の通算法人が、」と、「又は当該内国法人」とあるのは「若しくは当該通算法人若しくは他の通算法人」と、「あると認められる場合には」とあるのは「あり、又は通算法人が多数に上ることその他これに類する理由により第1節第11款第1目（損益通算及び欠損金の通算）の規定その他通算法人に適用される規定による所得の金額若しくは欠損金額及び法人税の額の計算を了することができないために当該事業年度以後の各事業年度の当該申告書を同項に規定する提出期限までに提出することができない常況にあると認められる場合には」と、「内国法人の申請に基づき、」とあるのは「通算法人の申請に基づき、当該通算法人の」と、「事業年度を」とあるのは「事業年度（当該通算法人に係る通算親法人の事業年度終了の日に終了するものを除く。）を」と、「当該申告書」とあるのは「第74条第1項の規定による申告書」と、「1月」とあるのは「2月」と、同項第1号中「内国法人」とあるのは「通算法人又は他の通算法人」と、「3月」とあるのは「4月」と、同項第2号中「3月」とあるのは「4月」と、「その他」とあるのは「、当該通算法人又は他の通算法人に特別の事情があることにより当該事業年度以後の各事業年度終了の日の翌日から4月以内に第1節第11款第1目の規定その他通算法人に適用される規定による所得の金額又は欠損金額及び法人税の額の計算を了することができない常況にあることその他」と、第2項中「内国法人が」とあるのは「通算法人又は他の通算法人が」と、「内国法人の」とあるのは「通算法人の」と、第3項中「終了の日まで」とあるのは「終了の日の翌日から45日以内」と、「又は同項の特別の事情の内容」とあるのは「若しくは同項の特別の事情の内容又は第1節第11款第1目の規

定その他通算法人に適用される規定による
所得の金額若しくは欠損金額及び法人税の
額の計算を了することができない理由」
と、第4項中「又は」とあるのは「若しく
は」と、「内国法人」とあるのは「通算法人
又は他の通算法人」と、第5項中「内国法
人」とあるのは「通算法人又は他の通算法
人」と、第8項中「「2月以内に同項」とあ
るのは「15日以内に次条第1項」」とある
のは「「に同項」とあるのは「に次条第1
項」」と、「1月」とあるのは「2月」と、第
9項中「内国法人」とあるのは「通算法人
又は他の通算法人」と、前項中「内国法人
が」とあるのは「通算法人が」と、「決算」
とあるのは「、当該通算法人若しくは他の
通算法人の決算」と、「ため」とあるのは
「ため、又は第1節第11款第1目の規定そ
の他通算法人に適用される規定による所得
の金額若しくは欠損金額及び法人税の額の
計算を了することができないため」とする。

二　通算親法人に対して第1項の提出期限の
延長又は同項各号の指定の処分があつた場
合には他の通算法人の全てにつき当該提出
期限の延長又は指定がされたものとみな
し、内国法人が同項の規定の適用を受けて
いる通算親法人との間に通算完全支配関係
を有することとなつた場合には当該内国法
人につき同項の提出期限の延長（当該通算
親法人が同項各号の指定を受けた法人であ
る場合には、当該指定を含む。）がされた
ものとみなし、通算親法人に対して第5項
の規定により第1項の提出期限の延長の取
消し、同項各号の指定の取消し又は同項各
号の指定に係る月数の変更の処分があつた
場合には他の通算法人の全てにつきこれら
の取消し又は変更がされたものとみなす。

三　通算子法人は、第3項の申請書及び第7
項の届出書を提出することができない。

四　通算親法人が第7項の届出書を提出した
場合には、他の通算法人の全てが当該届出
書を提出したものとみなす。

五　内国法人が第64条の9第1項（通算承
認）の規定による承認（以下この号及び次
号において「通算承認」という。）を受け
た場合には、当該通算承認の効力が生じた
日以後に終了する事業年度については、当
該通算承認の効力が生ずる前に受けていた

第1項の提出期限の延長の処分は、その効
力を失うものとする。

六　内国法人について、第64条の10第4項
から第6項まで（通算制度の取りやめ等）
の規定により通算承認が効力を失つた場合
には、その効力を失つた日以後に終了する
事業年度については、当該通算承認が効力
を失う前に受けていた第1項の提出期限の
延長の処分は、その効力を失うものとする。

（欠損金の繰戻しによる還付）

第80条　内国法人の青色申告書である確定申
告書を提出する事業年度において生じた欠損
金額がある場合（第4項の規定に該当する場
合を除く。）には、その内国法人は、当該確
定申告書の提出と同時に、納税地の所轄税務
署長に対し、当該欠損金額に係る事業年度
（以下この項及び第3項において「欠損事業
年度」という。）開始の日前1年以内に開始し
たいずれかの事業年度の所得に対する法人税
の額（附帯税の額を除くものとし、第68条
（所得税額の控除）、第69条第1項から第3項
まで若しくは第18項（外国税額の控除）又は
第70条（仮装経理に基づく過大申告の場合
の更正に伴う法人税額の控除）の規定により
控除された金額がある場合には当該金額を加
算した金額とし、第69条第19項の規定によ
り加算された金額がある場合には当該金額を
控除した金額とする。以下この条において同
じ。）に、当該いずれかの事業年度（以下こ
の条において「還付所得事業年度」という。）
の所得の金額のうちに占める欠損事業年度の
欠損金額（第5項において準用するこの項の
規定により当該還付所得事業年度の所得に対
する法人税の額につき還付を受ける金額の計
算の基礎とするもの及びこの条の規定により
他の還付所得事業年度の所得に対する法人税
の額につき還付を受ける金額の計算の基礎と
するものを除く。第4項において同じ。）に相
当する金額の割合を乗じて計算した金額に相
当する法人税の還付を請求することができる。

2　前項の場合において、既に当該還付所得事
業年度の所得に対する法人税の額につきこの
条の規定の適用があつたときは、その額から
その適用により還付された金額を控除した金
額をもつて当該法人税の額とみなし、かつ、
当該還付所得事業年度の所得の金額に相当す

る金額からその適用に係る欠損金額を控除した金額をもつて当該還付所得事業年度の所得の金額とみなして、同項の規定を適用する。

3　第1項の規定は、同項の内国法人が還付所得事業年度から欠損事業年度の前事業年度までの各事業年度について連続して青色申告書である確定申告書を提出している場合であつて、欠損事業年度の青色申告書である確定申告書（期限後申告書を除く。）をその提出期限までに提出した場合（税務署長においてやむを得ない事情があると認める場合には、欠損事業年度の青色申告書である確定申告書をその提出期限後に提出した場合を含む。）に限り、適用する。

4　第1項及び第2項の規定は、内国法人につき解散（適格合併による解散を除くものとし、当該内国法人が通算子法人である場合には破産手続開始の決定による解散に限る。）、事業の全部の譲渡（当該内国法人が通算法人である場合における事業の全部の譲渡を除く。）、更生手続の開始その他これらに準ずる事実で政令で定めるものが生じた場合において、当該事実が生じた日前1年以内に終了したいずれかの事業年度又は同日の属する事業年度において生じた欠損金額（第57条第1項（欠損金の繰越し）の規定により各事業年度の所得の金額の計算上損金の額に算入されたもの及び同条第4項又は第5項の規定によりないものとされたものを除く。）があるときについて準用する。この場合において、第1項中「確定申告書の提出と同時に」とあるのは「事実が生じた日以後1年以内に」と、「請求することができる。」とあるのは「請求することができる。ただし、還付所得事業年度から欠損事業年度までの各事業年度について連続して青色申告書である確定申告書を提出している場合に限る。」と読み替えるものとする。

（仮装経理に基づく過大申告の場合の更正に伴う法人税額の還付の特例）

第135条　内国法人の提出した確定申告書に記載された各事業年度の所得の金額が当該事業年度の課税標準とされるべき所得の金額を超え、かつ、その超える金額のうちに事実を仮装して経理したところに基づくものがある場合において、税務署長が当該事業年度の所得に対する法人税につき更正をしたとき（当該内国法人につき当該事業年度終了の日から当該更正の日の前日までの間に第3項各号又は第4項各号に掲げる事実が生じたとき及び当該内国法人を被合併法人とする適格合併に係る合併法人につき当該適格合併の日から当該更正の日の前日までの間に当該事実が生じたときを除く。）は、当該事業年度の所得に対する法人税として納付された金額で政令で定めるもののうち当該更正により減少する部分の金額でその仮装して経理した金額に係るもの（以下この条において「仮装経理法人税額」という。）は、次項、第3項又は第7項の規定の適用がある場合のこれらの規定による還付金の額を除き、還付しない。

2　前項に規定する場合において、同項の内国法人（当該内国法人が同項の更正の日の前日までに適格合併により解散をした場合には、当該適格合併に係る合併法人。以下この項において同じ。）の前項の更正の日の属する事業年度開始の日前1年以内に開始する各事業年度の所得に対する法人税の額（附帯税の額を除く。）で当該更正の日の前日において確定しているもの（以下この項において「確定法人税額」という。）があるときは、税務署長は、その内国法人に対し、当該更正に係る仮装経理法人税額のうち当該確定法人税額（既にこの項の規定により還付をすべき金額の計算の基礎となつたものを除く。）に達するまでの金額を還付する。

3　第1項の規定の適用があつた内国法人（当該内国法人が適格合併により解散をした場合には、当該適格合併に係る合併法人。以下この条において「適用法人」という。）について、同項の更正の日の属する事業年度開始の日（当該更正が当該適格合併に係る被合併法人の各事業年度の所得に対する法人税について当該適格合併の日前にされたものである場合には、当該被合併法人の当該更正の日の属する事業年度開始の日）から5年を経過する日の属する事業年度の第74条第1項（確定申告）の規定による申告書の提出期限（当該更正の日から当該5年を経過する日の属する事業年度終了の日までの間に当該適用法人につき次の各号に掲げる事実が生じたときは、当該各号に定める提出期限。以下この項及び第8項において「最終申告期限」という。）が到

来した場合（当該最終申告期限までに当該最終申告期限に係る申告書の提出がなかつた場合にあつては、当該申告書に係る期限後申告書の提出又は当該申告書に係る事業年度の法人税についての決定があつた場合）には、税務署長は、当該適用法人に対し、当該更正に係る仮装経理法人税額（既に前項、この項又は第7項の規定により還付すべきこととなつた金額及び第70条（仮装経理に基づく過大申告の場合の更正に伴う法人税額の控除）の規定により控除された金額を除く。）を還付する。

一　残余財産が確定したこと　その残余財産の確定の日の属する事業年度の第74条第1項の規定による申告書の提出期限

二　合併（適格合併を除く。）による解散をしたこと　その合併の日の前日の属する事業年度の第74条第1項の規定による申告書の提出期限

三　破産手続開始の決定による解散をしたこと　その破産手続開始の決定の日の属する事業年度の第74条第1項の規定による申告書の提出期限

四　普通法人又は協同組合等が公益法人等に該当することとなつたこと　その該当することとなつた日の前日の属する事業年度の第74条第1項の規定による申告書の提出期限

4　適用法人につき次に掲げる事実が生じた場合には、当該適用法人は、当該事実が生じた日以後1年以内に、納税地の所轄税務署長に対し、その適用に係る仮装経理法人税額（既に前2項又は第7項の規定により還付されるべきこととなつた金額及び第70条の規定により控除された金額を除く。第6項及び第7項において同じ。）の還付を請求することができる。

一　更生手続開始の決定があつたこと。

二　再生手続開始の決定があつたこと。

三　前2号に掲げる事実に準ずる事実として政令で定める事実

5　内国法人につきその各事業年度の所得の金額を減少させる更正で当該内国法人の当該各事業年度開始の日前に終了した事業年度の所得に対する法人税についてされた更正（当該内国法人を合併法人とする適格合併に係る被合併法人の当該適格合併の日前に終了した事

業年度の所得に対する法人税についてされた更正を含む。以下この項において「原更正」という。）に伴うもの（以下この項において「反射的更正」という。）があつた場合において、当該反射的更正により減少する部分の所得の金額のうちに当該原更正に係る事業年度においてその事実を仮装して経理した金額に係るものがあるときは、当該金額は、当該各事業年度において当該内国法人が仮装して経理したところに基づく金額とみなして、前各項の規定を適用する。

6　第4項の規定による還付の請求をしようとする適用法人は、その還付を受けようとする仮装経理法人税額、その計算の基礎その他財務省令で定める事項を記載した還付請求書を納税地の所轄税務署長に提出しなければならない。

7　税務署長は、前項の還付請求書の提出があつた場合には、その請求に係る事実その他必要な事項について調査し、その調査したところにより、その請求をした適用法人に対し、仮装経理法人税額を還付し、又は請求の理由がない旨を書面により通知する。

8　第2項、第3項又は前項の規定による還付金について還付加算金を計算する場合には、その計算の基礎となる国税通則法第58条第1項（還付加算金）の期間は、第1項の更正の日の翌日以後1月を経過した日（第3項の規定による還付金にあつては同項の最終申告期限（同項の期限後申告書の提出があつた場合にはその提出の日とし、同項の決定があつた場合にはその決定の日とする。）の翌日とし、前項の規定による還付金にあつては第4項の規定による還付の請求がされた日の翌日以後3月を経過した日とする。）からその還付のための支払決定をする日又はその還付金につき充当をする日（同日前に充当をするのに適することとなつた日がある場合には、その適することとなつた日）までの期間とする。

9　第1項の場合において、同項の更正により第74条第1項第5号に掲げる金額が増加したときは、その増加した部分の金額のうち当該更正に係る仮装経理法人税額に達するまでの金額については、前条第2項の規定は、適用しない。ただし、同条第3項に規定する延滞税がある場合における同項の規定の適用については、この限りでない。

法人税法施行令（抄）

（適格組織再編成における株式の保有関係等）

第4条の3

2　法第2条第12号の8イに規定する政令で定める関係は、次に掲げるいずれかの関係とする。

二　合併前に当該合併に係る被合併法人と合併法人との間に同一の者による完全支配関係（当該合併が無対価合併である場合にあつては、次に掲げる関係がある場合における当該完全支配関係に限る。）があり、かつ、当該合併後に当該同一の者と当該合併に係る合併法人との間に当該同一の者による完全支配関係が継続すること（当該合併後に当該合併に係る合併法人を被合併法人又は完全子法人（法第2条第12号の15の2に規定する完全子法人をいう。以下この条において同じ。）とする適格合併又は適格株式分配を行うことが見込まれている場合には、当該合併の時から当該適格合併又は適格株式分配の直前の時まで当該完全支配関係が継続すること。）が見込まれている場合における当該合併に係る被合併法人と合併法人との間の関係

イ　合併法人が被合併法人の発行済株式等の全部を保有する関係

ロ　被合併法人及び合併法人の株主等（当該被合併法人及び合併法人を除く。）の全てについて、その者が保有する当該被合併法人の株式（出資を含む。以下この条において同じ。）の数（出資にあつては、金額。以下この条において同じ。）の当該被合併法人の発行済株式等（当該合併法人が保有する当該被合併法人の株式を除く。）の総数（出資にあつては、総額。以下この条において同じ。）のうちに占める割合と当該者が保有する当該合併法人の株式の数の当該合併法人の発行済株式等（当該被合併法人が保有する当該合併法人の株式を除く。）の総数のうちに占める割合とが等しい場合における当該被合併法人と合併法人との間の関係

（資本金等の額）

第8条　法第2条第16号（定義）に規定する

政令で定める金額は、同号に規定する法人の資本金の額又は出資金の額と、当該事業年度前の各事業年度（以下この項において「過去事業年度」という。）の第1号から第12号までに掲げる金額の合計額から当該法人の過去事業年度の第13号から第22号までに掲げる金額の合計額を減算した金額に、当該法人の当該事業年度開始の日以後の第1号から第12号までに掲げる金額を加算し、これから当該法人の同日以後の第13号から第22号までに掲げる金額を減算した金額との合計額とする。

一　株式（出資を含む。以下第10号までにおいて同じ。）の発行又は自己の株式の譲渡をした場合（次に掲げる場合を除く。）に払い込まれた金銭の額及び給付を受けた金銭以外の資産の価額その他の対価の額に相当する金額からその発行により増加した資本金の額又は出資金の額（法人の設立による株式の発行にあつては、その設立の時における資本金の額又は出資金の額）を減算した金額

イ　役務の提供の対価として自己の株式を交付した場合（その役務の提供後に当該株式を交付した場合及び当該株式と引換えに給付された債権（その役務の提供の対価として生じた債権に限る。）がある場合（次号において「事後交付等の場合」という。）を除く。）

ロ　新株予約権（投資信託及び投資法人に関する法律第2条第17項（定義）に規定する新投資口予約権を含む。以下同じ。）の行使によりその行使をした者に自己の株式を交付した場合

ハ　取得条項付新株予約権（法第61条の2第14項第5号（有価証券の譲渡益又は譲渡損の益金又は損金算入）に規定する取得条項付新株予約権をいう。ハ及び第3号において同じ。）又は取得条項付新株予約権が付された新株予約権付社債の同項第5号に定める事由による取得の対価として自己の株式を交付した場合（同項に規定する場合に該当する場合に限る。）

ニ　合併、分割、適格現物出資、株式交換又は株式移転により被合併法人の株主等、分割法人（法第2条第12号の9イに

規定する分割対価資産（以下この項において「分割対価資産」という。）の全てが分割法人の株主等に直接に交付される分割型分割にあつては、当該株主等）、現物出資法人、株式交換完全子法人の株主又は株式移転完全子法人の株主に自己の株式を交付した場合

ホ　適格現物出資に該当しない現物出資（法第62条の8第1項（非適格合併等により移転を受ける資産等に係る調整勘定の損金算入等）に規定する非適格合併等に該当するものに限る。）により現物出資法人に自己の株式を交付した場合

ヘ　適格分社型分割又は適格現物出資により分割承継法人又は被現物出資法人に自己が有していた自己の株式を移転した場合

ト　金銭等不交付株式交換（法第61条の2第9項に規定する金銭等不交付株式交換をいう。第10号において同じ。）又は株式移転（同条第11項に規定する株式移転に限る。）により自己が有していた自己の株式を株式交換完全親法人又は株式移転完全親法人に取得された場合

チ　組織変更（当該組織変更に際して当該法人の株主等に自己の株式のみを交付したものに限る。）により株式を発行した場合

リ　法第61条の2第14項第1号から第3号までに掲げる株式のこれらの号に定める事由による取得の対価として自己の株式を交付した場合（同項に規定する場合に該当する場合に限る。）

ヌ　株主等に対して新たに金銭の払込み又は金銭以外の資産の給付をさせないで自己の株式を交付した場合

五　合併により移転を受けた資産及び負債の純資産価額（次に掲げる合併の区分に応じそれぞれ次に定める金額をいう。）から当該合併による増加資本金額等（当該合併により増加した資本金の額又は出資金の額（法人を設立する合併にあつては、その設立の時における資本金の額又は出資金の額）並びに当該合併により被合併法人の株主等に交付した金銭並びに当該金銭及び当該法人の株式以外の資産（当該株主等に対する法第2条第12号の8に規定する剰余金

の配当等として交付した金銭その他の資産及び合併に反対する当該株主等に対するその買取請求に基づく対価として交付される金銭その他の資産を除く。以下この号において同じ。）の価額の合計額をいい、適格合併（法第61条の2第2項に規定する金銭等不交付合併に限る。）により被合併法人の株主等に法第2条第12号の8に規定する合併親法人の株式（以下この号において「合併親法人株式」という。）を交付した場合にあつては、その交付した合併親法人株式の当該適格合併の直前の帳簿価額とする。）と法第24条第2項（配当等の額とみなす金額）に規定する抱合株式（以下この号において「抱合株式」という。）の当該合併の直前の帳簿価額（法人を設立する合併で適格合併に該当しないものにあつては同項の規定により当該抱合株式に対して交付されたものとみなされる当該法人の株式その他の資産の価額とし、法人を設立する合併以外の合併で適格合併に該当しないものにあつては当該帳簿価額に同項又は同条第3項の規定により当該抱合株式に対して交付されたものとみなされる当該法人の株式その他の資産の価額のうち同条第1項の規定により法第23条第1項第1号又は第2号（受取配当等の益金不算入）に掲げる金額とみなされる金額を加算した金額とする。）とを合計した金額を減算した金額（被合併法人の全て又は当該法人が資本又は出資を有しない法人である場合には、0）

イ　適格合併に該当しない合併（ロに掲げるものを除く。）　当該合併に係る被合併法人の株主等に交付した当該法人の株式、金銭並びに当該株式及び金銭以外の資産並びに法第24条第2項の規定により抱合株式に対して交付されたものとみなされるこれらの資産の価額の合計額

ハ　適格合併　当該適格合併に係る被合併法人の当該適格合併の日の前日の属する事業年度終了の時における資本金等の額に相当する金額

二十　法第24条第1項第5号から第7号までに掲げる事由（以下この号において「自己株式の取得等」という。）により金銭その他の資産を交付した場合の取得資本金額（次に掲げる場合の区分に応じそれぞれ次

に定める金額をいい、当該金額が当該自己
株式の取得等により交付した金銭の額及び
金銭以外の資産の価額（適格現物分配に係
る資産にあつては、その交付の直前の帳簿
価額）の合計額を超える場合には、その超
える部分の金額を減算した金額とする。）

イ　当該自己株式の取得等をした法人が一
の種類の株式を発行していた法人（口数
の定めがない出資を発行する法人を含
む。）である場合　当該法人の当該自己
株式の取得等の直前の資本金等の額を当
該直前の発行済株式又は出資（自己が有
する自己の株式を除く。）の総数（出資
にあつては、総額）で除し、これに当該
自己株式の取得等に係る株式の数（出資
にあつては、金額）を乗じて計算した金
額（当該直前の資本金等の額が0以下で
ある場合には、0）

ロ　当該自己株式の取得等をした法人が二
以上の種類の株式を発行していた法人で
ある場合　当該法人の当該自己株式の取
得等の直前の当該自己株式の取得等に係
る株式と同一の種類の株式に係る種類資
本金額を当該直前の当該種類の株式（当
該法人が当該直前に有していた自己の株
式を除く。）の総数で除し、これに当該
自己株式の取得等に係る当該種類の株式
の数を乗じて計算した金額（当該直前の
当該種類資本金額が0以下である場合に
は、0）

二十一　自己の株式の取得（適格合併又は適
格分割型分割による被合併法人又は分割法
人からの引継ぎを含むものとし、前号に規
定する自己株式の取得等（合併による合併
法人からの取得、分割型分割に係る分割法
人の株主等としての取得、適格分割に該当
しない無対価分割による取得で第23条第3
項第5号（所有株式に対応する資本金等の
額の計算方法等）に掲げる事由による取得
に該当しないもの及び法第2条第12号の5
の2に規定する現物分配による現物分配法
人からの取得を除く。）及び法第61条の2
第14項第1号から第3号までに掲げる株式
のこれらの号に定める事由による取得で同
項に規定する場合に該当するものを除く。
以下この号において同じ。）の対価の額に
相当する金額（その取得をした自己の株式

が次に掲げるものである場合には、それぞ
れ次に定める金額に相当する金額）

ロ　適格合併、適格分割、適格現物出資又
は適格現物分配により移転を受けた自己
の株式　第123条の3第3項（適格合併
及び適格分割型分割における合併法人等
の資産及び負債の引継価額等）に規定す
る帳簿価額、第123条の4（適格分社型
分割における分割承継法人の資産及び負
債の取得価額）に規定する帳簿価額、第
123条の5（適格現物出資における被現
物出資法人の資産及び負債の取得価額）
に規定する帳簿価額に相当する金額（同
条に規定する費用の額が含まれている場
合には、当該費用の額を控除した金額）
又は第123条の6第1項（適格現物分配
における被現物分配法人の資産の取得価
額）に規定する帳簿価額

（利益積立金額）

第9条　法第2条第18号（定義）に規定する
政令で定める金額は、同号に規定する法人の
当該事業年度前の各事業年度（当該法人が公
共法人に該当していた事業年度を除く。以下
この条において「過去事業年度」という。）
の第1号から第7号までに掲げる金額の合計
額から当該法人の過去事業年度の第8号から
第14号までに掲げる金額の合計額を減算し
た金額に、当該法人の当該事業年度開始の日
以後の第1号から第7号までに掲げる金額を
加算し、これから当該法人の同日以後の第8
号から第14号までに掲げる金額を減算した
金額とする。

一　イからヲまでに掲げる金額の合計額から
ワからネまでに掲げる金額の合計額を減算
した金額（当該金額のうちに当該法人が留
保していない金額がある場合には当該留保
していない金額を減算した金額とし、公益
法人等又は人格のない社団等にあつては収
益事業から生じたものに限る。）

タ　法第61条の11第7項の規定により譲
渡損益調整資産の取得価額に算入しない
金額から同項の規定により譲渡損益調整
資産の取得価額に算入する金額を減算し
た金額

二　当該法人を合併法人とする適格合併によ
り当該適格合併に係る被合併法人から移転

を受けた資産の当該適格合併の日の前日の
属する事業年度終了の時の帳簿価額（当該
適格合併に基因して第6号に掲げる金額が
生じた場合には、当該金額に相当する金額
を含む。）から当該適格合併により当該被
合併法人から移転を受けた負債の当該終了
の時の帳簿価額並びに当該適格合併に係る
前条第1項第5号に掲げる金額、同号に規
定する増加資本金額等及び同号に規定する
抱合株式の当該適格合併の直前の帳簿価額
の合計額を減算した金額（当該法人を合併
法人とする適格合併に係る被合併法人が公
益法人等である場合には、当該被合併法人
の当該適格合併の日の前日の属する事業年
度終了の時の利益積立金額に相当する金額）
　十四　前条第1項第20号に規定する合計額が
　　同号に規定する取得資本金額を超える場合
　　におけるその超える部分の金額

（所有株式に対応する資本金等の額の計算方法
等）
第23条　法第24条第1項（配当等の額とみな
　す金額）に規定する株式又は出資に対応する
　部分の金額は、同項に規定する事由の次の各
　号に掲げる区分に応じ当該各号に定める金額
　とする。
　一　法第24条第1項第1号に掲げる合併　当
　　該合併に係る被合併法人の当該合併の日の
　　前日の属する事業年度終了の時の資本金等
　　の額を当該被合併法人のその時の発行済株
　　式又は出資（その有する自己の株式又は出
　　資を除く。以下この条において「発行済株
　　式等」という。）の総数（出資にあつては、
　　総額。以下この条において同じ。）で除し、
　　これに同項に規定する内国法人が当該合併
　　の直前に有していた当該被合併法人の株式
　　（出資を含む。以下この条において同じ。）
　　の数（出資にあつては、金額。以下この条
　　において同じ。）を乗じて計算した金額
　3　法第24条第1項第5号に規定する政令で定
　　める取得は、次に掲げる事由による取得とす
　　る。
　　五　合併又は分割若しくは現物出資（適格分
　　　割若しくは適格現物出資又は事業を移転
　　　し、かつ、当該事業に係る資産に当該分割
　　　若しくは現物出資に係る分割承継法人若し
　　　くは被現物出資法人の株式が含まれている

場合の当該分割若しくは現物出資に限る。）
による被合併法人又は分割法人若しくは現
物出資法人からの移転
　5　法第24条第2項に規定する場合には、同項
　　の合併法人は、同項に規定する抱合株式に対
　　し、同項の合併に係る被合併法人の他の株主
　　等がその有していた当該被合併法人の株式に
　　対して当該合併法人の株式その他の資産の交
　　付を受けた基準と同一の基準により、当該株
　　式その他の資産の交付を受けたものとみなす。

（資産の評価益の計上ができる評価換え）
第24条　法第25条第2項（資産の評価益の益
　金不算入等）に規定する政令で定める評価換
　えは、保険会社が保険業法第112条（株式の
　評価の特例）の規定に基づいて行う株式の評
　価換えとする。

（償却超過額の処理）
第62条　内国法人がその有する減価償却資産
　についてした償却の額のうち各事業年度の所
　得の金額の計算上損金の額に算入されなかつ
　た金額がある場合には、当該資産について
　は、その償却をした日の属する事業年度以後
　の各事業年度の所得の金額の計算上、当該資
　産の帳簿価額は、当該損金の額に算入されな
　かつた金額に相当する金額の減額がされなか
　つたものとみなす。

（資産の評価損の計上ができない株式の発行法
人等）
第68条の3　法第33条第5項（資産の評価損）
　に規定する政令で定めるものは、次に掲げる
　法人とする。
　一　清算中の内国法人
　二　解散（合併による解散を除く。）をする
　　ことが見込まれる内国法人
　三　内国法人で当該内国法人との間に完全支
　　配関係がある他の内国法人との間で適格合
　　併を行うことが見込まれるもの
　2　法第33条第5項に規定する政令で定める法
　　人は、第24条の3（資産の評価益の計上がで
　　きない株式の発行法人等から除外される通算
　　法人）に規定する初年度離脱通算子法人とす
　　る。

（適格合併等による欠損金の引継ぎ等）
第112条

2　法第57条第2項の内国法人の同項に規定する合併等事業年度開始の日前10年以内に開始した各事業年度のうち最も古い事業年度（当該合併等事業年度が当該内国法人の設立の日の属する事業年度である場合には、当該合併等事業年度）開始の日（以下この項において「合併法人等10年前事業年度開始日」という。）が同条第2項の適格合併又は残余財産の確定に係る被合併法人等の同項に規定する前10年内事業年度（以下この項において「被合併法人等前10年内事業年度」という。）で同条第2項に規定する未処理欠損金額が生じた事業年度のうち最も古い事業年度開始の日（当該適格合併が法人を設立するものである場合にあつては、当該開始の日が最も早い被合併法人等の当該事業年度開始の日。以下この項において「被合併法人等10年前事業年度開始日」という。）後である場合には、当該被合併法人等10年前事業年度開始日から当該合併法人等10年前事業年度開始日の前日までの期間を当該期間に対応する当該被合併法人等10年前事業年度開始日に係る被合併法人等の被合併法人等前10年内事業年度ごとに区分したそれぞれの期間（当該前日の属する期間にあつては、当該被合併法人等の当該前日の属する事業年度開始の日から当該合併法人等10年前事業年度開始日の前日までの期間）を当該内国法人のそれぞれの事業年度とみなし、同条第2項の内国法人の同項に規定する合併等事業年度が設立日（当該内国法人の設立の日をいう。以下この項において同じ。）の属する事業年度である場合において、被合併法人等10年前事業年度開始日が当該設立日以後であるときは、被合併法人等の当該設立日の前日の属する事業年度開始の日（当該被合併法人等が当該設立日以後に設立されたものである場合には、当該設立日の1年前の日）から当該前日までの期間を当該内国法人の事業年度とみなして、同条の規定を適用する。

3　法第57条第3項に規定する政令で定めるものは、適格合併のうち、第1号から第4号までに掲げる要件又は第1号及び第5号に掲げる要件に該当するものとする。

一　適格合併に係る被合併法人の被合併事業（当該被合併法人の当該適格合併の前に行う主要な事業のうちのいずれかの事業をいう。以下第3号までにおいて同じ。）と当該適格合併に係る合併法人（当該合併法人が当該適格合併により設立された法人である場合にあつては、当該適格合併に係る他の被合併法人。以下この項において同じ。）の合併事業（当該合併法人の当該適格合併の前に行う事業（当該合併法人が当該適格合併により設立された法人である場合にあつては、当該適格合併に係る他の被合併法人の被合併事業）のうちのいずれかの事業をいう。次号及び第4号において同じ。）とが相互に関連するものであること。

二　被合併事業と合併事業（当該被合併事業と関連する事業に限る。以下この号及び第4号において同じ。）のそれぞれの売上金額、当該被合併事業と当該合併事業のそれぞれの従業者の数、適格合併に係る被合併法人と合併法人のそれぞれの資本金の額若しくは出資金の額又はこれらに準ずるものの規模の割合がおおむね5倍を超えないこと。

三　被合併事業が当該適格合併に係る被合併法人が合併法人との間に最後に支配関係を有することとなつた時（当該被合併法人がその時から当該適格合併の直前の時までの間に当該被合併法人を合併法人、分割承継法人又は被現物出資法人（次号において「合併法人等」という。）とする適格合併、適格分割又は適格現物出資（以下この号及び次号において「適格合併等」という。）により被合併事業の全部又は一部の移転を受けている場合には、当該適格合併等の時。以下この号において「被合併法人支配関係発生時」という。）から当該適格合併の直前の時まで継続して行われており、かつ、当該被合併法人支配関係発生時と当該適格合併の直前の時における当該被合併事業の規模（前号に規定する規模の割合の計算の基礎とした指標に係るものに限る。）の割合がおおむね2倍を超えないこと。

四　合併事業が当該適格合併に係る合併法人が被合併法人との間に最後に支配関係を有することとなつた時（当該合併法人がその時から当該適格合併の直前の時までの間に当該合併法人を合併法人等とする適格合併

等により合併事業の全部又は一部の移転を受けている場合には、当該適格合併等の時。以下この号において「合併法人支配関係発生時」という。）から当該適格合併の直前の時まで継続して行われており、かつ、当該合併法人支配関係発生時と当該適格合併の直前の時における当該合併事業の規模（第2号に規定する規模の割合の計算の基礎とした指標に係るものに限る。）の割合がおおむね2倍を超えないこと。

五　適格合併に係る被合併法人の当該適格合併の前における特定役員（社長、副社長、代表取締役、代表執行役、専務取締役若しくは常務取締役又はこれらに準ずる者で法人の経営に従事している者をいう。以下この号において同じ。）である者のいずれかの者（当該被合併法人が当該適格合併に係る合併法人との間に最後に支配関係を有することとなつた日前（当該支配関係が当該被合併法人となる法人又は当該合併法人となる法人の設立により生じたものである場合には、同日。以下この号において同じ。）において当該被合併法人の役員又は当該これらに準ずる者（同日において当該被合併法人の経営に従事していた者に限る。）であつた者に限る。）と当該合併法人の当該適格合併の前における特定役員である者のいずれかの者（当該最後に支配関係を有することとなつた日前において当該合併法人の役員又は当該これらに準ずる者（同日において当該合併法人の経営に従事していた者に限る。）であつた者に限る。）とが当該適格合併の後に当該合併法人（当該適格合併が法人を設立するものである場合には、当該適格合併により設立された法人）の特定役員となることが見込まれていること。

4　法第57条第3項に規定する政令で定める場合は、次に掲げる場合のいずれかに該当する場合とする。

一　法第57条第3項に規定する被合併法人等と同項に規定する内国法人との間に当該内国法人の同項に規定する適格合併の日の属する事業年度開始の日（当該適格合併が法人を設立するものである場合には、当該適格合併の日）の5年前の日又は同項に規定する残余財産の確定の日の翌日の属する事業年度開始の日の5年前の日（次号において

て「5年前の日」という。）から継続して支配関係がある場合

二　法第57条第3項に規定する被合併法人等又は同項に規定する内国法人が5年前の日後に設立された法人である場合（次に掲げる場合を除く。）であつて当該被合併法人等と当該内国法人との間に当該被合併法人等の設立の日又は当該内国法人の設立の日のいずれか遅い日から継続して支配関係があるとき。

イ　当該内国法人との間に支配関係がある他の内国法人を被合併法人とする適格合併で、当該被合併法人等を設立するもの又は当該内国法人が当該他の内国法人との間に最後に支配関係を有することとなつた日以後に設立された当該被合併法人等を合併法人とするものが行われていた場合（同日が当該5年前の日以前である場合を除く。）

ロ　当該内国法人が他の内国法人との間に最後に支配関係を有することとなつた日以後に設立された当該被合併法人等との間に法第57条第2項に規定する完全支配関係がある当該他の内国法人（当該内国法人との間に支配関係があるものに限る。）で当該被合併法人等が発行済株式又は出資の全部又は一部を有するものの残余財産が確定していた場合（同日が当該5年前の日以前である場合を除く。）

ハ　当該被合併法人等との間に支配関係がある他の法人を被合併法人、分割法人、現物出資法人又は現物分配法人とする法第57条第4項に規定する適格組織再編成等で、当該内国法人を設立するもの又は当該被合併法人等が当該他の法人との間に最後に支配関係を有することとなつた日以後に設立された当該内国法人を合併法人、分割承継法人、被現物出資法人若しくは被現物分配法人とするものが行われていた場合（同日が当該5年前の日以前である場合を除く。）

10　第3項の規定は、法第57条第4項に規定する政令で定める適格組織再編成等について準用する。この場合において、第3項中「適格合併のうち」とあるのは「同条第4項に規定する適格組織再編成等（適格現物分配を除く。以下この項において同じ。）のうち」と、

同項第 1 号中「適格合併に係る被合併法人」とあるのは「適格合併（当該適格組織再編成等が適格合併に該当しない合併、適格分割又は適格現物出資である場合には、当該合併、適格分割又は適格現物出資。以下この項において同じ。）に係る被合併法人（当該適格組織再編成等が適格分割又は適格現物出資である場合には、分割法人又は現物出資法人。以下この項において同じ。）」と、「事業をいう。以下」とあるのは「事業をいい、当該適格組織再編成等が適格分割又は適格現物出資である場合には当該分割法人の当該適格組織再編成等に係る法第 2 条第 12 号の 11 ロ(1)（定義）に規定する分割事業又は当該現物出資法人の当該適格組織再編成等に係る同条第 12 号の 14 ロ(1)に規定する現物出資事業とする。以下」と、「合併法人（当該合併法人」とあるのは「合併法人（当該適格組織再編成等が適格分割又は適格現物出資である場合には分割承継法人又は被現物出資法人とし、当該合併法人、分割承継法人又は被現物出資法人」と、同項第 2 号中「規模」とあるのは「規模（適格分割又は適格現物出資にあつては、被合併事業と合併事業のそれぞれの売上金額、当該被合併事業と当該合併事業のそれぞれの従業者の数又はこれらに準ずるものの規模）」と、同項第 5 号中「特定役員（社長」とあるのは「特定役員等（合併にあつては社長」と、「者をいう。以下この号において同じ。）」とあるのは「者（以下この号において「特定役員」という。）をいい、適格分割又は適格現物出資にあつては役員又は当該これらに準ずる者で法人の経営に従事している者をいう。）」と読み替えるものとする。

（解散の場合の欠損金額の範囲）

第 117 条の 5　法第 59 条第 4 項（会社更生等による債務免除等があつた場合の欠損金の損金算入）に規定する欠損金額を基礎として政令で定めるところにより計算した金額は、第 1 号に掲げる金額から第 2 号（同項に規定する適用年度（以下この条において「適用年度」という。）が法第 64 条の 7 第 1 項第 1 号から第 3 号まで（欠損金の通算）の規定の適用を受ける事業年度である場合には、第 3 号）に掲げる金額を控除した金額とする。

一　適用年度終了の時における前事業年度以前の事業年度から繰り越された欠損金額の合計額（当該適用年度終了の時における資本金等の額が 0 以下である場合には、当該欠損金額の合計額から当該資本金等の額を減算した金額）

二　法第 57 条第 1 項（欠損金の繰越し）の規定により適用年度の所得の金額の計算上損金の額に算入される欠損金額

三　適用年度に係る法第 64 条の 7 第 1 項第 4 号に規定する損金算入欠損金額の合計額

（有価証券の取得価額）

第 119 条　内国法人が有価証券の取得をした場合には、その取得価額は、次の各号に掲げる有価証券の区分に応じ当該各号に定める金額とする。

五　合併（法第 61 条の 2 第 2 項（有価証券の譲渡益又は譲渡損の益金又は損金算入）に規定する金銭等不交付合併に限る。）により交付を受けた当該合併に係る合併法人又は同項に規定する政令で定める関係がある法人（以下この号において「親法人」という。）の株式　当該合併に係る被合併法人の株式の当該合併の直前の帳簿価額に相当する金額（法第 24 条第 1 項第 1 号（配当等の額とみなす金額）の規定により法第 23 条第 1 項第 1 号又は第 2 号（受取配当等の益金不算入）に掲げる金額とみなされた金額がある場合には当該金額を、当該合併法人又は親法人の株式の交付を受けるために要した費用がある場合にはその費用の額を、それぞれ加算した金額とする。）

二十六　適格合併に該当しない合併で法第 61 条の 11 第 1 項（完全支配関係がある法人の間の取引の損益）の規定の適用があるものにより移転を受けた有価証券で同項に規定する譲渡損益調整資産（第 122 条の 12 第 1 項第 3 号（完全支配関係がある法人の間の取引の損益）に規定する通算法人株式を除く。）に該当するもの　その取得の時におけるその有価証券の取得のために通常要する価額からその有価証券に係る法第 61 条の 11 第 7 項に規定する譲渡利益額に相当する金額を減算し、又はその通常要する価額にその有価証券に係る同項に規定する譲渡損失額に相当する金額を加算した金額

二十七　前各号に掲げる有価証券以外の有価証券　その取得の時におけるその有価証券の取得のために通常要する価額

（移動平均法を適用する有価証券について評価換え等があつた場合の一単位当たりの帳簿価額の算出の特例）
第119条の3
20　内国法人の有する株式（以下この項において「旧株」という。）を発行した法人を合併法人とする合併（第4条の3第2項第1号（適格組織再編成における株式の保有関係等）に規定する無対価合併に該当するもので同項第2号ロに掲げる関係があるものに限る。）が行われた場合には、所有株式（その旧株を発行した法人の株式で、その合併の直後にその内国法人が有するものをいう。以下この項において同じ。）のその合併の直後の移動平均法により算出した一単位当たりの帳簿価額は、その旧株のその合併の直前の帳簿価額にその合併に係る被合併法人の株式でその内国法人がその合併の直前に有していたものの当該直前の帳簿価額（法第24条第1項第1号の規定により法第23条第1項第1号に掲げる金額とみなされた金額がある場合には、当該金額を加算した金額）を加算した金額をその所有株式の数で除して計算した金額とする。

（評価換え等があつた場合の総平均法の適用の特例）
第119条の4　内国法人の有する有価証券（第119条の2第1項第2号（有価証券の一単位当たりの帳簿価額の算出の方法）に掲げる総平均法（以下この項において「総平均法」という。）によりその一単位当たりの帳簿価額を算出するものに限る。以下この条において同じ。）又はその有価証券を発行した法人について、当該事業年度において前条第1項各号に規定する評価換え、同条第2項に規定する民事再生等評価換え、同条第3項に規定する非適格株式交換等時価評価、同条第4項に規定する時価評価、同条第5項に規定する通算終了事由の発生、同条第9項に規定する寄附修正事由の発生、同条第10項に規定する対象配当等の額の受領、同条第17項に規定する併合、同条第18項に規定する分割若しくは併合、同条第19項に規定する交付、同条

第20項に規定する合併、同条第21項若しくは第22項に規定する分割型分割、同条第23項に規定する分社型分割、同条第24項に規定する株式分配、同条第25項に規定する株式交換、同条第26項に規定する資本の払戻し若しくは分配又は同条第27項に規定する交付（以下この項において「評価換え等」という。）があつた場合には、当該事業年度開始の時（その時からその評価換え等があつた時までの間に他の評価換え等があつた場合には、その評価換え等の直前の他の評価換え等があつた時）からその評価換え等の直前の時までの期間（以下この項において「評価換前期間」という。）及びその評価換え等があつた時から当該事業年度終了の時までの期間（以下この項において「評価換後期間」という。）をそれぞれ一事業年度とみなして、総平均法によりその一単位当たりの帳簿価額を算出するものとする。この場合において、当該評価換後期間の開始の時において有するその有価証券の帳簿価額は、当該評価換前期間を一事業年度とみなして総平均法により算出したその有価証券のその一単位当たりの帳簿価額に当該評価換前期間の終了の時において有するその有価証券の数を乗じて計算した金額をその有価証券のその評価換え等の直前の帳簿価額とみなして同条各項の規定の例により算出したその評価換え等の直後のその一単位当たりの帳簿価額に、その評価換え等の直後にその内国法人の有するその有価証券の数を乗じて計算した金額とする。

（適格合併及び適格分割型分割における合併法人等の資産及び負債の引継価額等）
第123条の3
3　内国法人が適格合併又は適格分割型分割により被合併法人又は分割法人から資産又は負債の移転を受けた場合には、当該移転を受けた資産及び負債の法第62条の2第1項又は第2項に規定する帳簿価額（当該資産又は負債が当該被合併法人（公益法人等に限る。）の収益事業以外の事業に属する資産又は負債であつた場合には、当該移転を受けた資産及び負債の価額として当該内国法人の帳簿に記載された金額）による引継ぎを受けたものとする。

（特定資産に係る譲渡等損失額の損金不算入）
第123条の8　法第62条の7第1項（特定資産に係る譲渡等損失額の損金不算入）に規定する政令で定める場合は、次に掲げる場合のいずれかに該当する場合とする。

一　法第62条の7第1項に規定する内国法人と同項に規定する支配関係法人との間に同項に規定する特定組織再編成事業年度開始の日の5年前の日（次号において「5年前の日」という。）から継続して支配関係がある場合

二　法第62条の7第1項に規定する内国法人又は同項に規定する支配関係法人が5年前の日後に設立された法人である場合（次に掲げる場合を除く。）であつて当該内国法人と当該支配関係法人との間に当該内国法人の設立の日又は当該支配関係法人の設立の日のいずれか遅い日から継続して支配関係があるとき。

イ　当該内国法人との間に支配関係がある他の法人を被合併法人、分割法人、現物出資法人又は現物分配法人とする適格組織再編成等（適格合併若しくは適格合併に該当しない合併で法第61条の11第1項（完全支配関係がある法人の間の取引の損益）の規定の適用があるもの、適格分割、適格現物出資又は適格現物分配をいう。ロ及び第3項第1号において同じ。）で、当該支配関係法人を設立するもの又は当該内国法人が当該他の法人との間に最後に支配関係を有することとなつた日以後に設立された当該支配関係法人を合併法人、分割承継法人、被現物出資法人若しくは被現物分配法人とするものが行われていた場合（同日が当該5年前の日以前である場合を除く。）

ロ　当該支配関係法人との間に支配関係がある他の法人を被合併法人、分割法人、現物出資法人又は現物分配法人とする適格組織再編成等で、当該内国法人を設立するもの又は当該支配関係法人が当該他の法人との間に最後に支配関係を有することとなつた日以後に設立された当該内国法人を合併法人、分割承継法人、被現物出資法人若しくは被現物分配法人とするものが行われていた場合（同日が当該5年前の日以前である場合を除く。）

2　法第62条の7第2項第1号に規定するその他の政令で定めるものは、次に掲げるものとする。

一　棚卸資産（土地（土地の上に存する権利を含む。第5項第3号において「土地等」という。）を除く。）

二　法第61条第2項（短期売買商品等の譲渡損益及び時価評価損益）に規定する短期売買商品等

三　法第61条の3第1項第1号（売買目的有価証券の評価益又は評価損の益金又は損金算入等）に規定する売買目的有価証券

四　法第62条の7第1項に規定する特定適格組織再編成等（以下この条において「特定適格組織再編成等」という。）の日における帳簿価額又は取得価額（資産を財務省令で定める単位に区分した後のそれぞれの資産の帳簿価額又は取得価額とする。）が1,000万円に満たない資産

五　法第62条の7第2項第1号に規定する支配関係発生日（次項において「支配関係発生日」という。）の属する事業年度開始の日における価額が同日における帳簿価額を下回つていない資産（同条第1項の内国法人の同項に規定する特定組織再編成事業年度の確定申告書、修正申告書又は更正請求書に同日における当該資産の価額及びその帳簿価額に関する明細を記載した書類の添付があり、かつ、当該資産に係る同日の価額の算定の基礎となる事項を記載した書類その他の財務省令で定める書類を保存している場合における当該資産に限る。）

六　適格合併に該当しない合併により移転を受けた資産で法第61条の11第1項に規定する譲渡損益調整資産（以下この条において「譲渡損益調整資産」という。）以外のもの

3　法第62条の7第2項第1号に規定する支配関係発生日の属する事業年度開始の日前から有していた資産に準ずるものとして政令で定めるものは、同条第1項の内国法人が同項に規定する支配関係法人から同項の特定適格組織再編成等により移転を受けた資産（前項各号に掲げるものを除く。）のうち、当該特定適格組織再編成等の日以前2年以内の期間（第1項第2号イに掲げる場合に該当しない場合には、支配関係発生日以後の期間に限る。

第1号及び第2号において「前2年以内期間」という。）内に行われた一又は二以上の前特定適格組織再編成等（特定適格組織再編成等で関連法人（当該内国法人及び当該支配関係法人との間に支配関係がある法人をいい、第1項第2号イに掲げる場合に該当する場合には同号イの他の法人を含む。以下この項において同じ。）を被合併法人、分割法人、現物出資法人又は現物分配法人とし、当該支配関係法人又は他の関連法人を合併法人、分割承継法人、被現物出資法人又は被現物分配法人とする他の特定適格組織再編成等をいう。）により移転があつた資産で関連法人のいずれかが関連法人支配関係発生日（当該内国法人及び当該支配関係法人が当該関連法人との間に最後に支配関係を有することとなつた日（当該他の法人にあつては、当該内国法人が当該他の法人との間に最後に支配関係を有することとなつた日）をいう。第3号において同じ。）の属する事業年度開始の日前から有していたもの（次に掲げるものを除く。）とする。

一 前2年以内期間内に行われた適格組織再編成等で特定適格組織再編成等に該当しないものにより移転があつた資産

二 前2年以内期間内に行われた適格合併に該当しない合併により移転があつた資産で譲渡損益調整資産以外のもの

三 前2号に掲げる資産以外の資産で次に掲げるもの

イ 資産を財務省令で定める単位に区分した後のそれぞれの資産の当該関連法人支配関係発生日の属する事業年度開始の日における帳簿価額又は取得価額が1,000万円に満たない資産

ロ 当該関連法人支配関係発生日の属する事業年度開始の日における価額が同日における帳簿価額を下回つていない資産（法第62条の7第1項の内国法人の同項に規定する特定組織再編成事業年度の確定申告書、修正申告書又は更正請求書に同日における当該資産の価額及びその帳簿価額に関する明細を記載した書類の添付があり、かつ、当該資産に係る同日の価額の算定の基礎となる事項を記載した書類その他の財務省令で定める書類を保存している場合における当該資産に限

る。）

4 法第62条の7第2項第1号に規定する損失の額として政令で定める金額は、次の各号に掲げる事由（除外特定事由を除く。）が生じた場合における当該各号に定める金額（当該事業年度の損金の額に算入されないものを除く。）とする。

一 譲渡その他の移転（第5号又は第6号に掲げる事由に該当するものを除く。以下この号において「譲渡等」という。） 当該譲渡等をした資産の当該譲渡等の直前の帳簿価額が当該譲渡等に係る収益の額を超える場合におけるその超える部分の金額

二 次に掲げる事由（以下この号において「評価換え等」という。） 当該評価換え等に係る資産の当該評価換え等の直前の帳簿価額から当該評価換え等の直後の帳簿価額を控除した金額

イ 内国法人が有する資産の評価換えにより生じた損失の額につき法第33条第2項（資産の評価損）の規定の適用がある場合の当該評価換え

ロ 内国法人が事業年度終了の時に有する第122条の3第1項（外国為替の売買相場が著しく変動した場合の外貨建資産等の期末時換算）に規定する外貨建資産等（ロ及び第6項第2号イにおいて「外貨建資産等」という。）又は適格分割等（同条第2項に規定する適格分割等をいう。ロ及び第6項第2号イにおいて同じ。）により分割承継法人、被現物出資法人若しくは被現物分配法人に移転する外貨建資産等につき同条第1項（同条第2項において準用する場合を含む。）の規定に基づき当該終了の時又は当該適格分割等の直前の時に外貨建資産等の取得又は発生の基因となつた外貨建取引（同条第1項に規定する外貨建取引をいう。ロ及び第6項第2号イにおいて同じ。）を行つたものとみなして法第61条の8第1項（外貨建取引の換算）又は第61条の9第1項（外貨建資産等の期末換算差益又は期末換算差損の益金又は損金算入等）の規定の適用を受ける場合の当該外貨建取引（当該外貨建取引を行つたものとみなしたことにより当該外貨建資産等の帳簿価額がその直前の帳簿価額を下回ること

なるものに限る。)

ハ　内国法人が有する法第62条の9第1項
（非適格株式交換等に係る株式交換完全
子法人等の有する資産の時価評価損益）
に規定する時価評価資産、法第64条の
11第1項（通算制度の開始に伴う資産の
時価評価損益）に規定する時価評価資
産、同条第2項に規定する株式若しくは
出資、法第64条の12第1項（通算制度
への加入に伴う資産の時価評価損益）に
規定する時価評価資産、同条第2項に規
定する株式若しくは出資又は法第64条
の13第1項（通算制度からの離脱等に伴
う資産の時価評価損益）に規定する時価
評価資産（第6項第2号ロにおいて「時
価評価資産」という。）のこれらの規定
に規定する評価損の額につきこれらの規
定の適用を受ける場合の当該評価損の額
が損金の額に算入されることとなつたこ
と。

三　貸倒れ、除却その他これらに類する事由
（次号に掲げる事由に該当するものを除く。
以下この号において「貸倒れ等」という。）
当該貸倒れ等による損失の額

四　法第52条第1項（貸倒引当金）に規定す
る個別評価金銭債権のうち当該個別評価金
銭債権に対応する貸倒引当金勘定の金額
（当該事業年度の前事業年度の所得の金額
の計算上損金の額に算入された貸倒引当金
勘定の金額（同条第8項の規定により特定
適格組織再編成等に係る被合併法人、分割
法人、現物出資法人又は現物分配法人から
引継ぎを受けた貸倒引当金勘定の金額又は
同条第5項に規定する期中個別貸倒引当金
勘定の金額を含む。）に限る。以下この号
において同じ。）があるものの貸倒れ　当
該個別評価金銭債権の貸倒れによる損失の
額から当該事業年度の所得の金額の計算上
益金の額に算入される当該貸倒引当金勘定
の金額を控除した金額

五　法第61条の6第1項（繰延ヘッジ処理に
よる利益額又は損失額の繰延べ）に規定す
るデリバティブ取引等（以下この号におい
て「デリバティブ取引等」という。）によ
り同項に規定するヘッジ対象資産等損失額
を減少させようとする同項第1号に規定す
る資産で同項の規定の適用を受けているも

のの譲渡　当該資産の譲渡により生じた損
失の額から当該デリバティブ取引等に係る
第121条の3第2項（デリバティブ取引等
に係る利益額又は損失額のうちヘッジとし
て有効である部分の金額等）に規定する有
効性割合がおおむね100分の80から100分
の125までとなつていた直近の第121条第
1項（繰延ヘッジ処理におけるヘッジの有
効性判定等）に規定する有効性判定におけ
る当該デリバティブ取引等に係る第121条
の3第4項に規定する利益額に相当する金
額を控除した金額（当該デリバティブ取引
等に係る同項に規定する損失額に相当する
金額がある場合にあつては、当該資産の譲
渡により生じた損失の額に当該損失額に相
当する金額を加算した金額）

六　法第61条の7第1項（時価ヘッジ処理に
よる売買目的外有価証券の評価益又は評価
損の計上）の規定の適用を受けている法第
61条の3第1項第2号に規定する売買目的
外有価証券の譲渡　当該売買目的外有価証
券の譲渡直前の帳簿価額を当該事業年度の
前事業年度における第121条の6第1項
（時価ヘッジ処理における売買目的外有価
証券の評価額と円換算額等）に規定する帳
簿価額とした場合に当該帳簿価額が当該譲
渡に係る法第61条の2第1項第1号（有価
証券の譲渡益又は譲渡損の益金又は損金算
入）に掲げる金額を超えるときのその超え
る部分の金額

七　内国法人が譲渡損益調整資産に係る譲渡
損失額（法第61条の11第1項に規定する
譲渡損失額をいう。）に相当する金額につ
き同項の規定の適用を受け、かつ、同条第
2項から第4項までの規定により各事業年
度の所得の金額の計算上損金の額に算入さ
れていない金額がある場合において、同条
第2項に規定する政令で定める事由が生じ
たこと又は同条第3項若しくは第4項に規
定する場合に該当することとなつたこと
当該事由が生じたこと又はその該当する
こととなつたことに基因して同条第2項か
ら第4項までの規定により損金の額に算入
されることとなる金額に相当する金額

八　法第62条の8第1項（非適格合併等によ
り移転を受ける資産等に係る調整勘定の損
金算入等）に規定する資産調整勘定の金額

（以下この号において「資産調整勘定の金額」という。）を有する内国法人が当該内国法人を被合併法人とする適格合併に該当しない合併（以下この号において「非適格合併」という。）を行つた場合又は当該内国法人の残余財産が確定した場合において、同条第4項の規定により当該非適格合併の日の前日又は当該残余財産の確定の日の属する事業年度において当該資産調整勘定の金額を減額すべきこととなつたこと（その減額すべきこととなつた金額が当該事業年度が非適格合併の日の前日又は残余財産の確定の日の属する事業年度でなかつたとした場合に同項の規定により減額すべきこととなる資産調整勘定の金額に満たない場合を除く。）同項の規定により減額すべきこととなつた資産調整勘定の金額に相当する金額（その減額すべきこととなつた金額が当該事業年度が非適格合併の日の前日又は残余財産の確定の日の属する事業年度でなかつたとした場合に同項の規定により減額すべきこととなる資産調整勘定の金額を超える部分の金額に限る。）から次に掲げる金額の合計額を控除した金額

　イ　当該非適格合併に伴い法第62条の8第6項第1号に規定する退職給与引受従業者が当該内国法人の従業者でなくなつたこと（当該退職給与引受従業者に対して退職給与を支給する場合を除く。）に基因して同号に規定する退職給与負債調整勘定の金額を有する当該内国法人が同項の規定により減額すべきこととなつた同号に定める金額に相当する金額

　ロ　当該非適格合併又は当該残余財産の確定に基因して法第62条の8第6項第2号に規定する短期重要負債調整勘定の金額を有する当該内国法人が同項の規定により減額すべきこととなつた同号に定める金額に相当する金額

　ハ　法第62条の8第7項の規定により同項に規定する差額負債調整勘定の金額（ハにおいて「差額負債調整勘定の金額」という。）を有する当該内国法人が当該非適格合併の日の前日又は当該残余財産の確定の日の属する事業年度に同項の規定により減額すべきこととなつた差額負債調整勘定の金額（その減額すべきこととなつた金額が当該事業年度が非適格合併の日の前日又は残余財産の確定の日の属する事業年度でなかつたとした場合に同項の規定により減額すべきこととなる差額負債調整勘定の金額を超える部分の金額に限る。）

　ニ　当該非適格合併により当該非適格合併に係る合併法人が有することとなつた資産調整勘定の金額に相当する金額

5　前項に規定する除外特定事由とは、次に掲げるものをいう。

一　災害による資産の滅失又は損壊

二　更生手続開始の決定があつた場合における会社更生法又は金融機関等の更生手続の特例等に関する法律に規定する更生会社又は更生協同組織金融機関の当該更生手続開始の決定の時から当該更生手続開始の決定に係る更生手続の終了の時までの期間（第7項第1号において「更生期間」という。）において資産について生じた前項各号に掲げる事由

三　固定資産（土地等を除く。）又は繰延資産（以下この号において「評価換対象資産」という。）につき行つた評価換えで法第33条第2項の規定の適用があるもの（当該評価換対象資産につき特定適格組織再編成等の日前に同項に規定する事実が生じており、かつ、当該事実に基因して当該評価換対象資産の価額がその帳簿価額を下回ることとなつていることが明らかである場合における当該評価換えを除く。）

四　再生手続開始の決定があつた場合（法第33条第4項に規定する政令で定める事実が生じた場合を含む。）における民事再生法に規定する再生債務者（当該事実が生じた場合にあつては、その債務者）である内国法人の当該再生手続開始の決定の時から当該再生手続開始の決定に係る再生手続の終了の時まで（当該事実が生じた場合にあつては、当該事実が生じた日の属する事業年度開始の日から当該事実が生じた日まで）の期間（第7項第2号において「再生等期間」という。）において資産について生じた前項各号に掲げる事由

五　減価償却資産（当該減価償却資産の当該事業年度開始の日における帳簿価額が、当該減価償却資産につき特定適格組織再編成

等に係る被合併法人、分割法人、現物出資法人又は現物分配法人の取得の日から当該事業年度において採用している償却の方法により償却を行つたものとした場合に計算される当該事業年度開始の日における帳簿価額に相当する金額のおおむね 2 倍を超える場合における当該減価償却資産を除く。）の除却

六　譲渡損益調整資産の譲渡で法第 61 条の 11 第 1 項の規定の適用があるもの

七　租税特別措置法第 64 条第 1 項（収用等に伴い代替資産を取得した場合の課税の特例）に規定する収用等（以下この号において「収用等」という。）による資産の譲渡（同条第 2 項の規定により収用等による資産の譲渡があつたものとみなされるものを含む。）及び同法第 65 条第 1 項（換地処分等に伴い資産を取得した場合の課税の特例）に規定する換地処分等（以下この号において「換地処分等」という。）による資産の譲渡（同条第 7 項から第 9 項までの規定により収用等又は換地処分等による資産の譲渡があつたものとみなされるものを含む。）

八　租税特別措置法第 67 条の 4 第 1 項（転廃業助成金等に係る課税の特例）に規定する法令の制定等があつたことに伴い、その営む事業の廃止又は転換をしなければならないこととなつた法人のその廃止又は転換をする事業の用に供していた資産の譲渡、除却その他の処分

九　前各号に掲げるもののほか財務省令で定めるもの

6　法第 62 条の 7 第 2 項第 1 号に規定する利益の額として政令で定める金額は、次の各号に掲げる事由（除外特定事由を除く。）が生じた場合における当該各号に定める金額（当該事業年度の益金の額に算入されないものを除く。）とする。

一　譲渡（第 4 号に掲げる事由に該当するものを除く。）　当該譲渡をした資産の当該譲渡に係る収益の額が当該譲渡の直前の帳簿価額を超える場合におけるその超える部分の金額

二　次に掲げる事由（以下この号において「外貨建取引等」という。）　当該外貨建取引等をした資産の当該外貨建取引等の直後

の帳簿価額が当該外貨建取引等の直前の帳簿価額を超える場合におけるその超える部分の金額

イ　内国法人が事業年度終了の時に有する外貨建資産等又は適格分割等により分割承継法人、被現物出資法人若しくは被現物分配法人に移転する外貨建資産等につき第 122 条の 3 第 1 項（同条第 2 項において準用する場合を含む。）の規定に基づき当該終了の時又は当該適格分割等の直前の時に外貨建資産等の取得又は発生の基因となつた外貨建取引を行つたものとみなして法第 61 条の 8 第 1 項又は第 61 条の 9 第 1 項の規定の適用を受ける場合の当該外貨建取引（当該外貨建取引を行つたものとみなしたことにより当該外貨建資産等の帳簿価額がその直前の帳簿価額を超えることとなるものに限る。）

ロ　内国法人が有する時価評価資産の法第 62 条の 9 第 1 項、第 64 条の 11 第 1 項若しくは第 2 項、第 64 条の 12 第 1 項若しくは第 2 項又は第 64 条の 13 第 1 項に規定する評価益の額につきこれらの規定の適用を受ける場合の当該評価益の額が益金の額に算入されることとなつたこと。

三　内国法人が譲渡損益調整資産に係る譲渡利益額（法第 61 条の 11 第 1 項に規定する譲渡利益額をいう。）に相当する金額につき同項の規定の適用を受け、かつ、同条第 2 項から第 4 項までの規定により各事業年度の所得の金額の計算上益金の額に算入されていない金額がある場合において、同条第 2 項に規定する政令で定める事由が生じたこと又は同条第 3 項若しくは第 4 項に規定する場合に該当することとなつたこと

当該事由が生じたこと又はその該当することとなつたことに基因して同条第 2 項から第 4 項までの規定により益金の額に算入されることとなる金額に相当する金額

四　資産の譲渡につき租税特別措置法第 64 条から第 65 条の 5 の 2 まで（収用等に伴い代替資産を取得した場合の課税の特例等）又は第 65 条の 7 から第 66 条まで（特定の資産の買換えの場合の課税の特例等）の規定により当該譲渡をした事業年度の所得の金額の計算上損金の額に算入される金額（同法第 65 条の 6（資産の譲渡に係る特別

控除額の特例）の規定により損金の額に算入されない金額がある場合には、当該金額を控除した金額。以下この号において「損金算入額」という。）がある場合の当該譲渡　当該資産の譲渡に係る収益の額から当該資産の譲渡直前の帳簿価額及び当該損金算入額に相当する金額の合計額を控除した金額

　五　内国法人が資産の譲渡に伴い設けた租税特別措置法第64条の2第10項若しくは第11項（収用等に伴い特別勘定を設けた場合の課税の特例）又は第65条の8第10項若しくは第11項（特定の資産の譲渡に伴い特別勘定を設けた場合の課税の特例）に規定する特別勘定の金額がこれらの規定により法第62条の9第1項に規定する非適格株式交換等の日の属する事業年度、法第64条の11第1項に規定する通算開始直前事業年度、法第64条の12第1項に規定する通算加入直前事業年度又は法第64条の13第1項に規定する通算終了直前事業年度の所得の金額の計算上益金の額に算入されることとなつたこと　その益金の額に算入される金額

7　前項に規定する除外特定事由とは、次に掲げるものをいう。

　一　更生期間において資産について生じた前項各号に掲げる事由

　二　再生等期間において資産について生じた前項各号に掲げる事由

　三　法第50条第1項（交換により取得した資産の圧縮額の損金算入）の規定の適用を受けた同項に規定する譲渡資産の交換による譲渡

　四　譲渡損益調整資産の譲渡で法第61条の11第1項の規定の適用があるもの

　五　前各号に掲げるもののほか財務省令で定めるもの

8　第2項から前項までに定めるもののほか、法第62条の7第2項第1号に規定する特定引継資産（次条において「特定引継資産」という。）に係る同項に規定する特定資産譲渡等損失額の計算に関し必要な事項は、財務省令で定める。

9　第2項から前項までの規定は、法第62条の7第2項第2号に規定するその他の政令で定めるもの、同号に規定する支配関係発生日の属する事業年度開始の日前から有していた資産に準ずるものとして政令で定めるもの、同号に規定する損失の額として政令で定める金額及び同号に規定する利益の額として政令で定める金額について準用する。この場合において、第2項中「次に」とあるのは「第1号から第5号までに」と、同項第4号中「日に」とあるのは「日の属する事業年度開始の日に」と、第3項中「同項に規定する支配関係法人から同項の特定適格組織再編成等により移転を受けた資産（前項各号」とあるのは「同項の特定適格組織再編成等の日の属する事業年度開始の日から当該特定適格組織再編成等の直前の時までの間のいずれかの時において有する資産（前項第1号から第5号まで」と、「第1項第2号イ」とあるのは「第1項第2号ロ」と、「同号イ」とあるのは「同号ロ」と、「とし、当該支配関係法人」とあるのは「とし、当該内国法人」と、「当該内国法人が」とあるのは「当該支配関係法人が」と、第5項第5号中「特定適格組織再編成等に係る被合併法人、分割法人、現物出資法人又は現物分配法人の」とあるのは「その」と、前項中「第62条の7第2項第1号」とあるのは「第62条の7第2項第2号」と、「特定引継資産」とあるのは「特定保有資産」と読み替えるものとする。

10　第1項の規定は、法第62条の7第3項に規定する政令で定める場合について準用する。この場合において、第1項第1号中「第62条の7第1項に規定する内国法人」とあるのは「第62条の7第3項に規定する被合併法人等」と、「支配関係法人」とあるのは「他の被合併法人等」と、「特定組織再編成事業年度開始の日」とあるのは「特定適格組織再編成等の日」と、同項第2号中「第62条の7第1項に規定する内国法人」とあるのは「第62条の7第3項に規定する被合併法人等」と、「支配関係法人」とあるのは「他の被合併法人等」と、「当該内国法人」とあるのは「当該被合併法人等」と読み替えるものとする。

11　第2項から第8項までの規定は、法第62条の7第3項において準用する同条第2項第1号に規定するその他の政令で定めるもの、同号に規定する支配関係発生日の属する事業年度開始の日前から有していた資産に準ずるものとして政令で定めるもの、同号に規定する

損失の額として政令で定める金額及び同号に規定する利益の額として政令で定める金額について準用する。この場合において、第3項中「同項に規定する支配関係法人から同項」とあるのは「同条第3項の被合併法人等から同条第1項」と、「第1項第2号イ」とあるのは「第10項において準用する第1項第2号ロ」と、「当該内国法人及び当該支配関係法人との間に」とあるのは「当該被合併法人等及び同条第3項の他の被合併法人等との間に」と、「同号イ」とあるのは「同号ロ」と、「当該支配関係法人又は」とあるのは「当該被合併法人等又は」と、「当該内国法人及び当該支配関係法人が当該関連法人」とあるのは「当該被合併法人等及び当該他の被合併法人等が当該関連法人」と、「当該内国法人が」とあるのは「当該他の被合併法人等が」と、第8項中「第62条の7第2項第1号」とあるのは「第62条の7第3項において準用する同条第2項第1号」と読み替えるものとする。

12　第2項から第8項までの規定は、法第62条の7第3項において準用する同条第2項第2号に規定するその他の政令で定めるもの、同号に規定する支配関係発生日の属する事業年度開始の日前から有していた資産に準ずるものとして政令で定めるもの、同号に規定する損失の額として政令で定める金額及び同号に規定する利益の額として政令で定める金額について準用する。この場合において、第3項中「同項に規定する支配関係法人から同項」とあるのは「同条第3項の他の被合併法人等から同条第1項」と、「第1項第2号イ」とあるのは「第10項において準用する第1項第2号イ」と、「当該内国法人及び当該支配関係法人との間に」とあるのは「同条第3項の被合併法人等及び当該他の被合併法人等との間に」と、「当該支配関係法人又は」とあるのは「当該他の被合併法人等又は」と、「当該内国法人及び当該支配関係法人が当該関連法人」とあるのは「当該被合併法人等及び当該

他の被合併法人等が当該関連法人」と、「当該内国法人が」とあるのは「当該被合併法人等が」と、第5項第5号中「被合併法人、分割法人、現物出資法人又は現物分配法人」とあるのは「法第62条の7第3項の他の被合併法人等」と、第8項中「第62条の7第2項第1号」とあるのは「第62条の7第3項において準用する同条第2項第2号」と、「特定引継資産」とあるのは「特定保有資産」と読み替えるものとする。

（一括償却資産の損金算入）
第133条の2

4　内国法人が適格合併に該当しない合併により解散した場合又は内国法人の残余財産が確定した場合（当該残余財産の分配が適格現物分配に該当する場合を除く。）には、当該合併の日の前日又は当該残余財産の確定の日の属する事業年度終了の時における一括償却資産の金額（第1項及び第2項の規定により損金の額に算入された金額を除く。）は、当該事業年度の所得の金額の計算上、損金の額に算入する。

（資産に係る控除対象外消費税額等の損金算入）
第139条の4

12　内国法人が適格組織再編成を行つた場合には、次の各号に掲げる適格組織再編成の区分に応じ当該各号に定める繰延消費税額等（第3項、第4項及び第7項の規定により損金の額に算入された金額を除く。以下この項において同じ。）は、当該適格組織再編成に係る合併法人、分割承継法人、被現物出資法人又は被現物分配法人に引き継ぐものとする。

一　適格合併又は適格現物分配（残余財産の全部の分配に限る。）　当該適格合併の直前又は当該適格現物分配に係る残余財産の確定の時の繰延消費税額等

法人税基本通達（抄）

（清算結了の登記をした場合の納税義務等）

1-1-7 法人が清算結了の登記をした場合においても、その清算の結了は実質的に判定すべきものであるから、当該法人は、各事業年度の所得に対する法人税を納める義務を履行するまではなお存続するものとする。

（注）

本文の法人が通算法人である場合において当該法人が清算結了の登記をしたときの当該法人の納税義務等について、当該法人は、その各事業年度の所得に対する法人税については、本文に定めるところにより、当該法人税を納める義務を履行するまではなお存続するものとし、法第152条第1項《連帯納付の責任》の規定により連帯納付の責任を有することとなった他の通算法人の同項に規定する法人税については、当該法人及び他の通算法人が当該法人税を納める義務を履行するまではなお存続するものとする。

（株式会社等が解散等をした場合における清算中の事業年度）

1-2-9 株式会社又は一般社団法人若しくは一般財団法人（以下1-2-9において「株式会社等」という。）が解散等（会社法第475条各号又は一般法人法第206条各号《清算の開始原因》に掲げる場合をいう。）をした場合における清算中の事業年度は、当該株式会社等が定款で定めた事業年度にかかわらず、会社法第494条第1項又は一般法人法第227条第1項《貸借対照表等の作成及び保存》に規定する清算事務年度になるのであるから留意する。

会社法（抄）

（清算の開始原因）

第475条 株式会社は、次に掲げる場合には、この章の定めるところにより、清算をしなければならない。

一 解散した場合（第471条第4号に掲げる事由によって解散した場合及び破産手続開始の決定により解散した場合であって当該破産手続が終了していない場合を除く。）

二 設立の無効の訴えに係る請求を認容する判決が確定した場合

三 株式移転の無効の訴えに係る請求を認容する判決が確定した場合

（貸借対照表等の作成及び保存）

第494条 清算株式会社は、法務省令で定めるところにより、各清算事務年度（第475条各号に掲げる場合に該当することとなった日の翌日又はその後毎年その日に応当する日（応当する日がない場合にあっては、その前日）から始まる各1年の期間をいう。）に係る貸借対照表及び事務報告並びにこれらの附属明細書を作成しなければならない。

租税特別措置法（抄）

（交際費等の損金不算入）

第61条の4　法人が平成26年4月1日から令和6年3月31日までの間に開始する各事業年度（以下この条において「適用年度」という。）において支出する交際費等の額（当該適用年度終了の日における資本金の額又は出資金の額（資本又は出資を有しない法人その他政令で定める法人にあつては、政令で定める金額。以下この項及び次項において同じ。）が100億円以下である法人（通算法人の当該適用年度終了の日において当該通算法人との間に通算完全支配関係がある他の通算法人のうちいずれかの法人の同日における資本金の額又は出資金の額が100億円を超える場合における当該通算法人を除く。）については、当該交際費等の額のうち接待飲食費の額の100分の50に相当する金額を超える部分の金額）は、当該適用年度の所得の金額の計算上、損金の額に算入しない。

2　前項の場合において、法人（投資信託及び投資法人に関する法律第2条第12項に規定する投資法人及び資産の流動化に関する法律第2条第3項に規定する特定目的会社を除く。）のうち当該適用年度終了の日における資本金の額又は出資金の額が1億円以下であるもの（次に掲げる法人を除く。）については、前項の交際費等の額のうち定額控除限度額（800万円に当該適用年度の月数を乗じてこれを12で除して計算した金額をいう。）を超える部分の金額をもつて、同項に規定する超える部分の金額とすることができる。

　一　普通法人のうち当該適用年度終了の日において法人税法第66条第5項第2号又は第3号に掲げる法人に該当するもの

　二　通算法人の当該適用年度終了の日において当該通算法人との間に通算完全支配関係がある他の通算法人のうちいずれかの法人が次に掲げる法人である場合における当該通算法人

　　イ　当該適用年度終了の日における資本金の額又は出資金の額が1億円を超える法人

　　ロ　前号に掲げる法人

3　通算法人（通算子法人にあつては、当該通算子法人に係る通算親法人の事業年度終了の日において当該通算親法人との間に通算完全支配関係があるものに限る。）に対する前2項の規定の適用については、次に定めるところによる。

　一　通算子法人の適用年度は、当該通算子法人に係る通算親法人の適用年度終了の日に終了する当該通算子法人の事業年度とする。

　二　前項に規定する定額控除限度額は、800万円に当該適用年度終了の日に終了する当該通算法人に係る通算親法人の事業年度の月数を乗じてこれを12で除して計算した金額（第4号イにおいて「通算定額控除限度額」という。）に、イに掲げる金額がロに掲げる金額のうちに占める割合を乗じて計算した金額（第5項において「通算定額控除限度分配額」という。）とする。

　　イ　当該通算法人が当該適用年度において支出する交際費等の額

　　ロ　当該通算法人が当該適用年度において支出する交際費等の額及び当該適用年度終了の日において当該通算法人との間に通算完全支配関係がある他の通算法人が同日に終了する事業年度において支出する交際費等の額の合計額

　三　前号の規定を適用する場合において、同号イ及びロの交際費等の額が同号の通算法人の同号の適用年度又は同号ロの他の通算法人の同号ロに規定する事業年度（以下この項において「通算事業年度」という。）の確定申告書等（期限後申告書を除く。）に添付された書類に当該通算事業年度において支出する交際費等の額として記載された金額（以下この号及び第5号において「当初申告交際費等の額」という。）と異なるときは、当初申告交際費等の額を前号イ及びロの交際費等の額とみなす。

　四　通算事業年度のいずれかについて修正申告書の提出又は国税通則法第24条若しくは第26条の規定による更正（次号において「更正」という。）がされる場合において、次に掲げる場合のいずれかに該当するときは、第2号の通算法人の同号の適用年度については、前号の規定は、適用しない。

　　イ　前号の規定を適用しないものとした場合における第2号ロに掲げる金額が通算

定額控除限度額以下である場合

　ロ　法人税法第64条の5第6項の規定の適用がある場合

　ハ　法人税法第64条の5第8項の規定の適用がある場合

五　通算事業年度について前号（ハに係る部分を除く。）の規定を適用して修正申告書の提出又は更正がされた後における第3号の規定の適用については、当該修正申告書又は当該更正に係る国税通則法第28条第2項に規定する更正通知書に添付された書類に当該通算事業年度において支出する交際費等の額として記載された金額を当初申告交際費等の額とみなす。

4　前2項の月数は、暦に従つて計算し、1月に満たない端数を生じたときは、これを1月とする。

5　第3項の通算法人の適用年度終了の日において当該通算法人との間に通算完全支配関係がある他の通算法人（以下この項において「他の通算法人」という。）の同日に終了する事業年度において支出する交際費等の額がある場合における当該適用年度に係る第2項の規定は、第7項の規定にかかわらず、当該交際費等の額を支出する他の通算法人の全てにつき、それぞれ同日に終了する事業年度の確定申告書等、修正申告書又は更正請求書に通算定額控除限度分配額の計算に関する明細書の添付がある場合で、かつ、当該適用年度の確定申告書等、修正申告書又は更正請求書に通算定額控除限度分配額の計算に関する明細書の添付がある場合に限り、適用する。

6　第1項、第3項及び前項に規定する交際費等とは、交際費、接待費、機密費その他の費用で、法人が、その得意先、仕入先その他事業に関係のある者等に対する接待、供応、慰安、贈答その他これらに類する行為（以下この項において「接待等」という。）のために支出するもの（次に掲げる費用のいずれかに該当するものを除く。）をいい、第1項に規定する接待飲食費とは、同項の交際費等のうち飲食その他これに類する行為のために要する費用（専ら当該法人の法人税法第2条第15号に規定する役員若しくは従業員又はこれらの親族に対する接待等のために支出するものを除く。第2号において「飲食費」という。）であつて、その旨につき財務省令で定めるとこ

ろにより明らかにされているものをいう。

一　専ら従業員の慰安のために行われる運動会、演芸会、旅行等のために通常要する費用

二　飲食費であつて、その支出する金額を基礎として政令で定めるところにより計算した金額が政令で定める金額以下の費用

三　前2号に掲げる費用のほか政令で定める費用

7　第2項の規定は、確定申告書等、修正申告書又は更正請求書に同項に規定する定額控除限度額の計算に関する明細書の添付がある場合に限り、適用する。

8　第6項第2号の規定は、財務省令で定める書類を保存している場合に限り、適用する。

（収用等に伴い代替資産を取得した場合の課税の特例）

第64条　法人（清算中の法人を除く。以下この条、次条、第65条第3項及び第5項並びに第65条の2において同じ。）の有する資産（棚卸資産を除く。以下この条、次条、第65条第3項及び第65条の2において同じ。）で次の各号に規定するものが当該各号に掲げる場合に該当することとなつた場合（第65条第1項の規定に該当する場合を除く。）において、当該法人が当該各号に規定する補償金、対価又は清算金の額（当該資産の譲渡（消滅及び価値の減少を含む。以下この款において同じ。）に要した経費がある場合には、当該補償金、対価又は清算金の額のうちから支出したものとして政令で定める金額を控除した金額。以下この条及び次条において同じ。）の全部又は一部に相当する金額をもつて当該各号に規定する収用、買取り、換地処分、権利変換、買収又は消滅（以下この款において「収用等」という。）のあつた日を含む事業年度において当該収用等により譲渡した資産と同種の資産その他のこれに代わるべき資産として政令で定めるもの（以下第65条までにおいて「代替資産」という。）の取得（所有権移転外リース取引による取得を除き、製作及び建設を含む。以下第65条までにおいて同じ。）をし、当該代替資産につき、その取得価額（その額が当該補償金、対価又は清算金の額（既に取得をした代替資産のその取得に係る部分の金額として政令で定める

金額を除く。）を超える場合には、その超える金額を控除した金額。第 3 項及び次条第 9 項において同じ。）に、補償金、対価若しくは清算金の額から当該譲渡した資産の譲渡直前の帳簿価額を控除した残額の当該補償金、対価若しくは清算金の額に対する割合（第 3 項及び次条において「差益割合」という。）を乗じて計算した金額（以下この条において「圧縮限度額」という。）の範囲内でその帳簿価額を損金経理により減額し、又はその帳簿価額を減額することに代えてその圧縮限度額以下の金額を当該事業年度の確定した決算において積立金として積み立てる方法（当該事業年度の決算の確定の日までに剰余金の処分により積立金として積み立てる方法を含む。）により経理したときは、その減額し、又は経理した金額に相当する金額は、当該事業年度の所得の金額の計算上、損金の額に算入する。

一　資産が土地収用法等（第 33 条第 1 項第 1 号に規定する土地収用法等をいう。以下この条及び第 65 条において同じ。）の規定に基づいて収用され、補償金を取得する場合（政令で定める場合に該当する場合を除く。）。

二　資産について買取りの申出を拒むときは土地収用法等の規定に基づいて収用されることとなる場合において、当該資産が買い取られ、対価を取得するとき（政令で定める場合に該当する場合を除く。）。

三　土地又は土地の上に存する権利（以下この款において「土地等」という。）につき土地区画整理法による土地区画整理事業、大都市地域における住宅及び住宅地の供給の促進に関する特別措置法（以下第 65 条の 4 までにおいて「大都市地域住宅等供給促進法」という。）による住宅街区整備事業、新都市基盤整備法による土地整理又は土地改良法による土地改良事業が施行された場合において、当該土地等に係る換地処分により土地区画整理法第 94 条（大都市地域住宅等供給促進法第 82 条第 1 項及び新都市基盤整備法第 37 条において準用する場合を含む。）の規定による清算金（土地区画整理法第 90 条（同項及び新都市基盤整備法第 36 条において準用する場合を含む。）の規定により換地又は当該権利の目的となるべき宅地若しくはその部分を定められなかつたこと及び大都市地域住宅等供

給促進法第 74 条第 4 項又は第 90 条第 1 項の規定により大都市地域住宅等供給促進法第 74 条第 4 項に規定する施設住宅の一部等又は大都市地域住宅等供給促進法第 90 条第 2 項に規定する施設住宅若しくは施設住宅敷地に関する権利を定められなかつたことにより支払われるものを除く。）又は土地改良法第 54 条の 2 第 4 項（同法第 89 条の 2 第 10 項、第 96 条及び第 96 条の 4 第 1 項において準用する場合を含む。）に規定する清算金（同法第 53 条の 2 の 2 第 1 項（同法第 89 条の 2 第 3 項、第 96 条及び第 96 条の 4 第 1 項において準用する場合を含む。）の規定により地積を特に減じて換地若しくは当該権利の目的となるべき土地若しくはその部分を定めたこと又は換地若しくは当該権利の目的となるべき土地若しくはその部分を定められなかつたことにより支払われるものを除く。）を取得するとき（政令で定める場合に該当する場合を除く。）。

三の二　資産につき都市再開発法による第一種市街地再開発事業が施行された場合において、当該資産に係る権利変換により同法第 91 条の規定による補償金（同法第 79 条第 3 項の規定により施設建築物の一部等若しくは施設建築物の一部についての借家権が与えられないように定められたこと又は同法第 111 条の規定により読み替えられた同項の規定により建築施設の部分若しくは施設建築物の一部についての借家権が与えられないように定められたことにより支払われるもの及びやむを得ない事情により同法第 71 条第 1 項又は第 3 項の申出をしたと認められる場合として政令で定める場合における当該申出に基づき支払われるものに限る。）を取得するとき（政令で定める場合に該当する場合を除く。）。

三の三　資産につき密集市街地における防災街区の整備の促進に関する法律による防災街区整備事業が施行された場合において、当該資産に係る権利変換により同法第 226 条の規定による補償金（同法第 212 条第 3 項の規定により防災施設建築物の一部等若しくは防災施設建築物の一部についての借家権が与えられないように定められたこと又は政令で定める規定により防災建築施設

の部分若しくは防災施設建築物の一部について借家権が与えられないように定められたことにより支払われるもの及びやむを得ない事情により同法第203条第1項又は第3項の申出をしたと認められる場合として政令で定める場合における当該申出に基づき支払われるものに限る。）を取得するとき（政令で定める場合に該当する場合を除く。）。

三の四　土地等が都市計画法第52条の4第1項（同法第57条の5及び密集市街地における防災街区の整備の促進に関する法律第285条において準用する場合を含む。）又は都市計画法第56条第1項の規定に基づいて買い取られ、対価を取得する場合（第65条の3第1項第2号及び第2号の2に掲げる場合に該当する場合を除く。）

三の五　土地区画整理法による土地区画整理事業で同法第109条第1項に規定する減価補償金（次号において「減価補償金」という。）を交付すべきこととなるものが施行される場合において、公共施設の用地に充てるべきものとして当該事業の施行区域（同法第2条第8項に規定する施行区域をいう。同号において同じ。）内の土地等が買い取られ、対価を取得するとき。

三の六　地方公共団体又は独立行政法人都市再生機構が被災市街地復興特別措置法第5条第1項の規定により都市計画に定められた被災市街地復興推進地域において施行する同法による被災市街地復興土地区画整理事業（以下この号において「被災市街地復興土地区画整理事業」という。）で減価補償金を交付すべきこととなるものの施行区域内にある土地等について、これらの者が当該被災市街地復興土地区画整理事業として行う公共施設の整備改善に関する事業の用に供するためにこれらの者（土地開発公社を含む。）に買い取られ、対価を取得する場合（前2号に掲げる場合に該当する場合を除く。）

三の七　地方公共団体又は独立行政法人都市再生機構が被災市街地復興特別措置法第21条に規定する住宅被災市町村の区域において施行する都市再開発法による第二種市街地再開発事業の施行区域（都市計画法第12条第2項の規定により第二種市街地再開発事業について都市計画に定められた施行区域をいう。）内にある土地等について、当該第二種市街地再開発事業の用に供するためにこれらの者（土地開発公社を含む。）に買い取られ、対価を取得する場合（第2号又は第65条第1項第1号に掲げる場合に該当する場合を除く。）

四　国、地方公共団体、独立行政法人都市再生機構又は地方住宅供給公社が、自ら居住するため住宅を必要とする者に対し賃貸し、又は譲渡する目的で行う50戸以上の一団地の住宅経営に係る事業の用に供するため土地等が買い取られ、対価を取得する場合

五　資産が土地収用法等の規定により収用された場合（第2号の規定に該当する買取りがあつた場合を含む。）において、当該資産に関して有する所有権以外の権利が消滅し、補償金又は対価を取得するとき（政令で定める場合に該当する場合を除く。）。

六　資産に関して有する権利で都市再開発法に規定する権利変換により新たな権利に変換をすることのないものが、同法第87条の規定により消滅し、同法第91条の規定による補償金を取得する場合（政令で定める場合に該当する場合を除く。）

六の二　資産に関して有する権利で密集市街地における防災街区の整備の促進に関する法律に規定する権利変換により新たな権利に変換をすることのないものが、同法第221条の規定により消滅し、同法第226条の規定による補償金を取得する場合（政令で定める場合に該当する場合を除く。）

七　国若しくは地方公共団体（その設立に係る団体で政令で定めるものを含む。）が行い、若しくは土地収用法第3条に規定する事業の施行者がその事業の用に供するために行う公有水面埋立法の規定に基づく公有水面の埋立て又は当該施行者が行う当該事業の施行に伴う漁業権、入漁権その他水の利用に関する権利又は鉱業権（租鉱権及び採石権その他土石を採掘し、又は採取する権利を含む。）の消滅（これらの権利の価値の減少を含む。）により、補償金又は対価を取得する場合

八　前各号に掲げる場合のほか、国又は地方公共団体が、建築基準法第11条第1項若し

くは漁業法第93条第１項その他政令で定める
その他の法令の規定に基づき行う処分に
伴う資産の買取り若しくは消滅（価値の減
少を含む。）により、又はこれらの規定に
基づき行う買収の処分により補償金又は対
価を取得する場合

2　法人の有する資産が次の各号に掲げる場合
に該当することとなつた場合には、前項の規
定の適用については、第１号の場合にあつて
は同号に規定する土地等、第２号の場合にあ
つては同号に規定する土地の上にある資産
（同号に規定する補償金が当該資産の価額の
一部を補償するものである場合には、当該資
産のうちその補償金に対応するものとして政
令で定める部分）について、収用等による譲
渡があつたものとみなす。この場合において
は、第１号又は第２号に規定する補償金又は
対価の額をもつて、同項に規定する補償金、
対価又は清算金の額とみなす。

一　土地等が土地収用法等の規定に基づいて
使用され、補償金を取得する場合（土地等
について使用の申出を拒むときは土地収用
法等の規定に基づいて使用されることとな
る場合において、当該土地等が契約により
使用され、対価を取得するときを含む。）
において、当該使用に伴い当該土地等の価
値が著しく減少する場合として政令で定め
る場合に該当するとき（政令で定める場合
に該当する場合を除く。）。

二　土地等が前項第１号から第３号の３まで
の規定、前号の規定若しくは第65条第１項
第２号若しくは第３号の規定に該当するこ
ととなつたことに伴い、その土地の上にあ
る資産につき、土地収用法等の規定に基づ
く収用をし、若しくは取壊し若しくは除去
をしなければならなくなつた場合又は前項
第８号に規定する法令の規定若しくは大深
度地下の公共的使用に関する特別措置法第
11条の規定に基づき行う国若しくは地方
公共団体の処分に伴い、その土地の上にあ
る資産の取壊し若しくは除去をしなければ
ならなくなつた場合において、これらの資
産の対価又はこれらの資産の損失に対する
補償金で政令で定めるものを取得するとき
（政令で定める場合に該当する場合を除
く。）。

3　第１項に規定する場合において、当該法人

が、収用等のあつた日を含む事業年度開始の
日から起算して１年（工場等の建設に要する
期間が通常１年を超えることその他の政令で
定めるやむを得ない事情がある場合には、政
令で定める期間）前の日（同日が当該収用等
により当該法人の有する資産の譲渡をするこ
ととなることが明らかとなつた日前である場
合には、同日）から当該開始の日の前日まで
の間に代替資産となるべき資産の取得をした
ときは、当該法人は、当該資産を同項の規定
に該当する代替資産とみなして同項の規定の
適用を受けることができる。この場合におい
て、当該資産が減価償却資産であるときにお
ける当該資産に係る圧縮限度額は、当該資産
の取得価額に差益割合を乗じて計算した金額
を基礎として政令で定めるところにより計算
した金額とする。

4　第１項第１号、第５号、第７号又は第８号
に規定する補償金の額は、名義がいずれであ
るかを問わず、資産の収用等の対価たるもの
をいうものとし、収用等に際して交付を受け
る移転料その他当該資産の収用等の対価たる
金額以外の金額を含まないものとする。

5　第１項の規定は、確定申告書等に同項の規
定により損金の額に算入される金額の損金算
入に関する申告の記載及びその損金の額に算
入される金額の計算に関する明細書の添付が
あり、かつ、同項の規定の適用を受けようと
する資産が同項各号又は第２項各号に掲げる
場合に該当することとなつたことを証する書
類として財務省令で定める書類を保存してい
る場合に限り、適用する。

6　税務署長は、前項の記載若しくは添付がな
い確定申告書等の提出があつた場合又は同項
の財務省令で定める書類の保存がない場合に
おいても、その記載若しくは添付又は保存が
なかつたことについてやむを得ない事情があ
ると認めるときは、当該記載をした書類及び
同項の明細書並びに当該財務省令で定める書
類の提出があつた場合に限り、第１項の規定
を適用することができる。

7　第１項の規定の適用を受けた資産について
は、第53条第１項各号に掲げる規定は、適用
しない。

8　第１項の規定の適用を受けた代替資産につ
いて法人税に関する法令の規定を適用する場
合には、同項の規定により各事業年度の所得

の金額の計算上損金の額に算入された金額は、当該代替資産の取得価額に算入しない。

9 法人（その法人の有する資産で第1項各号に規定するものが当該各号に掲げる場合に該当することとなつた場合（第2項の規定により同項第1号に規定する土地等又は同項第2号に規定する土地の上にある資産につき収用等による譲渡があつたものとみなされた場合を含むものとし、第65条第1項の規定に該当する場合を除く。）における当該法人に限る。）が収用等のあつた日を含む事業年度において適格分割、適格現物出資又は適格現物分配（その日以後に行われるものに限る。以下この項及び第11項において「適格分割等」という。）を行う場合において、当該法人が補償金、対価又は清算金の額の全部又は一部に相当する金額をもつて当該事業年度開始の時から当該適格分割等の直前の時までの間に代替資産の取得をし、当該適格分割等により当該代替資産を分割承継法人、被現物出資法人又は被現物分配法人に移転するときは、当該代替資産につき、当該代替資産に係る圧縮限度額に相当する金額の範囲内でその帳簿価額を減額したときに限り、その減額した金額に相当する金額は、当該事業年度の所得の金額の計算上、損金の額に算入する。

10 第3項の規定は前項に規定する場合について、第7項及び第8項の規定は前項の規定の適用を受けた代替資産について、それぞれ準用する。

11 第9項の規定は、同項の規定の適用を受けようとする法人が適格分割等の日以後2月以内に同項に規定する減額した金額その他の財務省令で定める事項を記載した書類を納税地の所轄税務署長に提出した場合に限り、適用する。

12 適格合併、適格分割、適格現物出資又は適格現物分配（以下この項において「適格合併等」という。）により第1項又は第9項の規定の適用を受けた代替資産の移転を受けた合併法人、分割承継法人、被現物出資法人又は被現物分配法人が当該代替資産について法人税に関する法令の規定を適用する場合には、当該適格合併等に係る被合併法人、分割法人、現物出資法人又は現物分配法人において当該代替資産の取得価額に算入されなかつた金額は、当該代替資産の取得価額に算入しない。

13 第5項から第8項まで及び前3項に定めるもののほか、第1項及び第9項の規定の適用に関し必要な事項は、政令で定める。

（中小企業者の欠損金等以外の欠損金の繰戻しによる還付の不適用）

第66条の12 法人税法第80条第1項並びに第144条の13第1項及び第2項の規定は、次に掲げる法人以外の法人の平成4年4月1日から令和6年3月31日までの間に終了する各事業年度において生じた欠損金額については、適用しない。ただし、清算中に終了する事業年度（通算子法人の清算中に終了する事業年度のうち当該通算子法人に係る通算親法人の事業年度終了の日に終了するものを除く。）及び同法第80条第4項又は第144条の13第9項若しくは第10項の規定に該当する場合のこれらの規定に規定する事業年度において生じた欠損金額、同法第80条第5項又は第144条の13第11項に規定する災害損失欠損金額並びに銀行等保有株式取得機構の欠損金額については、この限りでない。

一 普通法人（投資信託及び投資法人に関する法律第2条第12項に規定する投資法人及び資産の流動化に関する法律第2条第3項に規定する特定目的会社を除く。）のうち、当該事業年度終了の時において資本金の額若しくは出資金の額が1億円以下であるもの（当該事業年度終了の時において法人税法第66条第5項第2号又は第3号に掲げる法人に該当するもの及び同条第6項に規定する大通算法人（以下この号及び次項において「大通算法人」という。）を除く。）又は資本若しくは出資を有しないもの（保険業法に規定する相互会社及びこれに準ずるものとして政令で定めるもの並びに大通算法人を除く。）

二 公益法人等又は協同組合等

三 法人税法以外の法律によつて公益法人等とみなされているもので政令で定めるもの

四 人格のない社団等

2 通算法人の前項本文に規定する事業年度において、当該通算法人が協同組合等に該当し、又は同項ただし書に規定する欠損金額（同項ただし書に規定する災害損失欠損金額を除く。以下この項において「還付対象欠損金額」という。）が生じた場合において、当

該事業年度終了の日において当該通算法人との間に通算完全支配関係がある他の通算法人が大通算法人であるときは、当該通算法人の当該事業年度及び当該他の通算法人の同日に終了する事業年度に係る法人税法第80条第7

項の規定の適用については、当該他の通算法人（当該事業年度において還付対象欠損金額が生じたものを除く。）の同項第3号及び第4号に規定する所得の金額は、ないものとする。

国税徴収法（抄）

（清算人等の第2次納税義務）

第34条　法人が解散した場合において、その法人に課されるべき、又はその法人が納付すべき国税を納付しないで残余財産の分配又は引渡しをしたときは、その法人に対し滞納処分を執行してもなおその徴収すべき額に不足すると認められる場合に限り、清算人及び残余財産の分配又は引渡しを受けた者（前条の規定の適用を受ける者を除く。以下この項において同じ。）は、その滞納に係る国税につき第2次納税義務を負う。ただし、清算人は分配又は引渡しをした財産の価額の限度において、残余財産の分配又は引渡しを受けた者はその受けた財産の価額の限度において、それぞれその責めに任ずる。

2　信託法（平成18年法律第108号）第175条（清算の開始原因）に規定する信託が終了した場合において、その信託に係る清算受託者（同法第177条（清算受託者の職務）に規定する清算受託者をいう。以下この項において同じ。）に課されるべき、又はその清算受託者

が納付すべき国税（その納める義務が信託財産責任負担債務（同法第2条第9項（定義）に規定する信託財産責任負担債務をいう。）となるものに限る。以下この項において同じ。）を納付しないで信託財産に属する財産を残余財産受益者等（同法第182条第2項（残余財産の帰属）に規定する残余財産受益者等をいう。以下この項において同じ。）に給付をしたときは、その清算受託者に対し滞納処分を執行してもなおその徴収すべき額に不足すると認められる場合に限り、清算受託者（信託財産に属する財産のみをもって当該国税を納める義務を履行する責任を負う清算受託者に限る。以下この項において「特定清算受託者」という。）及び残余財産受益者等は、その滞納に係る国税につき第2次納税義務を負う。ただし、特定清算受託者は給付をした財産の価額の限度において、残余財産受益者等は給付を受けた財産の価額の限度において、それぞれその責めに任ずる。

消費税法基本通達（抄）

（残余財産の確定）

15-2-6　法第45条第4項《清算中の法人の確定申告》に規定する「残余財産が確定した場合」とは、一切の資産、負債の額が具体的に確定したことをいうが、解散した法人の資

産、負債の一切を当該法人の首脳者等が引き継いで事業を承継し、実質的に事業の譲渡をしたと認められるような場合には、その引継ぎがあったときに残余財産が確定したものとして取り扱う。

【著者紹介】

野原　武夫 （のはら　たけお）

昭和 30 年 5 月　北海道上富良野町生まれ
昭和 49 年 3 月　北海道富良野高等学校卒
昭和 49 年 4 月　札幌国税局採用
昭和 50 年 6 月　渋谷税務署徴収
昭和 54 年 7 月　国税庁税務大学校総務課
昭和 55 年 3 月　駒澤大学法学部法律学科卒
昭和 63 年 7 月　東京国税局調査第二部第 6 部門
平成 14 年 7 月　東京国税局調査第一部調査審理課主査（退官）
平成 14 年 8 月　税理士登録

〔主な著書等〕

『ケーススタディによる「純資産の部」の法人税務』（税務研究会出版局）

『資本積立金・利益積立金の法人税務 QA』（共著・税務研究会出版局）

『事例による法人税申告調整 Q&A』（税務経理協会）

『否認されないための　法人税申告書チェックポイント』（ぎょうせい）

『法人税基本通達の疑問点』（共著・ぎょうせい）

『保険・年金の税務 Q&A』（共著・ぎょうせい）

『Q&A　貸倒れをめぐる税務』（新日本法規出版）

『ケーススタディ　貸倒れの税務判断・処理の実務』（新日本法規出版）

『企業組織再編の法人税務』（共著・大蔵財務協会）

『企業組織再編成の法人における申告書別表四・五（一）の申告調整』（大蔵財務協会）

『法人税の重要計算』（共著・中央経済社）

『Q&A　合併等の税務』（共著・大蔵財務協会）

『設例解説　グループ法人税制適用法人における別表四、五（一）の申告調整の実務』（大蔵財務協会）

『法人税　別表四、五（一）の申告調整の実務　第 1 集―租税公課 圧縮記帳 剰余金処分 ストック・オプション 特定譲渡制限付株式等―』（大蔵財務協会）

『法人税　別表四、五（一）の申告調整の実務　第 2 集―売上等期間損益　子会社株式簿価減額特例　株式交付　適格請求書（インボイス）―』（大蔵財務協会）

『法人税　別表四、五（一）の申告調整の実務　第 3 集―自己株式の取引―』（大蔵財務協会）

法人税　別表四、五（一）の申告調整の実務　第４集

―合併（附　解散・清算）―

令和6年1月9日　初版印刷
令和6年1月22日　初版発行

不　許
複　製

著　者　野　原　武　夫
　　　　　の　　はら　　たけ　　お

　　　　一般財団法人　大蔵財務協会　理事長
発行者　木　村　幸　俊

発行所　一般財団法人　大　蔵　財　務　協　会

〔郵便番号　130-8585〕
東京都墨田区東駒形1丁目14番1号
（販　売　部）TEL03（3829）4141・FAX03（3829）4001
（出版編集部）TEL03（3829）4142・FAX03（3829）4005
https://www.zaikyo.or.jp

乱丁・落丁の場合は、お取替えいたします。
ISBN978-4-7547-3189-2

印刷　美研プリンティング株式会社